フランス・モード史への招待

徳井淑子
朝倉三枝
内村理奈
角田奈歩
新實五穂
原口　碧

悠書館

口絵1上

フランソワ・ジェラール《戴冠式用衣装を纏ったジョゼフィーヌ》，1807-08年，フォンテーヌブロー城国立博物館

1804年12月2日におこなわれた戴冠式のためにフランス皇帝ナポレオン1世と皇妃ジョゼフィーヌの衣装を製作したのは，パリのモード商ルロワだった．ルロワは数多のライヴァル業者を蹴落としてその権利を手に入れ，以降ジョゼフィーヌの死まで長く愛顧を得た．

口絵1下

作者不詳「オーストリア皇妃カロリーネ・シャルロッテ・アウグステ・フォン・バイエルン」，制作年不明，ウィーン，オーストリア国立図書館

1816年11月10日にバイエルン王女カロリーネ・シャルロッテ・アウグステがオーストリア皇帝フランツ1世と2度目の結婚をした際の婚礼衣装もモード商ルロワが仕立てており，1816年10月22日付で帳簿に記録が残っている．この絵は詳細情報が不明のため，描かれている衣装がルロワ製作のものかはわからない．しかし，婚礼時に数多く作られた絵姿とおおむね一致しているため，おそらくこの絵も婚礼時の姿にもとづくものと思われる。ただし，ルロワの帳簿での衣装説明とは異なる点もある．

口絵2
≪大喧嘩の夫婦≫, 1843年, パリ, フランス国立図書館

家の中で女性（妻）と男性（夫）が一着のズボンをめぐって引っ張り合いをし，夫の手には棍棒が，妻の手には糸紡ぎ棒が握られている．夫婦が一着のズボンを奪い合う姿は，どちらが家庭の主人になるかを決定するため，家長の権利を象徴するズボンの所有権をめぐる争いを意味している．

口絵3
≪邪魔なしっぽ≫,『ル・ボン・ジャンル』より,1827年(1931年復刻版),文化学園図書館・文化学園大学図書館

フランス革命期には,アンクロワイヤーブル(信じがたい)やメルヴェイユーズ(風変わりな)と呼ばれた奇抜な格好の男女がパリを闊歩していた.男性は奇妙に曲がりくねったステッキをもち,髪は乱れ,極端に前身ごろが短いチョッキや上着を着ていた.女性は薄いモスリンのシュミーズドレスで時には素肌が透けて見えるほどであり,無用に長い裾をひきずっていた.その裾を男性がふざけてステッキで押さえている様子.

口絵4
≪オペラに行くフランス婦人≫, 1770年代, 個人蔵

18世紀後期には, 極端に高く盛り上げた髪形が流行った. 結髪師ルグロが考案したタワー・シルエットがその元祖であるが, 髪の毛のタワーはどんどんエスカレートしていった. 図では, そのような髪形を守るためフードをかぶった婦人が, 道を照らすランタンにフードをひっかけてしまっている. あわててフードを支える男性も同様に盛り上がった髪形をしている. 後方の建物の窓からも同じような髪形の女性が顔を出している.

口絵5
作者不詳「ブルゴーニュ公フィリップ・ル・ボンの愛の園」，16世紀（15世紀前半の作品の模写），ヴェルサイユ宮殿

ブルゴーニュ宮廷における野外での祝宴の様子．1431年におこなわれた婚礼の宴を描いた作品と推測されている．画面前景，中央に配置された一本の樹木のそばにたたずむ一組の男女が新郎新婦とされ，画面中景の白いテーブルに肘をもたせかけている人物が，ブルゴーニュ公フィリップ・ル・ボンと同定されている．右端の道化をのぞき，宮廷人たちは皆そろって，灰色がかった白の衣装に身を包んでいる．

口絵6
ワヴランの画家「モーリスクの踊り」,『アポロニウス・ド・ティール』より,15世紀,ブリュッセル,ベルギー王立図書館

騎士道物語から,祝宴で繰り広げられる余興の一場面.画家は,当時宮廷で流行していた「モーリスク」をこの場面に描いた.異国風のいで立ちをした女の周囲を,奇妙な装いをした3人の男たちと道化,野人が踊っている.不可思議な仮装に加え,全身を激しく動かすアクロバティックな踊りが,「モーリスク」であった.

口絵7

『カビネ・デ・モード』誌（1785年11月15日創刊号）より，文化学園図書館・文化学園大学図書館

ルブラン＝トサ・ドゥ・ピエールラットが発行した『カビネ・デ・モード』誌は，ファッション・プレート付きファッション雑誌としてはフランス初のものだった．各号にはこのようなファッション・プレートが4枚程度掲載され，文章解説が付く．

(Ier Cahier. 15 *Novembre* 1785.) 7

PLANCHE PREMIERE.

Elle représente une Femme en fourreau vert *à la Lévite* (1), en chapeau de paille à *haute forme*, garni d'un ruban violet, avec nœud ou cocarde, les deux bouts du ruban pendans d'environ deux ou trois pouces.

Sa coëffure est un *demi-hérisson* terminé par deux boucles flottantes,

Les cheveux pendans derrière, à *la Conseillère*,

Les pendans d'oreille sont de grands *anneaux branlans*.

Le fichu de linon, garni.

Le mantelet de satin noir à *pois*.

Tablier de linon.

Jupon de satin violet.

Souliers blancs à rosettes violettes.

Les robes & fourreaux à *l'Angloise*, à *la Turque*, à *la Jansénisme*, à *la Circassienne*, sont encore de mode.

Rubans les plus frais.

1°. Couleur de queue de serin, ou soufre tendre.

2°. Rayés en trois couleurs; savoir, queue de serin, gros vert & violet d'Evêque.

3°. Gros vert uni.

4°. Violet d'Evêque.

Satins unis pour Robes de femme.

Violet & gros vert mêlés, glacés.
Bleu de Roi & souci mêlés, glacés.
Violet & souci mêlés, glacés.
Vert & souci mêlés, glacés.
Gros vert uni.
Violet uni.
Casimir uni.

Gazes.

D'*Italie*. A *la d'Artois*. A *la Crême*. *Angloise*. *Soufflée*.

Malgré l'hiver, beaucoup de Femmes se mettent encore en blanc; c'est-à-dire en robe de mousseline.

(1) Nous avertissons MM. les Souscripteurs que dans toutes les descriptions, les mots en caractère *italique* seront toujours des termes techniques.

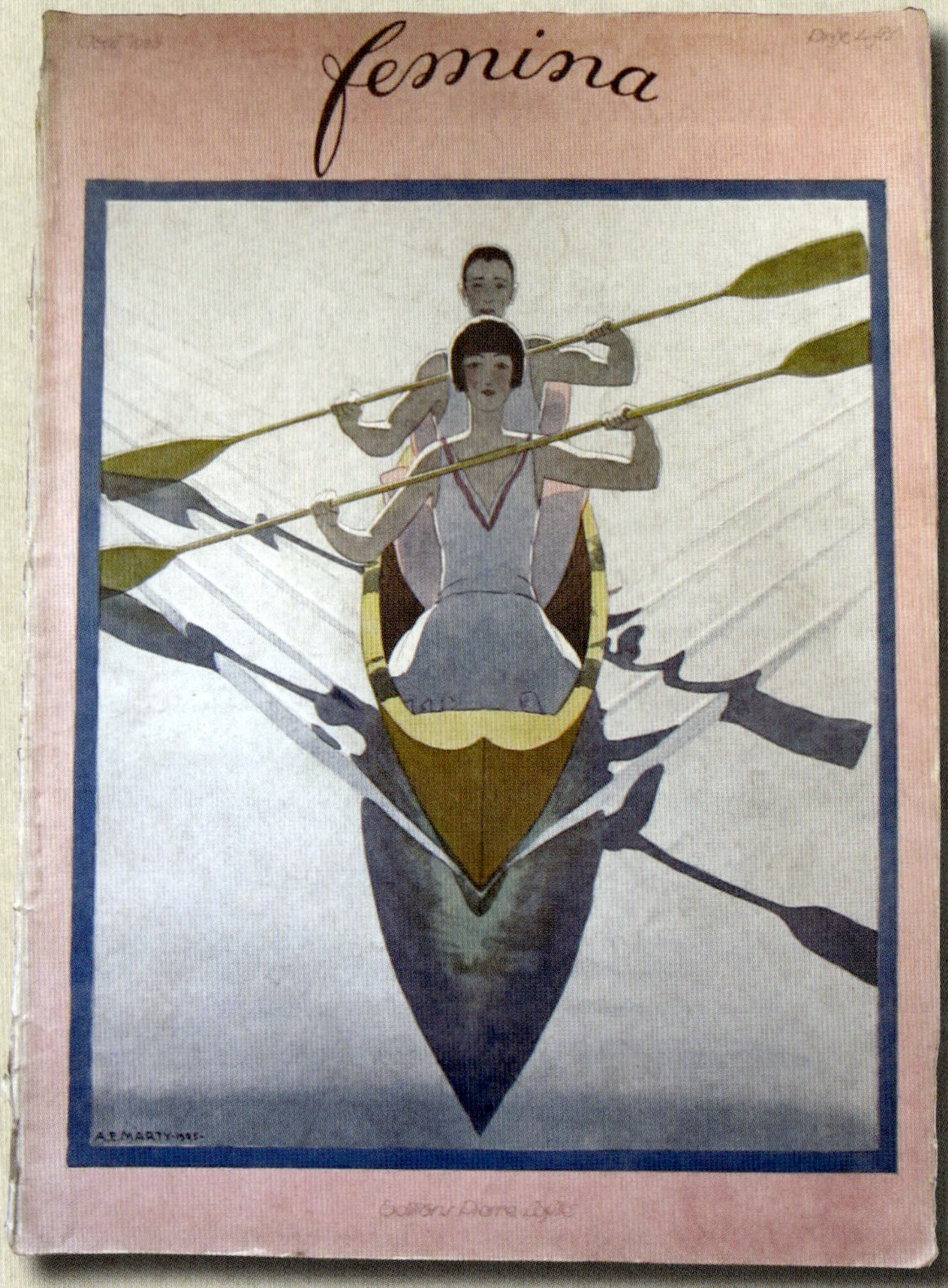

口絵8
アンドレ・マルティ『フェミナ』誌（1925年8月号）表紙イラスト，個人蔵

フランスでは写真製版の時代が本格的に幕を開ける直前の1910年代から20年代にかけ，ファッション・イラストレーションの黄金期が築かれた．個性的な数多くのイラストレーターが活躍したが，その一人，アンドレ・マルティがここで描き出しているのは，男性に負けず劣らずボート漕ぎを楽しむギャルソンヌの姿である．シンプルなスポーツ・ウェアは，当時の最新スタイルであった．

フランス・モード史への招待

第Ⅱ部 ファッションの歴史の道具箱

第Ⅰ部　かたちから意味へ

——歴史としてのファッション

序章

徳井 淑子

1 服飾史は女の学問なのか

ファッションを学問の対象とすることは、なぜアカデミズムの世界でなかなか認められてこなかったのだろうか。とりわけ服飾史は、後述のように十九世紀からの蓄積があったにもかかわらず、人文科学の一つの領域として理解されることがなぜ進まなかったのだろうか。いまなお服飾を学問の対象とすることに、ある種の抵抗を感じる向きもあるだろう。服飾史の置かれたこのような状況について、イギリスの服飾史家ルー・テイラーは、背景に服飾史を女のやることとするジェンダー・バイアスがあったと指摘している。織物生産の経済的側面については男の学者によっておこなわれてきたたにもかかわらず、生産された布を使った服飾品となれば、それは女性の関心事であり、男性がやるべきことではなくなる。需要・供給・消費のメカニズムを知るにはファッションは恰好の素材であるのに、ファッションを女のものとする観念は、衣服の歴史を学問の対象からはずしてきたと彼女は述べている。[*1]

このような状況が生み出されたのは、ヨーロッパでは古代ギリシャ以来、糸や布にかかわる手仕事を女のものとする観念があり、それをキリスト教文化に根差した女性蔑視《ミソジニー》が支えてきたからであろう。ギリシャ神話の世界では糸紡ぎや機織りは女性にふさわしい家内労働と見なされ、ローマ時代には、これらが女性の美徳を表象する役割をもつようになった。そしてローマの伝統は中世キリスト教文化と結びつき、糸紡ぎや針仕事は楽園を追放されたイヴの末裔たる女性の労働となり、女性の従順や服従のモラルとともに語られることになった。[*2] このようにして糸を紡ぐ道具である糸紡ぎ棒は、男性に従属すべき女性のシンボルとして機能する図像の歴史をつくってきた。口絵で取り上げている図を見てほしい。男勝りの女性を「彼女はズボンをはく」と表現する言い回しを今日に残した戯画の例である。ずぼんは家長権のシンボルであり、その争奪で妻が夫に振りかざしているのは、糸紡ぎ棒である。糸紡ぎ棒が夫への従属のシンボルであればこそ、妻はこれを振り上げて抵抗しているのである。

近世までくり返されてきた糸紡ぎ棒の象徴性は、糸や布を使う針仕事を女のものとする観念を育ててきた。その根底に女性を男性より劣位に置くミソジニーの観念があるのはもちろんで、それが女の仕事である針仕事への忌避を育てていく。禁断の木の実を勧めてアダムを欺いたイヴの末裔たる女性は性悪で、妻を迎えると男性は不幸になるという結婚のペシミスムは中世に蔓延し、十三世紀には既に、今どきの女は「ズボンをはきたがる」と、女性の性向を非難する聖職者の説教が伝えられている。[*3] ついでながらアダムとイヴの楽園追放をきっかけとして、ひとが衣服を着ることになったことも、衣服にかかわる仕事への忌避を育てたのかもしれない。衣服は原罪を思い起こさせるものであり、その責任はアダムを欺いたイヴにあると考えるからである。

女性がおこなう裁縫は軽蔑すべき仕事であり、したがって男性はファッションを学問の対象にするわけにはいかなかった。資本主義社会において経済・商業は男性の担う分野であったから、布にかかわるとしても経済・商業史としての織物産業を対象とするなら、男性の学問として許される。しかし服をつくる針仕事は女のすることであり、ゆえに女性教育の初期には裁縫教育が中心を占め、このことも服飾史への偏見を育てただろう。

そしてファッションを軽佻浮薄なものとする倫理観が、ファッションを学問から遠ざけたと思われる。第4章に検証されているように、そのような観念は十八世紀に誕生し、ブルジョワ社会を迎えた十九世紀に強化されたように思われる。男性は外で働き、女性は家庭を守ることをよしとし、男女の生活空間が分かたれたこのとき、男性はもっぱら黒い燕尾服やフロックコートを着用するようになった。黒は、男性に求められた勤労の美徳を表わし、しかしそれによって得た経済力を誇示してはならないという道徳的な色でもある。[*4] 一方の女性はそれと反比例するかのように色彩豊かで豪華なドレスを着用するようになり、かつて貴族の威信の表象であった豪奢な衣裳が、近代社会では女性のファッションとして生き残った。つまり夫に代わってその経済力を表示する役割を担ったのが妻の衣裳である。それは、アメリカの経済・社会学者ソースティン・ヴェブレンが「みせびらかしの消費」と呼んだ有閑階級の女性の着衣行動でもある。[*5] 見せびらかす衣裳は素材や仕立ての良さにあるだけではなく、流行の衣裳に身を包むことも含まれる。次々と不用品を生むという無駄によって、最新モードを追うテンポが速いほど経済力の大きさを示すことになるからである。色をいわば女々しいものとして嫌悪し、無彩色をよしとする現代に残るヨーロッパ人の感性は、カラフルな女子服とモノクロの男子服の対照が誕生した近代社会で生まれたものである。[*6]

ついでながら近代社会で家内労働からファッション産業に移った針仕事は、それに携わる女性労働者の新たな表象を生み出している。それは、十九世紀前半のロマン主義文学が描いたお針子グリゼットであり、世紀末の風俗画に登場するモディストである。グリゼットは、ロマン主義文学のなかでは学生や若いアーチストの恋人として青春賛歌のヒロインであるが、現実には日々の糧を稼がねばならない労働者として男性パトロンの援助を受ける存在であった。[*7] そのような女性は世紀末にモディストと名を変え、明らかに男性の欲望の対象としての女性性のシンボルとなって、当時の歌謡や風俗画に登場するようになる。風俗画家ジャン・ベローは、シャンゼリゼやルアーヴル通りを背景に、客に届ける大きな箱を抱えた彼女たちの姿を捉えている。スカートの裾をちょっと持ち上げて軽やかに歩く彼女の背景には、その姿をじっと見つめ、機会をうかがう男性がいるというのが典型的な構図である。消費文化の時代を迎えた近代社会における針仕事の一つの表象と言えるかもしれない。

服飾史を学問として躊躇させるのは、着衣という行為を日常の卑近なことと考えるためでもあろう。それは風俗画が絵画の序列のなかで下位に置かれてきた歴史と似ているかもしれない。ロマン主義芸術の理論的支柱ともなった詩人・美術批評家シャルル・ボードレールが「現代生活の画家」という標題で、流行服こそ時代の美意識の表出であり、それを抽出することこそ画家の務めであると述べた主張は新しかった。彼は、それまで評価されることのなかったフィリベール＝ドゥビュクールなど世紀初頭の風俗版画家や、同時代の風俗画家コンスタンタン・ギースを評価した。自らダンディスムを実践した彼は、流行という現象は、ひとが常に理想美を求めて努力している証しであり、人間の崇高な営みであるとファッションを賛嘆した。*8 生活を描く画家こそが真の絵描きであると言うボードレールの主張は、そのまま生活を対象とする学問への理解にもつながるのだろう。というのも十九世紀は、服飾史という学問の端緒が生まれた時代だからでもある。

衣服を着るという行為は確かに卑近な日常生活の一端であるが、しかし私たちは社会のなかでの自らの位置を確認しながら衣服を着ており、着衣という行為は社会生活のためにあると言ってもよい。ひとは衣服を着ることによって初めて自らを相対化し、自らの存在を意識する。ユニセックスの時代ながら、それでもなお性差による男女の服装の差異があるのはそのわかりやすい例である。性別を見えるかたちで示し、男の子の服を着せられて男らしく、女の子の服を着せられて女らしく子どもは育つ。ゆえに異性装は、第3章で語られるように男女の性の混淆を促し、社会秩序を乱すものとして警戒される。着衣という行為は個人的な営みでありながら、いつの時代にも社会規範とかかわる。私たちは自分の好みで衣服を選び、自らの個性を示すために服を着ると言うが、しかしこれも私たちが平等を保証された市民社会に生きていればこそである。上述のボードレールがダンディと自ら称して服装に凝ったのは、誰もが同じ黒服を着る大衆社会の到来に、自分だけは違うという差異を示そうとしたからであった。平等であればこそ個性の表出は重要になり、個性は社会環境のなかでこそ意味を帯びる。

私的な領域ながら常に社会と結ばれているのが服装である。十九世紀のブルジョワ社会で、良き伴侶を射止めるよう、ある母親が娘に口癖のように言っていたということばがある。「腰をぎゅっと締めておかないといい結婚はできませんよ！　おまえの従姉たちをごらん、あのすばらしい財産は何のおかげだと思うの？」[*9]。十九世紀初めの第一帝政時代、一度はさや型のシルエットが主流になったものの、一八一五年の王政復古の後、しだいにスカートはふくらみ、蜂のようにくびれたウエストをつくるためにコルセットが隆盛するのは世紀半ばである。良き伴侶を得て、それによって社会的地位の上昇が実現するなら、コルセットという、このプライベートな下着にも社会性を認めなければならない。

服飾の歴史を考察することに意味がないと考えてしまうのは、服飾表現が社会よりもむしろ個人の領域に取り込まれた時代に私たちが生きているからかもしれない。服飾の社会的機能が減じた市民社会に生きている私たちには、衣服の意味が見えにくい。しかし、工業化が進み、本格的な市民社会が到来した十九世紀に、フランスの作家たちが、作品のなかでも実生活にあっても服飾に多大な関心を寄せたのはなぜだろうか。オノレ・ド・バルザックは登場人物にしかるべき服装を描き込んだ。設定した時代のファッションを忠実に描いたわけではないが、人物にふさわしい脚色には意図があった。ボードレールと同じようにジュール・バルベー・ドルヴィイもダンディスムに凝った。パリのファッションに憧れ、ものへの欲望で破滅する女性を描いた『ボヴァリー夫人』の作家ギュスタヴ・フロベール、『最新流行』なる雑誌を多様なペンネームを使い別けて執筆した詩人ステファヌ・マラルメ、時を語る装置としてバッスル・スタイルからアール・ヌーヴォー様式のドレスまで、またジャポニスム影響下の衣裳からオート・クチュールのメゾンや女性のスポーツ服まで、世紀末から二〇世紀初頭にかけてのファッションを漏らさず描き込んだ『失われた時を求めて』のマルセル・プルースト。十九世紀の作家はなぜこれほど服飾を描くことに力を注いだのだろうか。近代市民社会を迎えて服装の自由化が進んだこと、そして既製服とオート・クチュールという両面で服飾産業が展開し、消費文化を生んだという近代社会の環境が理由であることは間違いない。市民社会と消費文化によって実現した服装の自由化は、個人の数だけ多様な服飾表現を生み、その複雑な様相が偉大な作家たちを魅了したのではなかっただろうか。

2　服飾史はロマン主義の歴史ブームから起った

作家たちが、それぞれの方法でファッションに関心を示した十九世紀は、服飾史という学問が誕生した時代であり、おそらく文芸の領域でファッションがもっとも大事にされた時代である。特に一八三〇年代に隆盛するロマン主義は、絵画でも小説でも昔のひとの衣裳をていねいに描き込み、芝居では時代考証された舞台衣裳で本物らしく見せることが求められ、服飾には重要な役割が与えられた。[*10] ドラマチックな物語の展開や登場人物の心理を語るよりも、設定された時代の習俗にしたがって服飾の描写をはさみ、絵画的に演出することのほうが重要だったのである。それまで俳優の好みで決まっていた舞台衣裳が時代考証され、ときに本物の甲冑が博物館から借り出され、衣裳や道具に巨額が費やされた。芝居見物を最大の娯楽とする当時の人びとは、本物に見まがう舞台装置や衣裳を見るために劇場に足を運んでいる。

では作品に描き込まれる時代衣裳の知識を、当時のひとはどのようにして得ていたのか。この時代、服飾史に関する情報は過去の絵画作品よりほかにはなかった。つまり服飾史にもっとも精通していたのは、美術館に通い、巨匠の作品を模写して技を磨いていた画家であり、ゆえに舞台衣裳の制作は画家に委ねられた。ロマン主義を代表する画家ウジェーヌ・ドラクロワも、一八二八年、エリザベス一世のイギリスを舞台にしたヴィクトル・ユゴーの戯曲『アミー・ロブサール』の衣裳を担当している。一七九三年に開館したルーヴル美術館は、ウィークデーの入館はアーチストに限られ、週末のみ一般公衆に公開されるところだった。そして一八三〇年代にはアーチストの入館者数が格別に多く、過去の絵画への関心がとりわけ高かったことをうかがわせる。[*11] 若い画家が修練と実益を兼ねて作品を模写し、その模作は、複製絵画の需要に応える市場でかなりの高額で売れたことを、バルザックの作品が証言している。[*12]

画家のかたわらで作家もまた時代の習俗に関心をもち、過去の肖像画を登場人物のイメージ作りに使い、また一枚の絵から物語を創作することもあった。画家と作家のあいだ、あるいは絵画と小説と芝居のあいだの相互の関係が顕著であり、これがロマン主義の特徴として語られる芸術の総合化の一端でもある。このような相互の関係をつなぐ要に服飾は位置している。

過去の服飾への関心が歴史ブームに因ることはもちろんだが、歴史への関心がなぜ服飾という事象に向かったのか、問題はそれであろう。これに答を出すのは難しいが、いかに服飾にこだわりがあったのかを補強する材料はさらにある。それはやはり近代市民社会の到来にかかわっている。すなわちブルジョワ社会への抵抗が、芸術に傾倒した若者たちに、時代の服装をブルジョワ服として嫌悪させ、昔の服装に向かうという好尚を実生活にもたらしたことである。

ユゴーの一八三二年の『ノートル・ダム・ド・パリ』に歴史的建造物の破壊への危惧が示されているように、近代化の名のもとにおこなわれた文化財の破壊は文人にとって耐え難いことであった。近代化を担った新興のブルジョワ階級は、彼らの嫌悪の対象となり、その嫌悪感が向かった先は当時の男子服である黒い燕尾服や白いシャツであった。ロマン主義世代の若者たちには、燕尾服やシャツは愚鈍で低俗なブルジョワのしるしと映り、彼らはこれらを拒否した。*[13]

燕尾服を拒否して彼らが求めたのが、色彩豊かな中世の服飾である。ただし彼らの言う中世には十六世紀が含まれている。ルネサンスということばは広まりつつあったが、歴史用語として概念が明確になるのは少し後、一八四〇・四一年の歴史家ジュール・ミシュレの講義においてである。*[14] アーチストたちは、絵画や小説や芝居に中世の服飾を描き込んだばかりか、日常生活で過去のファッションを試すほどの念の入りようで、しかもパリの街を歩けば歴史がわかるとも言われたから、昔風ファッションはかなり広く若者に受け入れられたようである。一八二九年のアレクサンドル・デュマのデビュー作『アンリ三世とその宮廷』の上演は、歴史的事実にしたがって忠実に再現した衣裳が大好評で、アンリ三世風髪型や帽子を流行らせた。流行の芝居や新刊の本が出るたびに突飛なファッションが生まれたといい、文学青年は歴史物の舞台衣裳に、画学生たちは昔の巨匠たちの絵画に、服装のモデルを求めたという。

このような若者ファッションの一端が、ロマン主義の幕開けとして文学史が必ず引く一八三〇年の『エルナニ』上演の際の古典派・ロマン派攻防のエピソード、すなわちロマン派青年の長髪やテオフィル・ゴーチエの赤チョッキである。赤チョッキは、一年前のアンリ三世の芝居が流行らせた十六世紀のプールポワンをまねたもので、長髪はデューラー風あるいはメロヴィング王朝風と呼ばれた中世趣味である。こうした風俗を文学史が解説をすることはないが、芸術活動がファッションと密接にかかわり、文芸をファッションで語ることが可能なのがロマン主義の時代である。

近代社会の拒否がなぜ近代服の拒否につながり、それが時代衣裳の受容に向かわせたのか。なぜ服飾なのかの疑問はまだ残ったままだが、服飾へのこだわりに関しもう一つ補強できるのは、カーニバルの仮装舞踏会の隆盛である。一八三〇年代のパリのカーニバルは、ヨーロッパ中から観光客を集めるほど賑わい、それまで仮面舞踏会としておこなわれることが多かった祝祭は、このとき仮装に比重が移り、上流階級から庶民や若者にいたるまで仮装服のデザインに心を砕くのは年中行事だった。歴史ブームを反映して、宮廷でも十六世紀をテーマとした仮装舞踏会が開かれ、舞台の衣裳係が仮装服のデザイナーとして呼ばれることもあった。一方で若者や庶民には、通俗喜劇やオペラ・コミック（台詞が交じる歌劇）の登場人物の扮装が好評で、要するに仮装服も舞台衣裳に取材されたのである。王立図書館版画室の司書を務めた版画家アシル・ドゥヴェリアは、版画室所蔵の風俗版画から仮装服を提案し、また仮装服の創作デザイナーともいえるガヴァルニのような画家もいた。

ロマン主義時代の人びとがいかに服飾にこだわったかは以上の通りである。歴史物の芝居の衣裳やカーニバルの仮装服が、画家たちによって昔の絵画や版画をもとに提案されたことが、まもなく服飾史という学問を生む。仮装服の画集から服飾史の著作までは今一歩である。

3　ロマン主義の習俗史からアナール派の社会史まで

もっとも初期の服飾史といえば、今日なお古典として評価の高いジュール・キシュラの『フランス服飾史』である。刊行は一八七五年であるから、ロマン派の活動期からはかなり後年だが、序文に画家が歴史画を制作する際に習俗を正確に描き込めるようにという出版の目的が述べられているから、ロマン主義の流れを汲んでいることは明らかである。[*15] 著者は一八四二年から『マガザン・ピトレスク』誌に服飾史の記事を連載、一八四七年には勤務していた古文書学校の改組を記念した講演でやはり服飾史を講じており、ロマン主義の余韻がいまだ残っている時代に準備された著作である。刊行の年には古文書学校の校長の地位にあり、今日ではジャンヌ・ダルクの裁判記録を検証した古文書学者として知られるキシュラだが、その彼がなぜ服飾史を著したのか。それは古文書学者が服飾を語っても不思議ではない時代、つまり時代の情景を眼に浮かぶように語ることが求められた当時の歴史学の性格に因るのではなかっただろうか。[*16]

服飾史草創期の著作としてもう一つ重要なのは、中世服飾の図解にいまだに引用される、建築家ウジェーヌ・ヴィオレ＝ル＝デュクによる一八七二・七三年刊の『中世動産辞典』六巻に収められた服飾編二巻である。[*17]独学で建築を学び、パリのノートル・ダム聖堂の修復を手がけた彼によるこの著作は、フランス各地に残された中世の建造物の装飾や写本挿絵の模写が基礎にある。一八二〇年から七八年の半世紀以上にわたって、文化財保護の気運のなかで刊行された『古きフランスをめぐるピトレスクでロマンチックな旅』二三巻のうち、三〇年代後半に刊行されたラングドック地方編やピカルディ地方編には、若きヴィオレ＝ル＝デュクが寄せた版画があり、その精密な描法による人物像は、服飾編の図版の基礎となっている。[*18]服飾史がこのように絵画や彫像など過去の図像を写す作業から始まったことは、ロマン主義の流れにある学問としては当然であろう。

仮装服や舞台衣裳のモデルとして供された画集から上述の服飾史へと展開する過渡期には、一八二九・三〇年にメルクーリが著した『十三・十四・十五世紀の服飾』がある。[*19]中世の図像の正確な模写に、その典拠を明示、そして歴史的・服飾史的解説を多少なりとも付けたという点で画集から服飾史へ踏み出している。多くの風俗史をものし、愛書家を自称したポール・ラクロワの一八五二年の『フランスの歴史服飾』十巻も、絵画や写本挿絵や彫像や印章などから人物像を写し、人物の生没や事跡の説明とともに服飾の解説をした同じ趣向の著作である。[*20]もともとは三六年〜三九年に著された四巻本の改訂増補版で、著者はまさにロマン主義時代に青春を過ごし、歴史ブームのなかで時代衣裳の仮装を楽しんだひとであった。

ロマン主義から生まれた服飾史は、時代を特徴づける衣服の形態になによりも関心をもつがゆえに、その後は様式論あるいは技術論として展開していく。[*21] 技術論とは、どのようなパターンで布を裁断し、縫製・仕立てるのか、衣服製作の技法を明らかにすることを目的とする。一九二九年のアドリアン・アルマンによる『ジャンヌ・ダルク、その服装と武具』は、中世末期の男の上着プールポワンや脚衣ショースの裁断図を示し、仕立て法を述べた初期の技術論の典型であった。[*22] ただし実物や技法書のような記録が残されていない中世では図像の描写から推測せねばならず、その点で研究としての信頼性に欠ける。衣服がどのように仕立てられているかは、服飾史としての基本的な調査であることは間違いないが、それを証す実物や文書が存在しない時代の技術論には限界がある。実物遺品が残され、仕立て技法がディドロとダランベール編纂『百科全書』に掲載されるなど、情報が得られる十八世紀以降については、遺品を保存する美術館・博物館で特権的に技術論はおこなわれることになる。ゆえに遺品の収集に熱心なイギリスで技術論としての服飾史が盛んであることはうなずける。

一方で批判にさらされてきたのが様式論である。服飾史における様式論の厄介さは、デフォルメされているかもしれない彫像や絵画などの作品を史料として使うことにある。作品は既に表現としてデフォルメされているから、このことを前提に描かれている服飾を問わねばならないのであるが、これまでの服飾史は作品を検証することなく、そのまま制作年時の事実を伝える史料として扱ってきた。ルルー・テイラーも指摘しているように、忠実に描かれているように見える肖像画でも、一世紀前のレトロな仮装服で描かれている場合さえある。王侯の肖像画が権威表象としての意図のもとで描かれたのであるなら、その服装に演出があることは容易に想像できるだろう。

様式論は、結局、服飾様式を安易に美術様式によって語らせる結果になった。今日なおロマネスク、ゴシック、バロック、ロココなど美術様式のことばで時代を整理することがあるのは、美術様式を借りて服飾造形を捉えようとしてきた過去の名残である。かつて様式論は、十五世紀に流行した先の尖って長く伸びた靴プーレーヌや、円錐形に高くそびえた女性の帽子などのシルエットを、ゴシック様式の教会の尖塔と並べて同じ造形意思として括ってしまう安易な論述を生んだ。このような陳腐な様式論を厳しく批判したのが、一九五七年に言語学者ロラン・バルトが『年報《アナール》――経済、社会、文明』誌に掲載した論考である。*23 彼は服飾を様式や技術の側面で解くのではなく、リュシアン・フェーヴルが提案したような感受性のテーマと関連させて捉えるべきであると主張した。衣服のかたちは、確かに時代が要請する造形意思を示して興味深いが、着衣という事象を時代に生きる人びとの心理や感性とのかかわりのなかで解こうという問題提起である。そして、このとき示唆を受けたのは、技術を社会現象として捉える人類学の手法であった。つまり衣服製作の技術を、衣服という「もの」にかかわるひとの行為・行動として捉えれば、社会的視野のなかで服飾研究もより深化するだろうという主張である。かたちの変遷を追う服飾史から、社会的意味を問い、心性史としての展開も期待できる服飾史の素地がここに整えられたといえる。

ところでロラン・バルトが論考を掲載した『年報《アナール》』誌は、一九二九年にリュシアン・フェーヴルとマルク・ブロックの二人の歴史家によって創刊され、後にアナール学派という歴史家集団の呼称を生んだ学術誌である。アナール学派が、それまでの経済史や政治史ではなく、市井の人びとの日常生活と物質文化に関心を示したことは、服飾史にとって幸いであった。日常生活の文化として着衣行動は歴史学の対象となったし、かたちの変遷史という枠組みから解放されて、着衣の社会史あるいは心性史としての歩みを始めることができたからである。

新しい服飾史に向けてリュシアン・フェーヴルから示唆を得た重要人物にフェルナン・ブローデルがいる。彼は一九七九年『日常性の構造』第一巻に、住居と並べて衣服と流行に関する論考をおさめた。そこで主張されるのは、流行は社会の変化の指標であり、さらに文化伝播のかたちだということである。古今東西の事例が雑駁ともいえる体裁で引用されているのは、「逸話の歴史」ということばで風俗史が批判されてきたさまを思わせ、ロマン主義の小説や芝居が習俗の細部にこだわった様子にも見まがう。しかしここでロマン主義とも逸話の歴史とも異なるのは、日常の雑事こそ「長期的な現実の指標」であるという指摘、すなわち長期持続ということばで説明されるアナール学派の主張である。政治・外交のできごとで歴史を組み立てるのではなく、人びとの日々の生活情景の細部に至るまで時代の全体を描き、その細部を成立させる社会や文明の様態を明らかにしようという主張である。安定あるいは停滞している社会に服飾の変化は見られないことに気が付いたブローデルは、頻繁に流行を繰り返すのは社会変動の証しであると考えた。物質生活のすべてに、錯綜しながらもなにがしかの秩序があり、経済・社会・文明から生ずる幾多の圧力が作用していると結論を締めくくっている。[*24]

バルトの批評でもブローデルの主張でも服飾史を社会史として読み替える視点がきわだっているが、これがその後のフランス服飾史の特徴である。ブローデルの弟子であったフランソワーズ・ピポニエが一九七〇年に刊行した『服飾と社会生活——アンジュー家の宮廷、十四・十五世紀』はそのもっとも早い例である。[*25] 実物遺品という考古学的史料、遺産目録などの古文書や回想録などの記録、そして写本挿絵などの図像を駆使した点で新しい服飾史を切り拓いたと評価されたが、ただし考古学者としての立場にたった調査の主眼はあくまで着衣の事実の追究であった。

アナール学派の潮流を意識し、当時はまだ新進気鋭の社会史学者であったフィリップ・ペローの意欲作が、一九八一年刊の『衣服のアルケオロジー』である。十九世紀フランスのブルジョワ社会における服飾の記号性を執拗なまでに追究したこの書は、本節で繰り返し述べてきた近代社会の人びとのファッションへの並々ならないこだわりを教えてくれる著作でもある。[*26] ペローは続けて『外見の加工または女性の身体の変容、十八世紀から十九世紀』を刊行しているが、[*27] 後にロベール・ミュシャンブレッドが著作『近代人の誕生』で明示する身体史の視座にはるかに先がけている。後者は十七・十八世紀を対象とし、身体の日常実践、すなわち身振りも姿勢も話し方も衣服も文化的コードであることを述べ、服飾を身体史の視野で語れば時代の心性へ迫れることを明快に示した著作である。[*28] 今後の服飾史は身体史としての展開に期待できると述べたオディル・ブランの展望はこのようななかで生まれたのだろう。[*29] ペローは、一九九五年に『奢侈』の社会史という新たなキーワードで物質文化の精神史を繰り広げており、[*30] 彼の考察は、昨今このテーマに注目している経済史の動向に先がけている。そして消費文化は近現代のものとする偏見が近世の消費文化の研究を遅らせたと述べて、十七・十八世紀社会を論じたのが、ダニエル・ロシュの一九八九年の『外見の文化、衣服の歴史』[*31] である。衣服の歴史とは、経済・消費活動がいかに社会構造に作用するかを問い、また政治的・倫理的・宗教的な社会規範を問うことであるとし、生産・流通・消費の実態から社会表象までアンシャン・レジーム期の服飾文化を多角的に捉えた大著である。

ロマン主義が蒔いた服飾史の種は、バルトやフェーヴルを経て、ブローデルからロシュ、あるいはペローへとつながる社会史としての服飾史に育った。ところで、一八三三年に始まるミシュレの『フランス史』に歴史学の誕生を認めるリュシアン・フェーヴルの評価を見るとき、アナール学派の主張もまたロマン主義の延長にあるようにみえる。フェーヴルによれば、ミシュレの歴史とは歴史に自らの生を投影し、過去に生きた人びとの姿を具象的な細部をもって描き出すことであった。少なくとも彼が日常生活に関心をもった背景にミシュレの歴史があったとするならば、ロマン主義からアナール学派への連続を見てもあながち間違いではないだろう。[*32]

4　衣服にかかわる語彙は、服飾文化を理解する視座を示す

服飾史の学問としての変遷は、衣服にかかわる語彙の使い方にも現れている。ロマン主義から生まれた服飾史と、それを踏襲したその後の服飾史がもっぱら使っていたcostumeは、昨今では使われることが少ない。衣服、服飾、服装、装い、装束、clothes、clothing、dress、vêtement、habillement、fashion、modeなど、日本語でもヨーロッパの言語でも衣服を示す語彙は多い。これらのことばは、それぞれ微妙に異なった概念を持ち、それらの差異は、衣服の性格や役割をどのような側面で捉えているのか、その違いを示している。ゆえにことばの選び方は、そのまま研究の視座を示す。

costumeとはもともと画家が作品中に描き込む昔の衣装や民俗衣装を指して使われた絵画用語

で、習俗を表わす英語customに相当するイタリア語である。要するに習俗という意味のイタリア語が、おそらく習俗を代表するという理由で衣装に限定されて絵画技法のことばとなったのであろう。costumeは時代や地域・民族に特徴的な衣装を言い、ゆえにロマン主義の流れを引く服飾史がこのことばを標題に使ったということは、服飾を時代の習俗として、時代を特徴づける衣服形態、あえて言うなら、今はない珍しいかたちに好奇心をもって過去の服飾に注目したということを示している。昔のひとの服装を、まるで異国の珍しい動植物を見るような視線で捉える見かたである。実際キシュラが服飾史に関する連載記事を載せた『マガザン・ピトレスク』誌は、異国の珍しい動植物や天文・地理などを語る雑誌であった。

ところでcostumeという語をここではもっぱら服飾という日本語で置き換えてきたが、「服飾」は、もともと衣服と飾りという意味で、中国の『漢書』にさかのぼる古いことばである。江戸時代以来、衣服の歴史や文化を語る際に使われてきた語であり、その伝統のなかで服飾史という表現は定着している。[*33] costumeは「服装」の方が訳語として適切な場合もあるが、「服装の乱れ」という表現が示すように、倫理的なニュアンスを含んで使われることが多いゆえに、学問の世界では敬遠される傾向にある。ヨーロッパのことばに対応する日本語は、場合に応じて対応する語を見つけざるを得ない。

さてcostumeに代わって昨今の著作が使うのは、フランス語ならvêtement、英語ならclothing、すなわち日本語の「衣服」に当たるともいえる語である。ダニエル・ロシュは、先述の『外見の文化、衣服の歴史』で、「ことなかれの」伝統的なcostumeの歴史とは区別して、十八世紀服飾の社会文化史を語るにはvêtementの語が適切であると述べている。理由は、『百科全書』が、このことばを「からだを被い、飾るもの、あるいは環境がもたらす災いから守るいっさいのもの」と定義し、習俗と服飾という両者を含んだcostumeという語の曖昧さを自覚しているからだと言う。かたちを珍しい習俗として捉えるのではなく、そのような形態を成立させた社会とひととのかかわりに着目しようとする視座に立つとき、costumeという語では誤解を招くという主張である。どのような解釈も包含してくれる、色のないことばが適切なのである。

ロシュは、同書の主題に「外見」apparenceという語を使っている。このことばは着衣の状態を示し、服装という語に近い概念をもつが、さらにそれらしく見せる「気配」、あるいは実態とは異なった「見かけ」という意味をもっている。つまり着るひとの社会的な位置を顕示すると同時に隠蔽する、衣服の複雑な機能を暗示することばである。しかも身体にまとわれた衣服だけが対象となるのではなく、髪型や化粧、さらに表情や仕草まで含み、それらの総体が社会文化的コードとして働くさまを言い得た表現である。すなわち先に触れた身体史の視野で着衣を論じ、身体をいかに呈示するかの歴史として服飾史を再構築する展望を拓くことばである。

英語のfashionあるいはフランス語のmodeはいずれも、時間の推移のなかで変化・交替するというニュアンスを強くもったことばである。ゆえに現代ファッションを語る際に使われてきた語であるが、昨今では服飾の歴史を語る際にも頻繁に使われる。それはロシュも述べていたように、消費活動は近現代に限られるわけではなく、またブローデルが衣服の変化は文化伝播のかたちであると述べたように、新たな装いを生む異文化接触はいつの時代にもあることが再認識されたからである。

さてfashionもmodeもいずれも本来は、その時代に広くおこなわれている流儀という意味で、必ずしも服装に限られず使われた語である。fashionの語源はフランス語のfaçonであり、この語は流儀、やりかた、あるいはひとの振る舞いという意味で今日なお使われる。modeという語が十七世紀には、現代語のように最新流行という概念をもたず、むしろ宮廷社会の社交規範を意味したことは、第4章で検証されている通りである。引用されているニコラ・ファレの作法書は、規範としてのmodeに従うようにと述べながら、新たな流儀を発明して変わり者と見られないようにと最後に諭すところではfaçonを使っている。modeもfaçonも確かにここでは規範を意味しているが、最後の一文は新たなモードや流儀を試すものもいたことを示しているから、今日的なファッションの意味がまったくなかったわけでもない。modeが流行という今日的概念を明確にするのは十八世紀後半であり、以下の第1章で取り上げるモード商が活動を始める時代である。

ファッションの語がよく使われる背景には、軽佻浮薄な流行として倫理的に批判されるより、前衛的なアートという概念でファッションが評価されるという今日的事情もあるのかもしれない。奇抜なファッションを生むひとはもはや変わり者ではなく、前衛芸術家として注目される。このような変化の過程には、第1章で俯瞰しているように、十八世紀末のモード商から十九世紀後半のオート・クチュール創設までの歴史を経て、それまで無名の職人であった衣服制作者が、名をもったデザイナーとして芸術家の仲間入りをしたという事実のあることを知っておくべきである。[*34] 市民社会の確立と工業化の進展のなかで既製服が拡大し、これを扱う大規模小売の百貨店が創設される一方、それと差異化をはかる高級仕立て服が有閑階級には必要であり、ここにオート・クチュールが誕生した。それまで顧客の嗜好に応じ作られていた衣裳だったが、シャルル＝フレデリック・ウォルトは自らのデザインをモデルに着せて顧客に提案、ここに仕立て職人はオリジナリティを主張するデザイナーとなった。日々の生活で身体にまとわれる衣服を、崇高な芸術の創作と同列に置くことは許されなかったのが、今日ではファッションはアートとして認められている。

二〇世紀には同時に芸術の側もファッションに接近したという事情がある。世紀初頭のポール・ポワレは、自らのデザイン集をポール・イリーヴらにポショワール版画（色のかたちに合わせて銅板などを切り抜いた型を色の数だけ準備し、筆で型の窓のなかを塗り、彩色する技法）で制作させた。画家ソニア・ドローネーは、色彩理論をドレスに写した「ローブ・シミュルタネ」や、詩人との協同による「ローブ・ポエム」[*35]をつくった。シュルレアリスムの画家ダリの作品から「デスク・スーツ」をつくり、ダリ夫人がかぶってスキャンダルを生んだ「靴帽子」など奇抜なデザインで意表をついたエルザ・スキャパレリ、抽象画をドレスに写したイヴ・サン＝ローランのモンドリアン・ルック等々、芸術とファッションのコラボレーションは、フランスに限らずヨーロッパに事例はいくらでもある。両者の親密性は二〇世紀の特徴であった。[*36]

5　服飾の歴史になにを読み取るのか

ブローデルの問題提起に応えたフランスの服飾史が社会史としての性格を強く示していることは既

に述べた。本書が以下に展開する五つのテーマも、それぞれの方法で社会性を論じているが、いずれも新たな領域に切り込む視座を明確に示している。

冒頭で触れたように、織物産業の経済的側面については研究史があるものの、生産された織物の消費に関してはこれまで軽視されてきた。この空隙を埋めるのが、商業史の枠組みで語る第1章のモード商の検討である。布地が衣服になり、それが着るひとの手に渡る過程、すなわち衣服の製造・流通業の検証から産業とファッションの関係を経済史に位置づけようとする試みである。顧客の多くが女性であり、しかも衣服を仕立てるのではなく、装飾にのみ関与すると同時代人にも思われていたがゆえに、活動の実態調査がなおざりにされてきたモード商だが、服飾品の製造と販売をいかに手がけたかの詳細を帳簿などの記録から初めて明らかにした論考である。[*37] モード商は十九世紀に新物店（マガザン・ドゥ・ヌヴォテ）にとって代わられるが、世紀後半の百貨店とオート・クチュールへ途を拓いている。オート・クチュールの男性デザイナーの系譜は、本章の男性モード商の存在にその予兆があると筆者は見ており、モード商を近代社会の服飾産業の原点として評価する問題提起である。

第2章はマネキンに関する論考だが、二〇世紀のブティックのディスプレイを対象とし、服飾産業の一端を示しているという意味では前章に連続している。ただしここでは現代都市の形成というユルバニスムと都市芸術という概念で検証され、広告媒体としてのマネキンとはいえ、装飾芸術という視野での考察である。前節の最後に述べた芸術とファッションの協同の一例でもある。先に詳述したロマン主義の美術・文学・演劇・服飾のかかわりのように、服飾と芸術の相関とは様式論に限られるわけではない。服飾と芸術の多様なかかわりの一つひとつを検証する作業からファッションと芸術の関係の何が見えてくるかが問題なのである。

第２章で検証されたマネキンは衣裳の支持体としての機能を超え、自らを主張したともいえる革新的なマネキンだが、そこに展示されるのは前世紀的で保守的な女性が着る夜会服や毛皮のコートであり、当時の新しい女性像ギャルソンヌのものではなかった。男の子のような女性という意味でギャルソンヌと呼ばれた風俗は、断髪やズボンの着用を流行させ、背景には男性と同じ社会生活を望む女性の意識の変化があった。革新的なマネキンと展示される衣裳の保守性という乖離の問題は、本書では深入りをしていないが、第３章のテーマであるジェンダー規範の問題へと論を展開できるだろう。ギャルソンヌは女性が男性の世界へ越境した現象であり、性差の越境は常に服飾流行の一つの要因であるように思える。その一方で異性装とは、第3章で述べられているように個人が自由を獲得する手段であるとするなら、確信犯的に性差を侵犯する行為である。ジェンダー規範の視野は、第４章で語られる近世と近代の服装規範の差異を読む際にも重要である。宮廷社会に強力に組み込まれ、パブリックな表象機能を担った十七世紀貴族の服装と、ブルジョワ社会で私生活上のプライベートな表象機能を担った十九世紀女性の服装が、社会構造とジェンダーという二つの条件のなかでその意味を変えるということは、逆に言えば服装を通して二つの時代の社会とジェンダー規範を読み解くことができるということである。服飾を切り口とした検証は、そこに意味が重層的に積み上げられているがゆえに展開の幅は広い。

ところで服飾に社会表象を読むという視野が、リュシアン・フェーヴルの言う感性の領域と相容れないというわけではないが、しかし感情生活や心理状況、あるいは感性や感受性を服飾表象に読むという展開に、フランス服飾史はこれまで欠けていたように思われる。[*38] たとえば第4章で語られる十七世紀の宮廷規範は身分社会の秩序維持として機能していたという社会性もさることながら、規範の詳細からは清潔感や身体性に論を進めることが可能で、ここに感性論としての展開が期待できる。[*39] 規範を成立させるのがリネン類やレースであり、それがステータスの表示であるなら階級意識は清潔の観念と結びつく。あるいは身体をいかに呈示するかが服装規範であるとするなら、それはからだの形状や装飾のレヴェルにとどまらず、身のこなしかたや所作に及び、身体論への展開が可能である。ミュシャンブレッドの提案にもかかわらず、服飾史は必ずしもこの方面に熱心ではなかった。身体性の構築という意味では、この展開は異性装の問題にも通用するだろう。

安定した社会ゆえに日本のきものに変化はなかったと見るのがブローデルの見解だが、日本服飾史の研究者は、それゆえにと言うべきか、生活感情の表現として服飾を読むことに熱心にとりくんできた。平安朝の重ね色目に自然感情を読むとか、江戸の小袖に文様の意想を読むとかである。このような視野でヨーロッパ服飾を読み直すことはできないのだろうか。衣服に特にこだわったわけではないが、ミシェル・パストゥローによる色彩や縞模様の研究は、それに類似する研究といってもよい。色や模様に対する感情は長い時間をかけて、自然や風土、宗教や思想の影響を受けて成立する。ゆえに彼はヨーロッパ人の基層をなす色彩感情を明らかにしているが、それとともに時代によって異なるイメージの変化を捉え、色や模様から時代感情を明らかにしている。[*40]

さてこのような感性にかかわる歴史を明らかにする際に重要な史料となるのが、文学や絵画の表現であることは言うまでもない。紋章学者であるパストゥローが色の意味に迫れるのも、現実に使われた紋章ばかりか、アーサー王物語の騎士たちの想像上の紋章にも通じているからである。本書の論考もそれぞれ適宜、文学を史料としている。実は、文学や絵画など虚構の作品が史料として有効であることを主張したのもアナール学派であった。文学作品の服飾描写を史料として使うことは、キシュラの服飾史草創期から中世については慣例である。フランス中世文学に服飾描写が満載だからである。ただし事実を伝える文書の欠落ゆえに、それを補う史料としての扱いが、「ことなかれの」伝統的服飾史の使い方であった。しかし、作品に挿入された服飾描写は、それを着る登場人物の性格や物語の展開を示唆することがあり、ゆえに作家のそのような意図を分析することが、作家に代表される時代の服飾意識の解明につながるはずである。虚構としての服飾表現を読み解くことこそ、時代の服飾表象の解読につながるのであり、それは絵画作品の場合でも同様である。作品の制作年の服飾の事実として見るだけでは意味をなさないと先に述べたのは、このことである。

十九世紀末、アルフレッド・フランクランが私生活シリーズ二三巻におさめた『マガザン・ドゥ・ヌヴォテ』四巻も、文学史料を多用していればこそ魅力がある。題名のマガザン・ドゥ・ヌヴォテが十九世紀の服飾流行品店であることは、本書の第1章に説明がある通りだが、この四巻はあたかもこの種の店の陳列棚を見るかのように服飾のアイテムごとに十二世紀から十八世紀まで追ったいわば服飾史である。これ以上ありえないというほどの逸話を並べた観のある本シリーズはアナール学派に無視されたが、服飾を扱った四巻は、徹底して拾った文学表現が民俗の領域と交差し、衣服の歴史人類学のまさに第一歩だったように思える。たとえばエギュイエットは十五世紀から十七世紀まで使われた上着と脚衣を結びつける紐のことだが、これをめぐる大量の言い回しの収集には圧倒される。エギュイエットを解くと言えば、ズボンを脱ぐというニュアンスになるから、言い回しは卑猥で意味深長になるが、著者はそこに民俗的な迷信を重ね、生活の感情世界を広げて見せる。*41

ブローデルが流行とは文化伝播のかたちであると述べたのは、異文化の混淆こそが新たなファッションを生むという意味であろう。服飾の歴史とは異文化接触の歴史であると言っても過言ではない。十七〜十八世紀のインド更紗の輸入は模造品の生産を促し、重厚な女性服を軽快なものへと加速させたばかりか、更紗のプリント柄が捺染技術を発展させ、その結果、非富裕層の衣服にも色や柄がつくようになった。*42 二〇世紀末のジャポニスムは、きもの独自のかたちや文様を欧米に流行させたことはもちろん、きものの平面構成がヨーロッパの女性服の構造さえも変えた。*43 十八世紀末の革命前夜、イギリスの自由主義への羨望は、装飾過多のフランス男子服を簡素で合理的なイギリス風へと変えた。一方で同じころ、古代ギリシャ趣味から生まれた女性のシュミーズ・ドレスは、マリ＝アントワネットが試しスキャンダルを巻き起こしたが、革命後は帝政様式として十九世紀初頭を特徴づけた。異文化には、このような古代調やロマン主義時代の中世風など時間を超えた文化も含まれよう。レトロ趣味は過去の単純な再現ではなく、空間を超えたいわゆる異国趣味の場合と同様、新たな価値づけがあるからである。

ファッションの創造という点で意味のある異文化接触だが、異文化受容の意味は重層的であり、その内容も事象によって異なる。第5章で語られる中世の東方趣味は、そこに政治表象としての意味を見出し、服飾表象から政治文化を読む試みである。十五世紀のフランスにおいて東方あるいは異国は衣服や色彩でいかに表出されるものだったのか、アンジュー家とブルゴーニュ家における表象の差異は、それぞれの宮廷が東方をいかに認知し、対峙していたのかを証している。[*44] 本書では、モーリスクという東方趣味あふれる仮装舞踏会にテーマを絞り、遊興として片付けられない政治表象をそこに読み解いている。そしてこの東方趣味が、オスマン帝国の脅威という政治的な課題を突きつけられながらも、中世人を魅了したことは、フランス革命前夜、アメリカ独立戦争をめぐってイギリスと敵対したにもかかわらず、その自由主義に憧れてアングロマニという熱狂的なイギリス趣味を生んだことと似ている。政治的対立がすべてを被うわけではないという、政治・外交史だけではわからない矛盾とも見える人びとの心性を教えてくれるのもファッションである。

服飾という事象を切り口として、そこから何が見えるか、服飾の長い歴史には手つかずの領域は多い。しかも、どのような史料を使って、どのような視点で読み解くか、史料と視点の選択によってさまざまな解明のありかたがある。一見して狭小な切り口だが、しかし着衣の文化には人間と社会を読み解く無限のテーマが潜んでいる。

第1章

流行を商う

――ファッション界の「ナポレオン」とオート・クチュールの起源

角田　奈歩

ファッション・ウィークでデザイナーのクリエイションが発表され、既製服にそのデザインが模倣され、それを購入すれば誰でも最新ファッションを入手できる。二〇世紀後半にはストリートからのボトム・アップ型ファッションも現れたが、いまだこうしたある種のトリクル・ダウン型ファッションの重要性は失われてはいない。このトリクル・ダウン型ファッション伝達構造の頂点に立ったのはパリ・オート・クチュールであり、また既製服という万人にアクセス可能な大衆的ファッションの普及に大きな役割を果たしたのは百貨店である。両者は共に十九世紀後半に出現したが、それでは、その起源はどこにあるのだろうか。

第一帝政（一八〇四〜一四、一五年）から王政復古（一八一四、一五〜三〇年）の時代に、フランス宮廷のみならずヨーロッパ各国の宮廷に名を馳せたモード商ルイ＝イポリット・ルロワの帳簿から、ファッション産業黎明期パリの服飾品小売業のあり方を分析し、十九世紀初頭の服飾関係業者の活動の実態と、後に出現するパリ・オート・クチュールと百貨店に彼らが及ぼした影響を考える。

1　十九世紀後半、オート・クチュールと百貨店の誕生

一八五七年。ある外国人たちがパリで店を開いた。そのうちのひとり、チャールズ＝フレデリック・ワース、フランス語読みすればシャルル＝フレデリック・ヴォルト（以下、日本語での慣例に従いウォルトと表記する）[*1]というイギリス人こそ、ナポレオン三世の宮廷で「モードの専制君主」として名を馳せ、フランス・クチュール組合（サンディカ）の前身となるオート・クチュール組合を創り、名実共に「オート・クチュール」の父として後世に知られることになる人物である。ウォルトはこの三〇年と少し前、一八二五年にリンカーンシャーの小さな街で生まれ、十三歳でロンドンに出て後に百貨店となり一九八二年に閉店したスワン＆エドガー、続いて生地商ルウィス＆アレンビーで働きはじめた。二月革命前の一八四五年にパリに移り、二年ほどフランス語習得などに努めた後、服飾品商ガジュランの元で働きはじめ、一八五一年ロンドンと一八五五年のパリの二度の万国博覧会向けに衣服の見本型を製作したことで知られるようになっていた。[*2]

クリミア戦争を経てフランスの権勢は増し、皇帝ナポレオン三世の命で都市改造が進む当時のパリ

で、ウォルトが二〇人の店員を擁する店を構えたのは北西の環状並木通り近く、一世紀前には市外との境界域に近かったラ・ペ通り七番地である。ウォルトが働いていたガジュランの店はパリの中でも前世紀からファッショナブルとされた界隈、貴族邸宅が立ち並ぶ高級住宅地にも遠からぬリシュリュ通り八三番地にあったが、ラ・ペ通りはヴァンドーム広場とカピュシーヌ並木通りを繋ぐために、ナポレオン一世が自ら「ナポレオン通り」と命名して開いた通りで、王政復古期以降に発達したエリアにある。しかしここは当時ル・ペルティエ通りにあったオペラ座に近く、数年後にはウォルトの店から徒歩数分の距離にオペラ・ガルニエが移転新装される。パリ都市改造の立役者、セーヌ県知事ジョルジュ・オスマンの名を取った並木通りも含め、このエリアは数年のうちに複数の大通りが交差する、パリ右岸でも重要な市内交通の結節点となった。ジャック・ドゥーセの下着店も同じくラ・ペ通りの十七番地にあったし、宝飾商カルティエもヴァンドーム広場に移転してくる。こうしてこの界隈は、現在に至るまで高級ファッション街の地位を維持することになる。[*3]

右岸ではそのような具合にオート・クチュールが芽生えていたが、ウォルトのメゾン開店の少し前の一八五二年、左岸では、宮廷への目通りがかなう立場ではなく、しかし生活に不自由はない層の人びとに向けて、最高級ではないが少し良いものを提供する店が開店していた。左岸でも西側のサン＝ジェルマン＝デ＝プレ通り界隈は十八世紀以来の高級住宅地だが、これと交わるバック通りを南に下ってセーヴル通りと交わるところである。ノルマンディ出身のアリスティッド・ブシコが開いたこの店は、当初は数多の服飾店と大差なかったが、数年後には都市改造に合わせてエッフェル塔設計者ギュスターヴ・エッフェルが改装し、壮麗な大店舗に生まれ変わる。ブシコの店「ボン・マルシェ」

は、壮麗な建築や陳列の工夫で客を惹き付けると同時に、返品制度、カタログ通信販売、バーゲン・セールなどの近代的小売システムや、カフェ、トイレ、読書室などの店舗サーヴィス、社員食堂、従業員年金制度など福利厚生も配慮した企業体制を打ち立て、同じ時期にロンドンで成長した「ハロッズ」と共に世界初の百貨店と呼ばれるようになる。

　この百貨店という大規模小売システムは時を経て日本にまで波及し、一九〇四年、江戸期の三井越後屋から続く三越呉服店は「デパートメントストア宣言」を発表し、日本初の百貨店となった。[*4] 他にも高島屋、松坂屋、大丸、丸井、そごう、伊勢丹など、日本の多くの百貨店が江戸期の呉服店に起源を持つ。[*5] ハロッズは元は食料品関係だが、すぐに生地も扱うようになった。ニューヨークのメイシーズも食料品系だが、ロード&テイラーは服飾品店が元になっている。洋の東西を問わず、百貨店の起源は服飾品店にある。

　こうして、十九世紀半ば過ぎに、一方では百貨店、一方ではオート・クチュールと、現代の服飾品小売とファッション・クリエイションの代表的な方法二種が生まれたのである。

2　新物商、そしてモード商

百貨店をフランス語では「大商店（グラン・マガザン）」と呼ぶが、ブシコが開いた店は、「大新物店（グラン・マガザン・ドゥ・ヌヴォテ）」と名乗っていた。その言葉の後半が省略され、百貨店に相当する語として用いられるようになり、今日に至る。アルフレッド・ショシャールの「ルーヴル」も当初は新物店として設立されて後に百貨店に成長し、「プランタン」創業者ジュール・ジャリュゾ、「サマリテーヌ」創業者エルネスト・コニャックは新物店に勤めた経験を持つ。[*6]ウォルトも、スウェーデン人共同経営者のオットー＝グスタフ・ボーベルクと共に「既製服新物商」として「女性のためのドレスとコート、飾り布、高級新物の特別なメゾン」を謳っていた。[*7]

この新物商というのは一八二〇～三〇年代にパリで台頭した職業である。ブシコがボン・マルシェで展開した華麗な商品展示、定価・正札制などの販売方法は新物商からヒントを得たと思われる。新物商は定価を導入し、商品を陳列し、直接買い付けをおこない、広告を始めた商人だが、つまり、新物商以前にはこういった商習慣は存在しなかったのである。とはいえ、もちろん、新物商も無から生まれたわけではない。さらに元となる職業が存在した。これをモード商という。

モード商はパリで十八世紀半ば頃から知られるようになった職業である。当時のパリでは、手工業・小売業には王権直轄の同業組合（ギルド）制度による制限が存在し、同業組合に加盟しないと商品を製造したり小売したりすることはできなかった。[*8]すでにパリの重要な商業部門となっていた服飾関係業については同業組合による制約が厳しく、既製服製造はおろか、生地などの材料販売と衣服仕立を一店舗で扱うことさえ認められなかった。このような状況下で、モード商は衣服の装飾や頭飾・服飾品製造・小売を主な役割としつつ頭角を現し、一七七六年には制度再編成に乗じて同業組合としても認められる。仕立や、ひいては衣服完成品の販売も手がけるようになり、革命期を経て一八一〇年代後半になると、彼らの中から新物商に看板を掛け替える者が現れた。なお、革命期に同業組合制度は廃止され、こうした新職業を名乗る上での規制はなくなり、経営上の制約も少なくなっている。

しかし十八世紀まで、どんな業種でも店は倉庫然としており、買い物は値を吹っかけてくる老獪な小売商との戦いで、服飾関係業では特に掛け売りが当たり前だった。そんな中で、モード商は店内を飾り、店頭にマネキン人形を置き、返品を受け入れ、現金即日払いを採用するなど、新しい経営方法を導入した。これが新物商に引き継がれていく。[*9]

このモード商の中で、革命前に最も知られていたのがベルタンという人物である。ジャンヌ＝マリ・ベルタン、後世ローズ・ベルタンと呼ばれることになるこの女性は、アンシャン・レジーム最後の王妃、ルイ十六世妃マリ＝アントワネット御用達として名を馳せた。彼女は王妃の寵愛を受けつつ、しかし王妃の注文通りに服飾品を作るのではなく、自ら王妃に装いを提案し、ファッションを牽引した。そういった活躍ゆえに、ファッション・デザイナーの歴史が書かれるとき、多く最初に名が挙げられるのがこのベルタンである。[*10] そしてその次に現れるのが、ルイ＝イポリット・ルロワの名である。

ウォルトはナポレオン三世の宮廷に皇妃ウジェニーをはじめ多くの顧客を持ったが、ルロワはナポレオン三世の祖父、すなわちナポレオン一世とその皇妃たちを顧客としていた。ダヴィッドが描いたことで今日にも知られるナポレオン戴冠式の衣装も彼の手になるものである。ルロワの姪エステルの夫の兄弟だった文筆家オジェは、「センスが強大な君主なら、彼はその大臣だった。ファッションに王錫があるなら、彼はそれを持っていた[*11]」とルロワを讃えている。同時代人に「王妃のモード大臣」と呼ばれていたベルタンを思い起こさせる表現である。

以下、オジェの「ルロワ覚え書き」[12]からルロワの経歴を追う。ただしこれは「礼賛」と称されており、ルロワのファッションへの貢献や皇室・王室とのかかわりについてはいくらか割り引いて読むべきだろう。まずは事実と思われる部分のみ取り上げる。

ルロワは一七六三年、子だくさんの一家に生まれた。父はオペラ座の道具方で、ルロワは十二歳でかつら工／商[13]に弟子入りする。モード商が正式に同業組合として認可される一年前、ベルタンが王妃御用達となった頃である。それからしばらくして、ルロワはモード商のボノ夫人と出会った。ボノ夫人はセンスも才能もなかったが体型やたたずまいが優れていて、ルロワは「嘘つきフィシュ」というフィシュ（スカーフの一種）を作り、内縁関係となったボノに「陳列台」として着用させて成功を収めたという[14]。これが本当なら、妻マリに製作品を着せて顧客に示したことでファッション・モデルの考案者と呼ばれているウォルトを連想させるエピソードである。しかしオジェがこの「覚え書き」を書いたのはウォルトが生まれたばかりの頃であり、もちろんこれはウォルトの活動を参考にして作られた挿話ではない。つまり、このエピソードそのものの真偽はわからないとしても、同時代人から見ても、ルロワがそのようなことを考えそうな目端の利く人物と思われていたと言えるだろう。そしてルロワは、ベルタン作のドレスを纏ったマリ＝アントワネットが君臨するヴェルサイユを新奇な頭飾で驚かせたとされる[15]。革命暦四年プレリアル二九日（一七九六年六月十七日）にはフランソワズ＝ルネ・ギュヨと結婚し[16]、その後、執政政府期（一七九九～一八〇四）にチュイルリへの出入りを許された。

ここから先のルロワの活動については他の史料からも確かめられる。一八〇〇年に発表された二行連詩で、ルロワは流行の最先端を行く服飾関係業者として名を挙げられている[17]。そして四年後には、この詩の中でルロワと共に記されたランボ夫人と協働することになる。これについて、ナポレオンの最初の皇妃ジョゼフィーヌの第一部屋係アヴリヨン嬢は、ルロワは衣服製造を本格的に手がけようと考え、著名な女性服仕立工（クチュリエール）のランボ夫人と協力関係を結び、並みいる服飾関係業者との競争に勝って、一八〇五年のジョゼフィーヌの戴冠式用衣装を担当することになったと説明している。[*18] またこの提携について日刊紙『ジュルナル・ドゥ・パリ』紙は「センスの帝国を支配するのは彼らだけ」と評した。[*19] とはいえこの協働は長くは続かなかったが、解消後にも皇妃の愛顧を受け続けたのはルロワのほうだった。ランボ夫人のほうがルロワの先輩という立場にあったにもかかわらず、ルロワはランボ夫人の従業員らを引き抜きさえする。[*20] ランボ夫人はルロワに出し抜かれたことに苦情を言ったが、ルロワは野心家であり、のし上がるためには姑息な手も厭わなかったようで、ランボ夫人排除の後も、他の御用達商の権利を奪い、宮廷での衣服関係の取引を独占しようとした。また、ルロワがジョゼフィーヌのために製作したものと同じドレスを他の女性から注文されたとき、ルロワは「無礼にも」これを断ったという。ジョゼフィーヌの厳命により結局注文を受けることにはなったが、この行動も、ある型のドレスを皇妃にだけ着せることで、そのドレスとそれを作った自分の価値を高めようという戦略だったのかも知れない。[*21] またアヴリヨン嬢は、ルロワが田舎から来た客を馬鹿にして流行遅れの品物を見せようしたことがあったが、彼を知る人ならいかにもそういうことをしそうな人物とわかるだろうと述べている。[*22] 顧客をはっきり区別、もしくは差別するタイプだったのだろう。とはいえ、このようにルロワを非難しているアヴリヨン嬢も、その才能は認めている。

そんなルロワの店は、図表1‐1の地図のように、リシュリュ通り八九番地、メナール通りとの交差点の徴税請負人ブタンの館にあった。[*23] 現存するメナール通りは当時と少し位置が違うが、ブタン館があったのは現カトル・セプタンブル通り側である。この店は一八〇二年に開いたもので、[*24] それまではヌーヴ・デ・プチ＝シャン通り七三六番地、シャバネ通りに面する場所に店を持っていた。[*25] オジェはこの場所を「少しうらぶれた区画」と書いているが、オジェがこの評伝を記した時期にはもう寂れてしまっていたのかも知れないものの、ここはガラス屋根付き商店街パサージュのはしりであるガラス屋根回廊で人気を博していたパレ・ロワイヤルに近く、当時はむしろ繁華街ゆえにやや猥雑な界隈である。一方、リシュリュ通りは十八世紀にモード商店舗が集まっていたサン＝トノレ通りと交わる通りで、かつてベルタンの店がその交差点にあったが、ルロワの店があったのは少し北の外れ、カフェが建ち並び、王政復古期に帰国した元亡命貴族たちが闊歩したイタリアン並木通りや、初の本格的パサージュであるパサージュ・デ・パノラマにほど近く、洒落た新開発エリアといったところである。[*26] ラ・ペ通りを選ぶ後のウォルトのセンスに通じると言えよう。チュイルリ宮からは徒歩二〇分ほどと前の店舗より遠いが、カブリオレやクーペなど何台も馬車を持っていたルロワには支障がなかっただろう。[*27] なお、協働していた時期にはランボ夫人もこの館で仕事をしていたようだが、[*28] 一八〇六年以降は、遠からぬメナール通り四番地に女性服仕立工として店舗を構えている。[*29]

さて、そんなルロワは、非常に有用な史料を後世に残している。二冊分の帳簿である。[*30] 顧客別仕訳帳の四・五巻で、[*31] 体裁は図表1－2の通りだが、現在の簿記とは違いがある。まず、いちおう複式簿記のように左右に分かれてはいるが、一行ごとに左右の数字を一致させておらず、見開きページごとに帳尻を合わせている。そのため費目の分類も混乱しており、顧客に販売した商品の詳細が借方とし

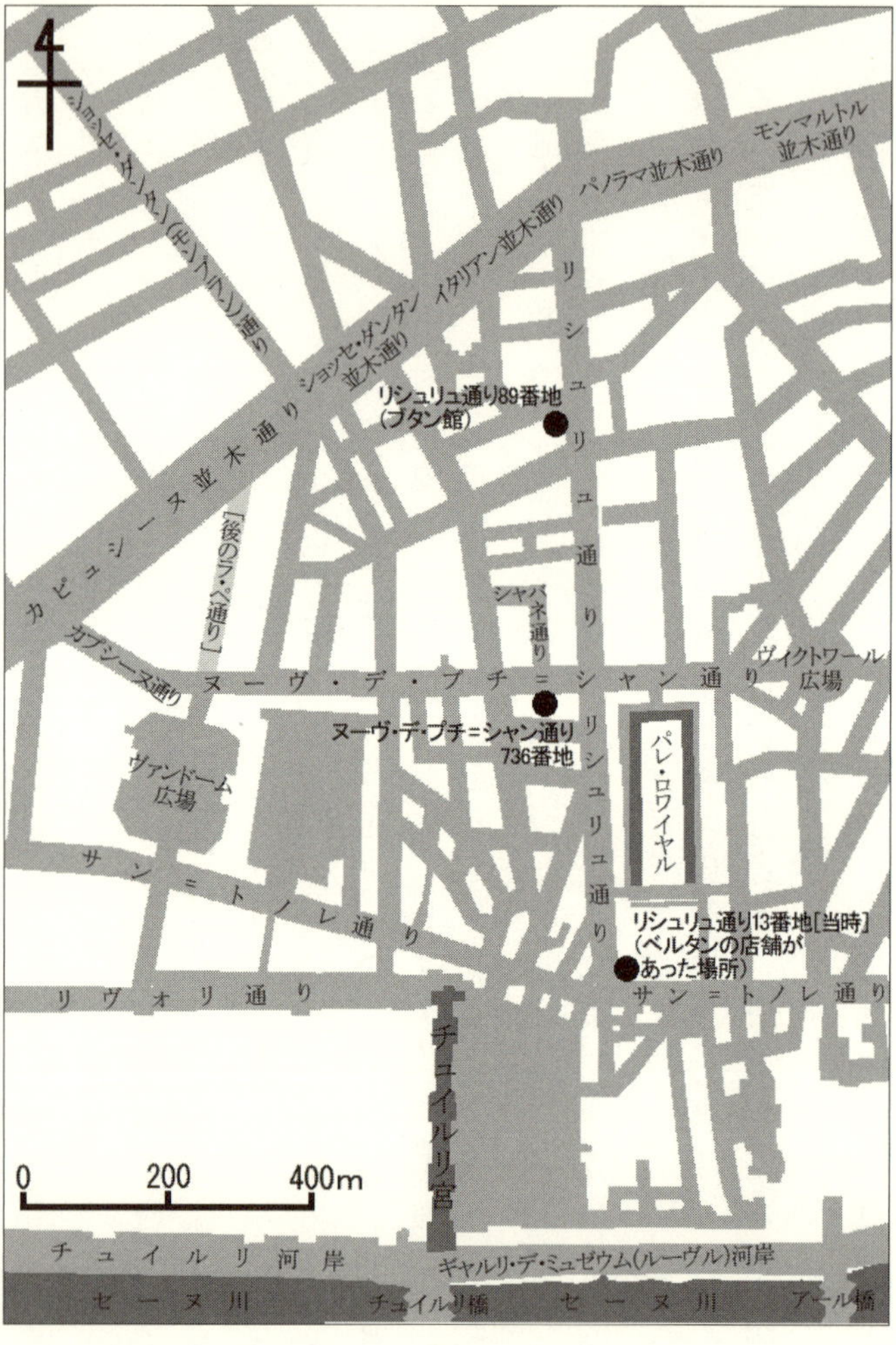

図表1-1　19世紀初頭のパリ右岸北西部，ルロワの店舗周辺の地図

て左手に、顧客からの対価の支払い方法や従業員に支払われた給与が貸方として右手に書かれている。つまり、資産の動きとその原因を左右に振り分ける形になっておらず、単に顧客ごとの収支を見るためだけの造りになっている。四・五巻全体では一八一二〜一八二一年の情報が記録されており、四巻は見開き四八〇頁、五巻は一部空白含め見開き一三一頁で、最初は一人、途中からは二〜三人が付けているようである。商品・作業は一部宮廷関係者を除いては詳述されている。

　一八二一年の商品販売や作業受注の記録はかなり少なく、おおむね春までで、初夏から夏に少し顧客から支払いを受けた記録があり、そこでほぼ途絶える。つまり、ルロワは一八二一年

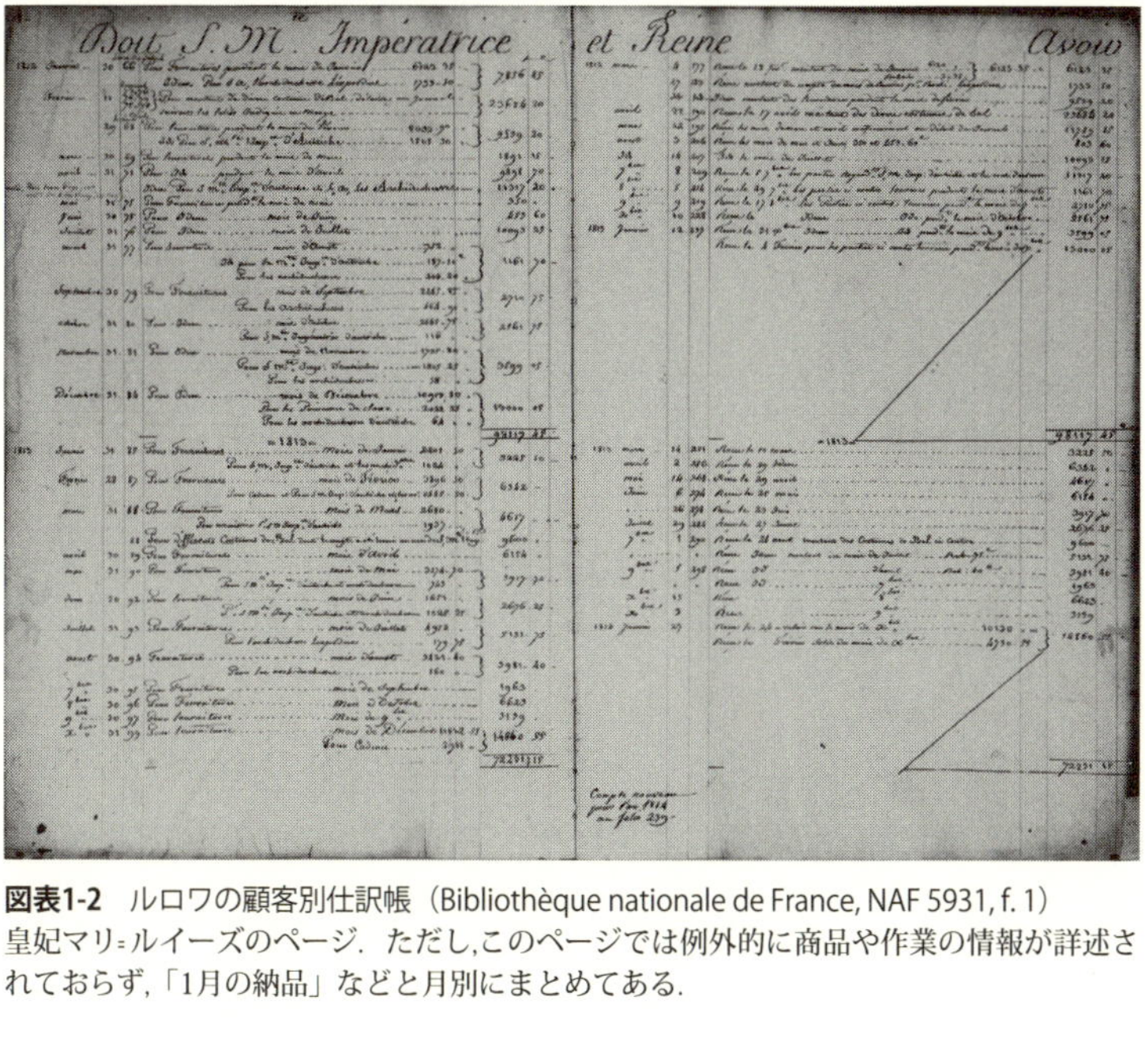

図表1-2　ルロワの顧客別仕訳帳（Bibliothèque nationale de France, NAF 5931, f. 1）
皇妃マリ゠ルイーズのページ．ただし,このページでは例外的に商品や作業の情報が詳述されておらず,「1月の納品」などと月別にまとめてある.

で経営を辞した。オジェによれば、シャルル十世の孫ボルド公アンリ・ダルトワの洗礼式の後、ルロワは休息を求めるようになったという。[*32] アンリ・ダルトワ誕生は一八二〇年九月だが、ルロワはこの年に五七歳、当時としては充分に高齢であり、引退に不思議はない。そして同一八二一年七月、妻フランソワズと共に住むとの名目で、兄弟で建築士のピエール＝ジョゼフらからショッセ＝ダンタン通り四一番地の家を十三万五〇〇〇フランで購入している。この購入契約書中に記されたルロワの住所は店舗と同じなので、閉店を機に店舗と住まいを同時に引き払うこととし、引退後の新居を用意したのだろう。[*33] なお、以降の商業年鑑の職業別住所録には「ルロワ嬢（姪）社、リヴォリ通り三六番地」という企業が掲載されている。[*34] この姪エステルがルロワの後継者であり、こうした家族関係により服飾品製造・小売業者としての立場を維持しようとしたのだろう。ルロワが経営している時点で複数の店員を擁しており、この規模が引き継がれたなら企業化には充分である。リヴォリ通りは当時開通したばかりの通りで、一八〇七〜二四年の間に界隈の地価が六〇〇倍にも上がったといわれる人気急騰エリアである。[*35] この立地選択にルロワがかかわっているかは不明だが、新鮮な場所を選ぶセンスはルロワらしいものを感じさせる。[*36] そしてオジェによれば、ルロワはこの後も三年間にわたり姪の企業を監督し、しかも実権を握ろうとして裁判沙汰にまでなった。判決はルロワに有利なものとなり、ルロワは一八二四年のシャルル十世戴冠式の衣装も手がけたが、これは「新しさもなく優美さもなく、重苦しさに満ちていた」とオジェは語る。オジェによれば、一八二一年に一度引退を決めて以来、ルロワは過去の栄光に縋ろうと必死だったらしい。[*37] アヴリヨン嬢はルロワを慢心した気取り屋と述べ、[*38] オジェはルロワを魅力ある成り上がり者と評しているが、[*39] その気取りや成り上がり気質がこの晩年の行動を引き起こしてしまったのかも知れない。

そして、ルロワは一八二九年に没する。遺産目録はピエール＝ジョゼフとフランソワズの依頼で作られた。この目録は三五ページにわたり、ショッセ＝ダンタンの私宅は複数の寝室・居室、食堂、地下室を備え、大量のワインや銀器なども記録されており、成功した小売商としてかなりの財産を遺したことがわかる。なお、アヴリヨン嬢によれば、ルロワは十万リーヴル超という巨額の年金も受けていたという。[*40]

こうしたモード商についてだが、研究の蓄積は乏しい。十八世紀のモード商については、社会史家ペロと文化史家ロッシュがその重要性を指摘して以来、[*41]歴史家にも存在が認識されるようにはなったが、活動の実態さえ長らく明らかにされてこなかった。そんな中で、アメリカのジェンダー史家ジョーンズは女性の消費という観点から当時の服飾品小売業全般をある程度見渡した上で、消費革命論と関連づけつつベルタンを中心としたモード商らの活動の意味を論じた。[*42]また、ベルタンについては、すでにお針子の活動などを女性の職業という視点から分析する著作があったクロウストンも、顧客の未払い金に関する膨大な史料を元に、信用取引を手がかりにベルタンと王妃マリ＝アントワネットの関係を論じ、革命直前のヴェルサイユにおける女性の役割を考察している。[*43]さらに、サポリが博士論文を基に著した書は、モード商を主題とした初の学術的著作だが、ベルタンを女性経営者として、またファッションの創始者として多様な角度から分析している。[*44]とはいえ、これらはベルタンという突出した人物を扱ったものであり、より広く、モード商という職業全体が服飾品生産・流通過程に占める位置、またこの職業が後世に与えた影響、特に百貨店との繋がりについて論じているものは、現時点で拙著の他に見当たらない。[*45]

そして本章で主に扱うルロワについては、本章でも用いる帳簿などの史料を基にしてナポレオン宮廷とルロワのかかわりを論じたブショの十九世紀末の著作を除けば、[*46] フフルクの論文がほぼ唯一のものである。フフルクはブショに多くを負いつつルロワの帳簿を衣服の装飾や顧客などの点から分析しているが、顧客については宮廷関係者や国外著名貴族などの情報や名前を抜き出すに留まり、総体的な分析には至っていない。服飾関係業の全般的状況や前後の時代との関連を見渡すような視野も不足している。[*47] そもそも、ただでさえモード商の研究が少ない上、十八世紀の職業という認識が強く、十九世紀にモード商がまだ存在したことさえ広く知られていない。[*48]

このようにモード商の研究が進まないのは、端的に言って重要性が明確に認識されていないためである。衣は長らく歴史学では軽視されてきたテーマであり、またファッションはアカデミックな場で論じるに足らないものという風潮は根強い。よって、それを生業とするモード商の研究も乏しい。

一方で、小売業の研究も手薄である。近世～近代にかけての国際的な商品流通は、多くの研究者の関心を引くものとなってきているが、そうして取引された財は具体的にどのように最終消費者の手に渡ったのか、それを実現する小売商はどのような経営を行っていたのかといった研究は多くの蓄積を持たない。それでも英米については、マーケティングなどへの関心から研究が始まり、主に経済史家の間で詳細な事例研究も含めて進展しつつあるが、フランスについての著作は少なく、特に百貨店成立以前については乏しい。百貨店という大規模小売業態成立の経緯は、大衆消費社会について考える上で無視できないテーマであり、百貨店が新物店から派生したことは知られているが、さかのぼって

史料	商人名	年代	帳簿	顧客層
BnF NAF 5931 / 5932	ルロワ	1812-1821	顧客別仕訳帳	後段で詳述
下記	エロフ	1787-1793	仕分日記帳	宮廷
AD Paris D5B6 1295	モロ	1778-1781	仕分日記帳	パリ在住貴族層
AD Paris D5B6 2226	ラ・ヴィレット	1778-1780	仕分日記帳	業者など非貴族層
AD Paris D5B6 2289	レヴェック	1782-1785	仕分日記帳	幅広いが貴族層多め
AD Paris D5B6 2848	ブナール	1780-1783	仕分日記帳	非貴族層，男性多め
AD Paris D5B6 3140	ドゥラフォス	1777-1787	顧客別仕訳帳	業者など非貴族層
AD Paris D5B6 3882	ペステル	1776-1789	仕分日記帳	非貴族層

図表1-3　帳簿を比較するモード商の情報
エロフの帳簿はComte de Reiset (éd.), *Modes et usages au temps de Marie-Antoinette, livre-journal de Madame Éloffe, marchande de modes, couturière lingère ordinaire de la reine et des dames de sa cour,* Paris, Éditions Librairie de Firmin-Didot, 1885. 18世紀のモード商についての詳細は角田奈歩『パリの服飾品小売とモード商』（悠書館，2013年）第4章を参照.

新物商の起源を明らかにする研究は長らくなかった。ただし、十八世紀パリの小売業については、フランスの歴史家コクリが近年めざましい成果を上げている。コクリは前出ロッシュの弟子で、貴族の館での商取引を扱った博士論文以来、奢侈品取引を中心とした十八世紀パリ小売史に精力的に取り組んでいる。特に『十八世紀パリの店舗経営』と題した近著は、十八世紀パリでの小売業のあり方、またそれを知るための史料とその扱いについて、家具商と宝飾商の事例研究も併せて論じた豊かな研究である。*49 ただし、十九世紀は対象としておらず、モード商への言及も少ない。

また、オート・クチュールとモード商の関係についても、イメージ的な類似性への言及以上の分析はなく、関係は実証されていなかった。しかし、先に述べた通り、「オート・クチュールの父」ウォルトは当初新物商を名乗っており、モード商は新物商の元となった職業である。この点ですでに両者には明確な繋がりがあるわけだが、さらに以下では、新物商出現直前の時期の最も著名なモード商であるルロワについて、帳簿分析により顧客や取り扱い商品・作業などの活動実態を明らかにし、それを十八世紀のモード商らのそれと比較する。それにより、十九世紀初頭のモード商の活動が前世紀からどのように変化し、新物商、そしてオート・クチュールとどのように質的に結びついていくかを主題として論じる。

なお、比較対象とする十八世紀のモード商についても触れておく。この時期のモード商と言えば筆頭に挙げられるのはベルタンだが、彼女の帳簿は現存しないため、帳簿分析による比較はできない。そこで、ベルタンと同じく王妃マリ＝アントワネット御用達モード商であったエロフ夫人を取り上げる。[*50] エロフは一七八七年、おばポンペ夫人の後を継いで王妃御用達となった。また他に、パリ市内に店舗を持っていた六人のモード商の帳簿も参照する。詳しくは図表1－3の通りである。

3　パリから全ヨーロッパの宮廷へ――顧客層

ここからルロワの帳簿の分析に入るが、顧客の社会層分類には困難が伴う。一部は職業や居住地が記されているが、非貴族層の身元同定は難しく、身元不明者が多数出てしまう。また、ナポレオン失脚という政治的動乱が起きる時期のため、出自が明確な顧客の地位もしばしば流転する。そこで、あえてナポレオン期と王政復古期を分けず、服飾品購買行動に影響を与える要素を重視し、社会的に求められる服装や持ち得る経済力を基準にして以下のように分類する。[*51] なお、ルロワは女性用の商品しか扱っておらず、わずかな男性個人顧客の買い物は妻子などのためのものなので、性別は分けない。[*52]

①フランス王族・皇族…ナポレオン一族またはブルボン家王族。
②国外大公・王・皇族…ナポレオン一族・ブルボン家王族と直接の血縁や婚姻関係がない者。
③宮廷貴族・高位軍人…実際の宮廷入り確認ができなくても、身分などからして宮廷入りが可能だったと思われる者を含む。
④国外貴族……………フランス宮廷で官職などを持たない者。
⑤宮廷・貴族使用人
⑥その他貴族・軍・専門職他
⑦手工業者・小売商
⑧その他個人顧客………爵位のない身元不明個人顧客。
⑨その他国外個人顧客…爵位のない身元不明個人顧客のうち、国外居住地が付されている者。
⑩服飾関係業者
⑪その他業者
⑫ルロワ使用人

①のうちナポレオン一族の中では、実妹カロリーヌと元皇妃ジョゼフィーヌの娘オルタンス、弟

ジェロームの妻カトリーヌがかなりの得意客である。特にカロリーヌは頻出する。この三人の登場頻度は下回るが、実妹エリザとポリーヌ、兄ジョゼフの妻マリ＝ジュリも顧客である。弟ジェロームの最初の妻で、ナポレオンの皇帝即位後に離婚させられたアメリカ人女性エリザベス・パターソンとその娘（ジェロームの実子ではない）についても一八一七年の購入記録が残っているが、在米のはずなので、おそらく本人が来店してのものではないだろう。ジョゼフィーヌは離婚後だが、名乗りを許されていた「皇妃陛下」の称号付きで記されている。[*53] なお、売上高から見て最大の顧客は、この時期に皇妃であったマリ＝ルイーズである。男性では、ジョゼフィーヌの息子でナポレオンの養子となったウジェニーは、本人のページ以外にも登場し、マドモワゼルの肩書きを持つ複数の女性顧客の買い物の支払いをしている。彼女らの買い物がウジェニーの使いなのか個人的なものなのかは不明のため、これらの女性は①や⑤使用人には分類せず、⑧に含めている。ブルボン家の筆頭顧客は、王政復古後の宮廷のホステスであるマリ＝アントワネットの娘、アングレーム公夫人マリ＝テレーズである。他、後のシャルル十世の次男ベリー公とその夫人、後にルイ＝フィリップの妻としてフランス王妃になるオルレアン公夫人、フィリップ・エガリテの妹ブルボン公夫人が登場する。

②にはマリ＝ルイーズの妹のオーストリア皇女で後にブラジル皇妃となるマリア・レオポルディーネ、一八一八年にスウェーデン王妃となるナポレオンの元恋人デジレ・クラリ、前出ナポレオン実妹カロリーヌの夫ジョアシャン・ミュラの従妹であるホーエンツォレルン公妃マリーア・アントニエッタなどが含まれる。フランス宮廷と近い姻戚・血縁がない顧客では、ロシア皇帝アレクサンドル一世妃エリザヴェータとその義母の前皇妃マリア、バイエルン王妃カロリーネなどがいる。ドイツ諸邦と

ロシアの顧客が比較的多いが、イギリス王族であるヨーク公夫人なども確認できる。③のうちアンシャン・レジーム期からの貴族には、ナポレオン期には爵位を隠したり偽名を名乗ったりして取引をしていたが、ナポレオン失脚後に身元を明らかにした者もいる。

④は爵位やレディの称号を持つフランス外貴族顧客である。ただし、ナポレオンの愛人であったポーランド貴族マリア・ヴァレフスカなどナポレオンと縁のある者も一部に含む。後のヨハン・シュトラウス一世による行進曲で知られるラデツキー将軍と思われる人物も登場する。[*54]

⑤は主にフランス宮廷の使用人で、貴族や軍人ではない者である。

⑥は貴族だがおそらく宮廷入りを認められていない者、軍人、専門職従事者とその妻など宮廷外エリート層である。ここに分類するのはやや問題があるが、二人のオペラ座関係者も含む。

⑦は添え書きから職業がわかる者である。錠前工／商の妻と茶商の妻の二人のみである。

⑧と⑨は仕入れなどの取引がないことから、業者ではなく個人顧客だと思われる身元不明者である。

⑩は職業の添え書きがある者と、取引内容からそれと分類できる者である。前者では刺繍工が比較的多い。詳しくは後述するが、約四分の三が仕入先で、買い付けだけをしている業者は少ない。

⑪は企業などの業者だが、服飾品以外の取引をしていたり、取引内容が不明だったりする者である。馬車や紙など業務に必要なものの仕入先か、売掛金回収のための金融業者が多い。

⑫はルロワに雇用されている者で、内訳は既婚女性三人、未婚女性十六人、男性二人の計二一人、うち住み込みの者が七人である。ただし、「店員」、「商店の」、「流行品の」などの注記がない人物がうち八人おり、これは家内使用人の可能性もある。ルロワの姪で後継者のエステルも含まれる。[*55]

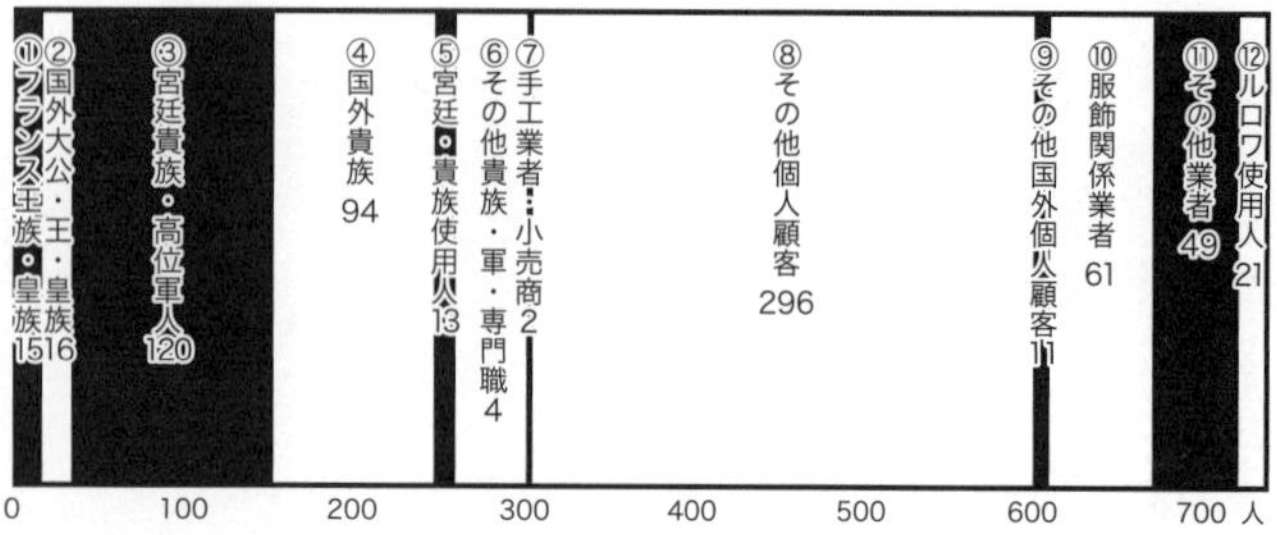

図表1-4　ルロワの顧客分類別登場人数（1812〜1821年）

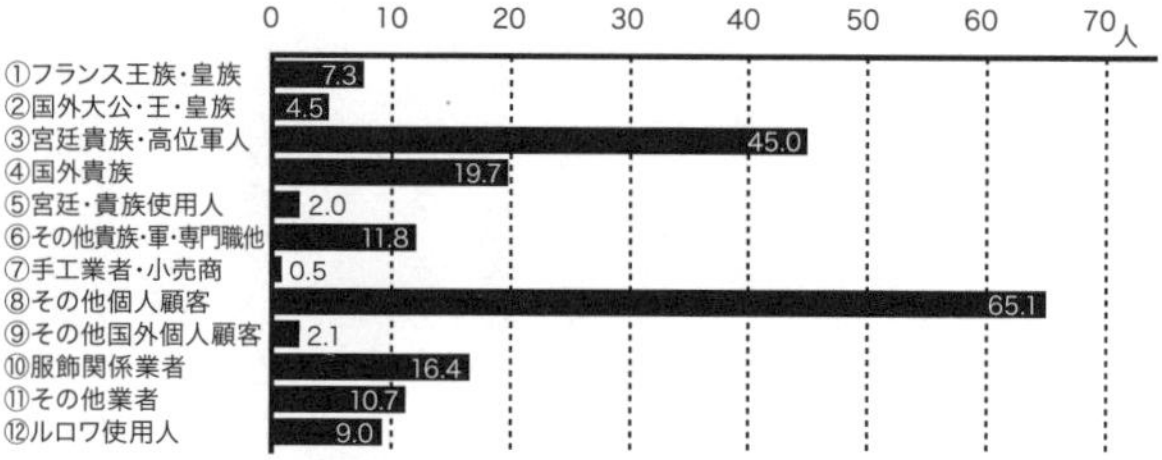

図表1-5　ルロワの顧客分類別年平均登場人数（1812〜1821年）

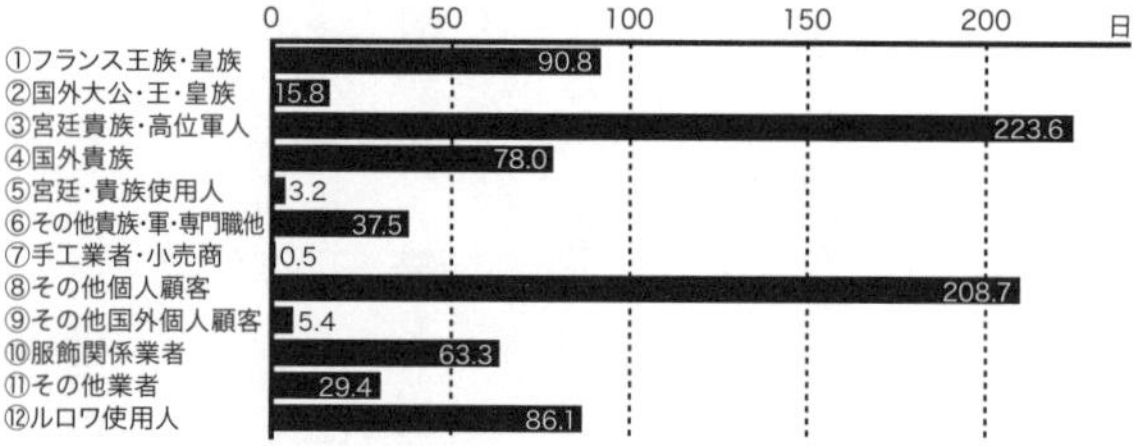

図表1-6　ルロワの顧客分類別年平均延べ登場日数（1812〜1821年）

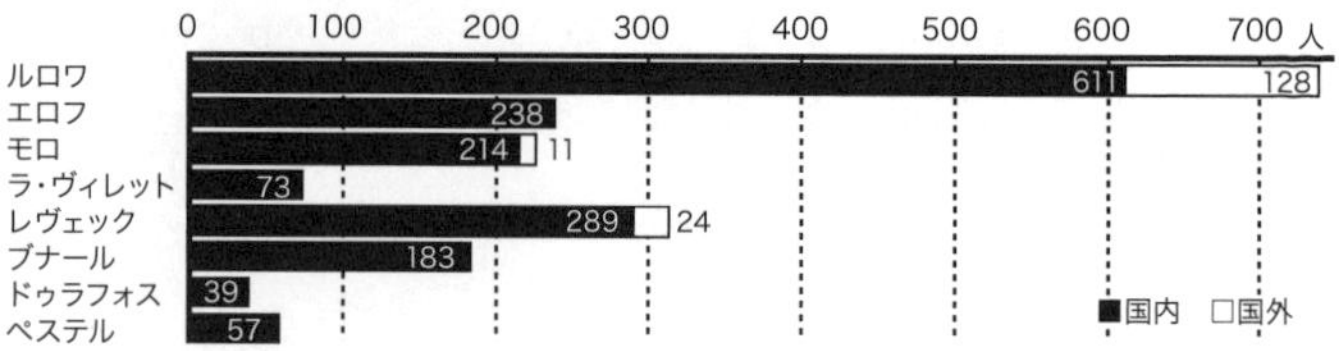

図表1-7　各モード商顧客の外国人比率

以上にもとづいて顧客を分類すると図表1－4のようになる。身元不明者が多数おり、⑧が極端に多いのを念頭に置かねばならないが、それを考慮しても業者より個人顧客が多いのは明白である。また、かつてのエロフの顧客はほとんどが宮廷貴族だが、そこまでではないものの、君主レヴェルも含め貴族など特権層の割合は高い。一方、宮廷外エリート層の割合は低めで、国内外を問わず、宮廷に関係できるような層が重要な顧客層だったことがわかる。ただし身元不明者の中に宮廷外エリート層が含まれる可能性は考えておかねばならないが、図表1－5と1－6に示した分類別登場人数、登場日数を見れば、宮廷関係者の顧客としての重要性は明らかだろう。

また、ルロワの顧客に占める外国人の割合は大きい。十八世紀のモード商との比較は図表1－7の通りである。[*56] エロフの顧客は主にヴェルサイユ宮廷にかかわりを持つフランス人貴族であり、ごく少数の身元不明者を除けば外国人も業者もいない。これにはヴェルサイユというエロフの店舗の立地の影響が大きいだろう。旅行者はヴェルサイユには立ち寄りにくい。それは十八世紀でもパリ在住のモード商らには国外顧客を持つ者がいることからもうかがえる。ベルタンも数多くの外国人顧客を持っている。[*57] しかし、帳簿が残されている十八世紀パリのモード商の外国人顧客の割合は、ルロワのそれにはとうてい及ばない。これはパリを訪れる外国人や外国からの移住者が十八世紀後半より増えていることも一因だろうが、国外個人顧客の多さに比した服飾関係業者中の外国人の少なさには注目するべきである。ルロワが取引している服飾関係業者は六一人中四四人がなんらかの仕入先であり、ルロワから買い付けだけをしている業者は少ない。もちろん買い付け業者との取引がないエロフと較べればルロワにも中間商人的要素はあるが、同じくパリに店舗を持ち、宮廷に顧客も抱えるモロやレ

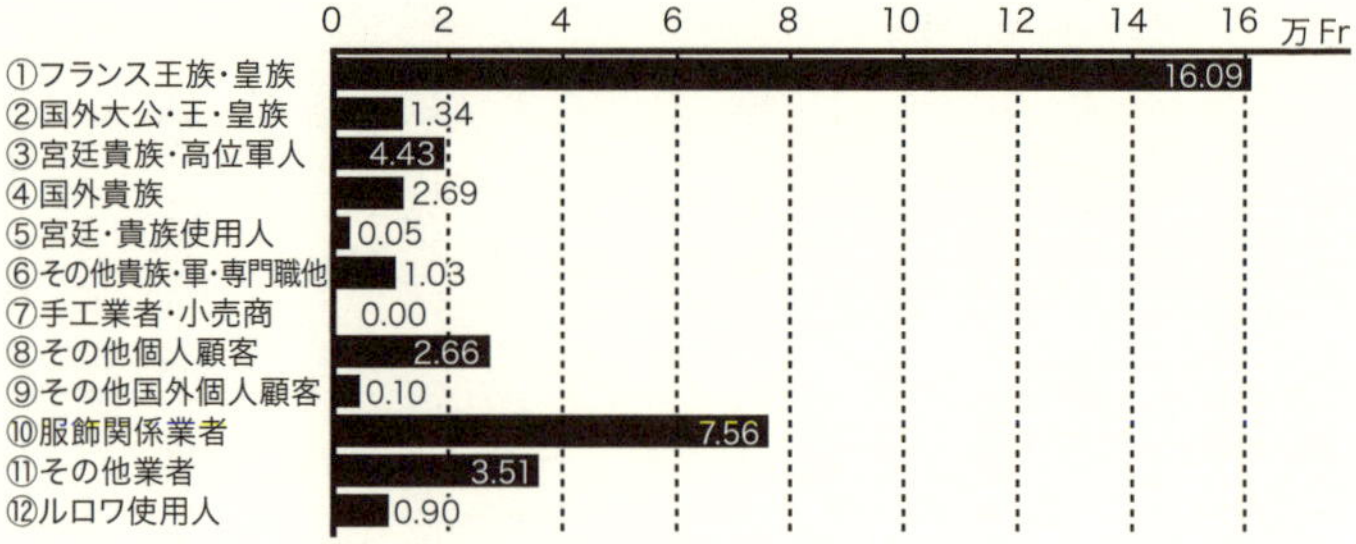

図表1-8　ルロワの顧客分類別年平均売上高（1812〜1821年）

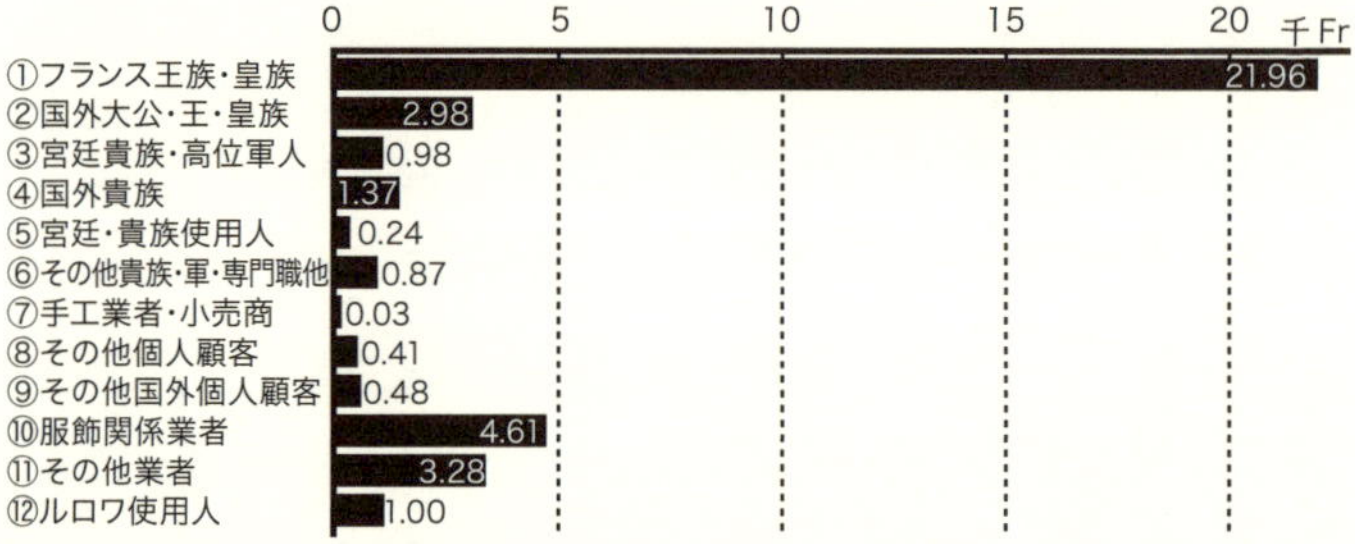

図表1-9　ルロワの顧客分類別1人当たり年平均売上高（1812〜1821年）

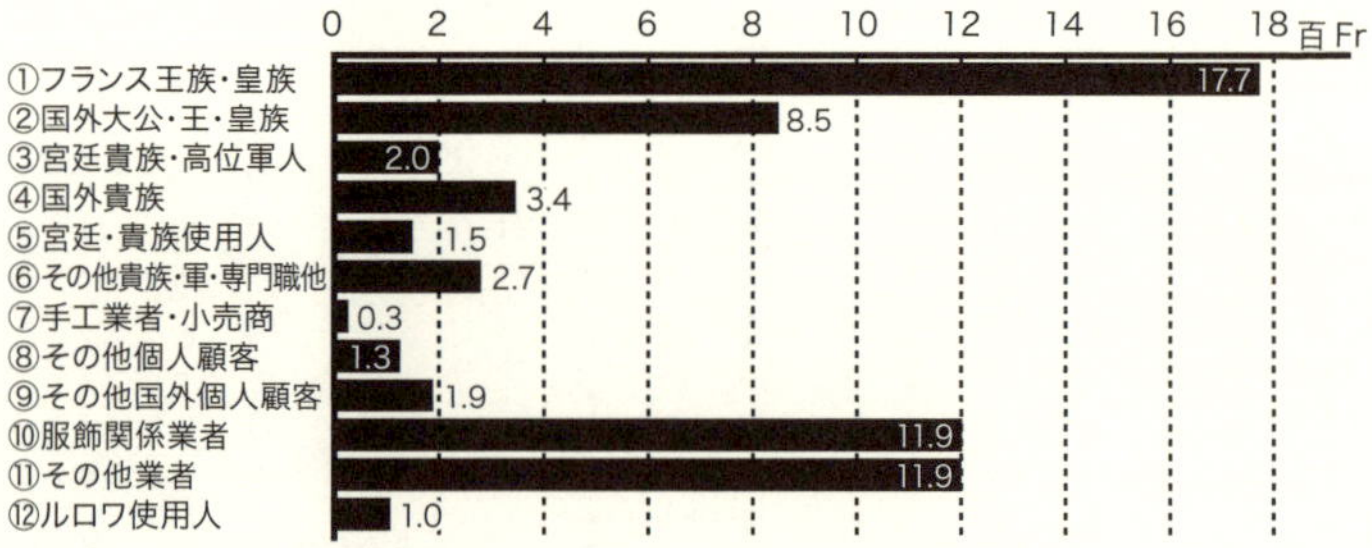

図表1-10　ルロワの顧客分類別取引当たり売上高（1812〜1821年）

ヴェックと比較しても、その性格は薄い。それでいて国外個人顧客は多いということは、国際的な服飾品流通の中でルロワが占める位置が、十八世紀のモード商のそれとは異なっているということになる。これがなにを意味するかは、第5節で商品・作業と関連づけて論じる。

顧客分類別に売上高を示すと図表1－8～10となる。合計でも一人当たりでも取引当たりでも①のフランス王族・皇族が群を抜いて大きい。また取引当たり売上高では②の国外君主関係者もある程度の数字になる。⑩、⑪の業者も一括して仕入をしているためか大きいが、帳簿上の費目分類の混乱により、これにはルロワの側が支払いをした例も含まれていることは考慮する必要がある。よって、売上高から見ると、個人顧客としての重要度は、おおむね社会層の上下に対応していると見なせるだろう。こうした特権層への依存度が極めて高いのはエロフと同じだが、ルロワは国外にも多くの顧客を持つのが異なる点である。

4　ニッパチの悩み、確実な取り立て――経営と取引

商売に関する俗語で、二八《ニッパチ》という言葉がある。日が少ない二月と、旅行などで街から人が去る八月に商売が落ち込む傾向を表わした言葉である。図表1－11～13はルロワの取引の月変動だが、一部は谷が三月や九月にずれるものの、大きな季節変動は二八の傾向を示している。これは十八世紀のモー

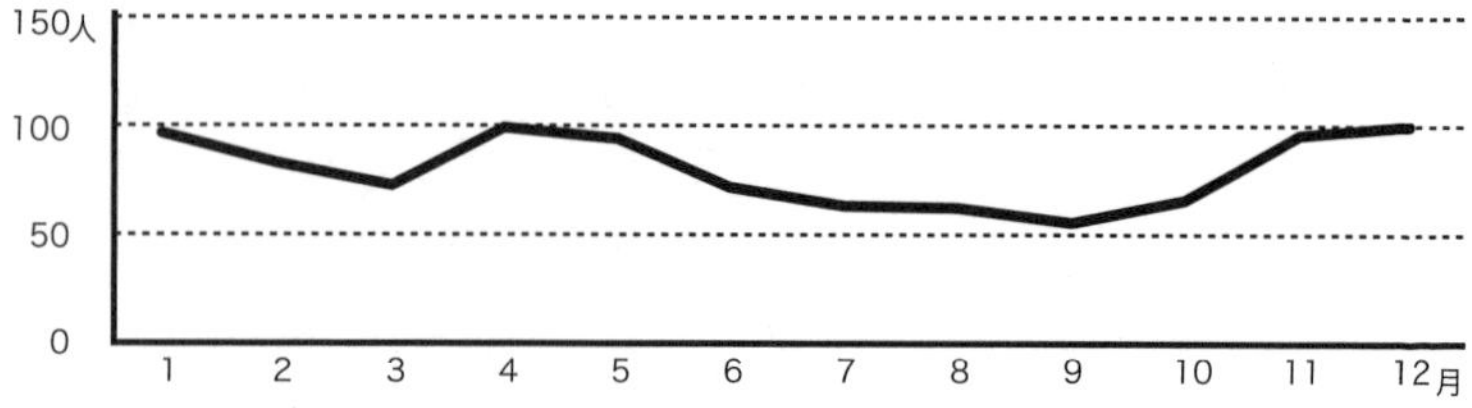

図表1-11　ルロワの月平均延べ登場人数（1812〜1820年）
廃業する1821年は極端に取引が少ない月があるため除外した.

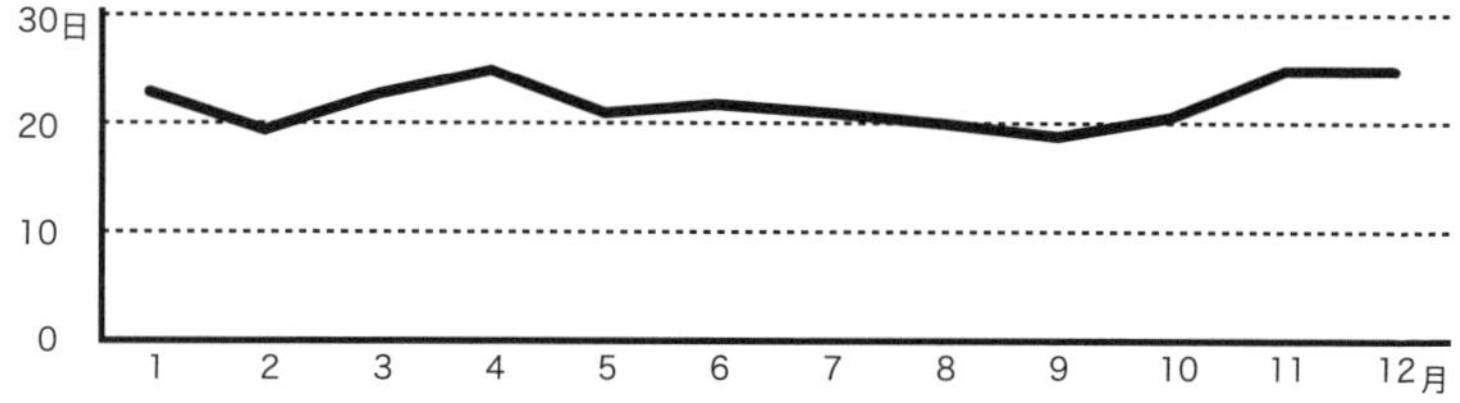

図表1-12　ルロワの月平均取引日数（1812〜1820年）
廃業する1821年は極端に取引が少ない月があるため除外した.

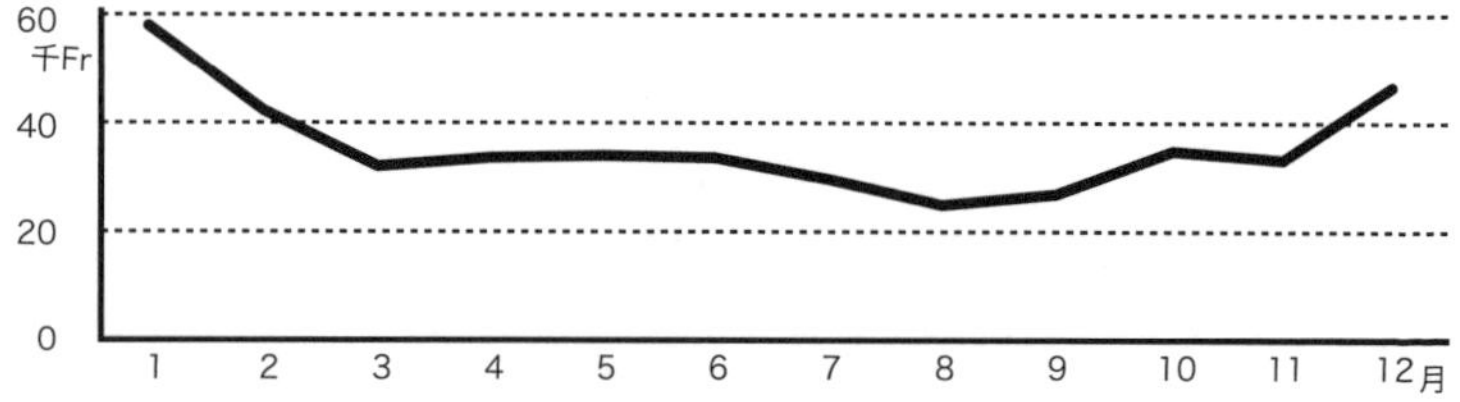

図表1-13　ルロワの月平均売上高（1812〜1820年）
廃業する1821年は極端に取引が少ない月があるため除外した.

ド商らとも同じである。逆にピークが来るのは年末年始で、エロフの店ではクリスマスや新年などの宮廷行事に応じてこのシーズンの取引が増えていたが、ルロワにもその傾向はうかがえる。これについてはルロワとエロフ、また同じく宮廷顧客を持つモロなどでも、大きな差はないようである。

ところで、私たちは、買い物をすれば当然、支払いをする。クレジット・カードで後払いや分割払いをすることはあるが、踏み倒せば大問題になる。しかし、十八世紀の商習慣ではそうではなかった。日用品はつけで買い、一定期間ごとに精算したり、次の買い物のときについでに支払うもので、支払えなければ逃げたり、それさえせずに未払いのまま買い物を重ねたりすることもまれではない。わけても服飾品への支払いは家賃と食料品の支払いを済ませた後と相場が決まっており、残金が足りなければ踏み倒すのもよくあることだった。*58 特に貴族層は借金を気にせず買い物を重ねるという生活様式を持つ者が多く、貴族層の顧客が多いと決済率が下がる傾向が見られた。それでは、同じく顧客に貴族層が多いルロワではどうだろうか。

ルロワの店での決済率は約九八・七パーセントである。国外貴族が八九パーセント、宮廷外貴族・軍人・専門職従事者が八七パーセントとやや低めだが、他はほぼすべて九五パーセントを超え、大きなばらつきはない。服飾関係業者は一〇四パーセントと一〇〇パーセントを超えるが、対業者だとルロワが支払う側となることも多いので、これはルロワの決済が滞った例があると考えるべきだろう。*59 その点をかんがみて、業者や使用人を引けば九七・四パーセントとなる。いずれにせよ高率である。

バイエルン王族・貴族は多くがエシュタット社という業者を通して支払いをしているなど、決済に関係してたびたび名が出る人物や企業があり、回収専門の人員や業者を利用していたことがわかる。

回収できなかった場合も、「支払わずに帰国」、「捜索中」、「行方不明」、「死去」などと状況を記録し、ナポレオン実妹カロリーヌに貸し出した金片を紛失されたときは「陛下は補償されたがられない」とわざわざ記している。[*60] また決済方法にも工夫がある。「領収」とだけあって支払い手段不明のことも多いが、外国人の場合は手形払いも見られ、為替もまれにある。だが全体には現金払いが非常に多い。現金払いは、言うまでもなく回収率を上げるには最も確実な方法である。[*61]

十八世紀にも、非貴族層の顧客が多いブナール、ドゥラフォスは、日頃から現金即日払いや数日以内の手形払いで決済率を上げていた。[*62] これに対し、貴族層が顧客の中心であるモロでは決済率五二パーセントとかなり低率である。[*63] エロフは決済記録を正確に残していないので数字は出せないが、フランス革命勃発後の貴族層亡命に伴う踏み倒しが非常に多く、一七八九年七月以降は即日払いを求めるようになっているものの、最大顧客の王妃のものを含め、多くの決済が完了しないままとなっている。ただし、王族については、宮廷のチュイルリ移転後も、国王一家のタンプル塔連行まではほぼ回収できていた。この点で、逃げられる可能性が低く、請求を確実にできる王族・皇族は、革命前にも第一帝政～王政復古期にも良い取引相手であったと言えるだろう。しかし、十八世紀のモード商と違って、貴族層も含めた全社会層が決済をおおむね完了させるようになっていたのは注目に値する。これはナポレオン期の新興貴族層急増による貴族層の生活様式や取引習慣の変化と、商人側の商習慣の近代的変化、双方を反映しているのではないか。

さらにこの後、一八二〇年代から台頭する新物商は、多くが現金即日払いを打ち出すことになる。加えて定価制も導入され、より支払いがしやすいように工夫された。そしてさらに後には、ブシコが閑散期のバーゲン・セールを発明し、二八問題の解決方法を見出すだろう。

5　流通の川下、ファッションの川上――商品と作業

十八世紀には、大きく分けて二種類のモード商が存在した。服飾関係業者などを主な顧客として中間財販売に特化する中間商人タイプと、宮廷関係者や国外顧客を含むその他の貴族層およびパリ市内の法曹・公職関係者などのエリート層といった富裕層を主な顧客として、作業受注も一定の割合で請け負う製造小売業者タイプである。性質には濃淡があり、双方の要素を持つ者もいるが、たとえばラ・ヴィレットやブナールは前者に、エロフやモロは後者に特化していた。

ルロワは顧客層からすると後者に分類されることになるが、注文内容から見ると、服飾品流通においてどのような位置を占めていたのだろうか。

ルロワの扱う商品・作業を分類し、登場回数をまとめると図表1-14となる。*64 各分類に含める商品・作業は以下の通りである。基本的に、素材に近いものから完成品に近いものへという順番で並べ、作業については、完成する商品の分類と要される技術の近似性をもとに分類している。

商品①生地類…絹、綿、レースなどの生地、リボンなど。中綿もこれに分類。

商品②毛皮…チンチラ、アーミン、クロテンなどの毛皮。

商品③繊維製材料…飾り紐、フリンジ、結びリボン、鬘飾りなど。

商品④その他材料…留め金、ボタン、針、模造宝石など。

商品⑤衣服…ドレス類、上着類、下着類（ストッキングを除く）など。

商品⑥衣服パーツ・装飾品…衣服用と明記されているか、呼称からして衣服専用のパーツや装飾品。

商品⑦頭飾…帽子類、ボンネット類、ヴェール類、ターバン、髪飾りなど。

商品⑧頭飾パーツ・装飾品…頭飾用と明記されているか、羽根飾りなど頭飾にのみ用いるパーツや装飾品。

商品⑨服飾品…ブーケ、スカーフ、手袋、首飾り、上靴など頭飾以外の服飾品

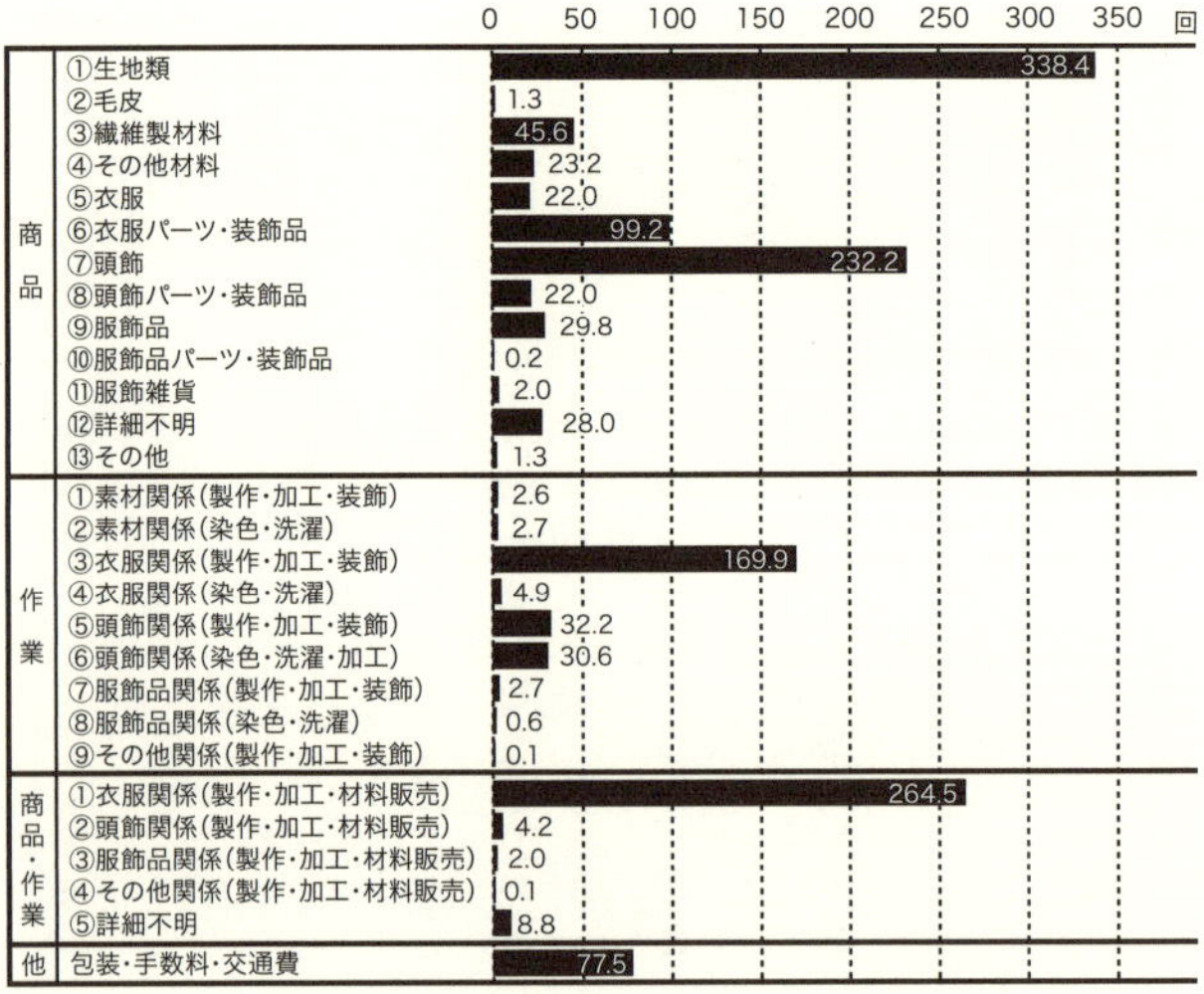

図表1-14　ルロワの商品分類別年平均登場回数（1812～1821年）

と、ストッキング。

商品⑩服飾品パーツ・装飾品…服飾品用と明記されたパーツや装飾品。

商品⑪服飾雑貨…籠、香水、頭飾のデッサンなど、服飾に関係するが服飾品ではない商品。

商品⑫詳細不明…「商品」と総称され、内容が不明のもの。

商品⑬その他…日用品など、服飾とかかわりのない商品。

作業①素材関係（製作・加工・装飾）…商品①〜③の素材類を製作したり、裏打ちなどの加工をしたり、表面に装飾したりする作業。

作業②素材関係（染色・洗濯）…商品①生地類、③繊維製素材、⑧頭飾パーツ・装飾品を染色・洗濯したり、型を付けるなどの加工をしたりする作業。なお、染色は針仕事とは異なる専門的な工程を要するため他の加工とは別分類とする。

作業③衣服関係（製作・加工・装飾）…商品⑥衣服を製作したり、丈詰めや修繕などの加工をしたり、リボンを付けるなどの装飾をほどこしたりする作業。

作業④衣服関係（染色・洗濯）…商品⑥衣服を染色・洗濯したり、クリーニングしたりする作業。修繕を伴うこともある。

作業⑤頭飾関係（製作・加工・装飾）…商品⑦頭飾を製作したり、修繕などの加工をしたり、羽根飾りを付けるなどの装飾をほどこしたりする作業。

作業⑥頭飾関係（染色・洗濯・加工）…商品⑦頭飾を染色・洗濯したり、クリーニングしたりする作業。羽根飾りについては染色や洗濯と型を付けるなどの加工がまとめて記されていることとが多いため、他項目とは異なり加工も表示する。

作業⑦服飾品関係（製作・加工・装飾）…商品⑨服飾品、⑩服飾品パーツ・装飾品を製作したり、修繕などの加工をしたり、刺繍などの装飾をほどこしたりする作業。

作業⑧服飾品関係（染色・洗濯）…商品⑨服飾品、⑩服飾品パーツ・装飾品を染色・洗濯したり、クリーニングしたりする作業。

作業⑨その他関係（製作・加工・装飾）…衣服・頭飾・服飾品とその素材以外の商品を扱う作業。実際は籠の修繕一回のみ。

商品・作業①衣服関係（製作・加工・材料販売）…商品⑥衣服について、生地などの材料販売と製作・加工がまとめて記されているもの。

商品・作業②頭飾関係（製作・加工・材料販売）…商品⑦頭飾について、羽根飾りなどの材料販売と製作・加工がまとめて記されているもの。

商品・作業③服飾品関係（製作・加工・材料販売）…商品⑨服飾品、⑩服飾品パーツ・装飾品について、材料販売と製作・加工がまとめて記されているもの。

商品・作業④その他関係（製作・加工・材料販売）…衣服・頭飾・服飾品とその素材以外の商品について、材料販売と製作・加工がまとめて記されているもの。実際は衣服の見本型についての一回のみ。

商品・作業⑤詳細不明…詳細不明だが、材料販売と製作・加工がまとめて記されているもの。

包装・手数料・交通費…包装紙、箱などの包装用品と包装作業、通関手続きや商品の貸し出しなどの費用、交通費。

全体には商品販売のほうが作業受注より登場頻度が高く、特に生地類の販売が多い。ただし、グラフには現れないことだが、材料販売だけをする例が少ない点には注意が必要である。ほとんどの場合、生地などの材料販売は衣服製作の注文と同時になされ、「このドレスのための」などの説明が付されている。これは商品・作業①、衣服の材料を販売すると同時に製作・加工を受注している例の多さからも理解できるだろう。この点を考慮すると、素材販売を含め衣服関係が高頻度であり、頭飾販売がそれに次ぐということになる。ただし、衣服完成品の販売件数は多くはない。完成品の販売が多いのは頭飾である。

また、売上高により分析すると図表1－15と1－16となる。商品⑫と商品・作業⑤の詳細不明は一定期間分など複数の商品・作業をまとめて記しているものがほとんどであり、額が大きくなるのは当然なので除外すると、衣服関係の売上高が大きい。それに次いで頭飾と、登場回数と傾向に大きな差はない。だが取引当たりの売上高では衣服が飛び抜けている。これはほぼ単価を反映している。作業⑨その他関係（製作・加工・装飾）も大きいが、登場が一回だけのためである。[*65] よって、やはり衣服は単価も大きく、売上高ベースで考えても最も重要性が高いと言える。

ここで衣服の内訳を概観してみよう。単にローブと記されているドレスが製作も含め圧倒的に多いが、ルダンゴトも多い。他、スペンサー、ジュイーヴなどの呼称も比較的よく登場する。[*66] これら上着類の注文は多く、特に毛皮の縁取り・裏打ち付きが目につく。前世紀の女性の必需品だったフィシュ

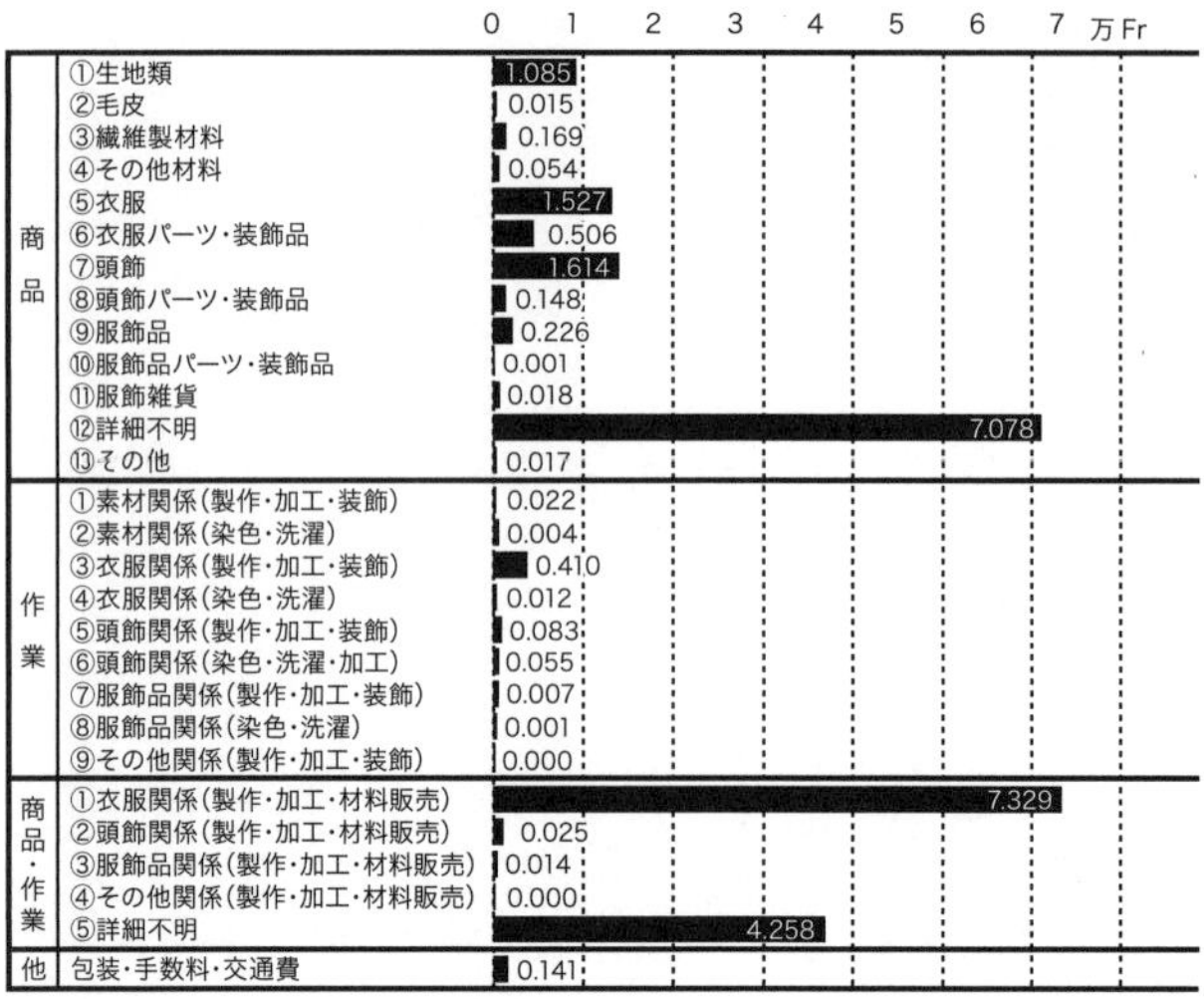
0 1 2 3 4 5 6 7 万Fr
商品
①生地類 1.085
②毛皮 0.015
③繊維製材料 0.169
④その他材料 0.054
⑤衣服 1.527
⑥衣服パーツ・装飾品 0.506
⑦頭飾 1.614
⑧頭飾パーツ・装飾品 0.148
⑨服飾品 0.226
⑩服飾品パーツ・装飾品 0.001
⑪服飾雑貨 0.018
⑫詳細不明 7.078
⑬その他 0.017
作業
①素材関係(製作・加工・装飾) 0.022
②素材関係(染色・洗濯) 0.004
③衣服関係(製作・加工・装飾) 0.410
④衣服関係(染色・洗濯) 0.012
⑤頭飾関係(製作・加工・装飾) 0.083
⑥頭飾関係(染色・洗濯・加工) 0.055
⑦服飾品関係(製作・加工・装飾) 0.007
⑧服飾品関係(染色・洗濯) 0.001
⑨その他関係(製作・加工・装飾) 0.000
商品・作業
①衣服関係(製作・加工・材料販売) 7.329
②頭飾関係(製作・加工・材料販売) 0.025
③服飾品関係(製作・加工・材料販売) 0.014
④その他関係(製作・加工・材料販売) 0.000
⑤詳細不明 4.258
他
包装・手数料・交通費 0.141

図表1-15　ルロワの商品分類別年平均売上高（1812〜1821年）

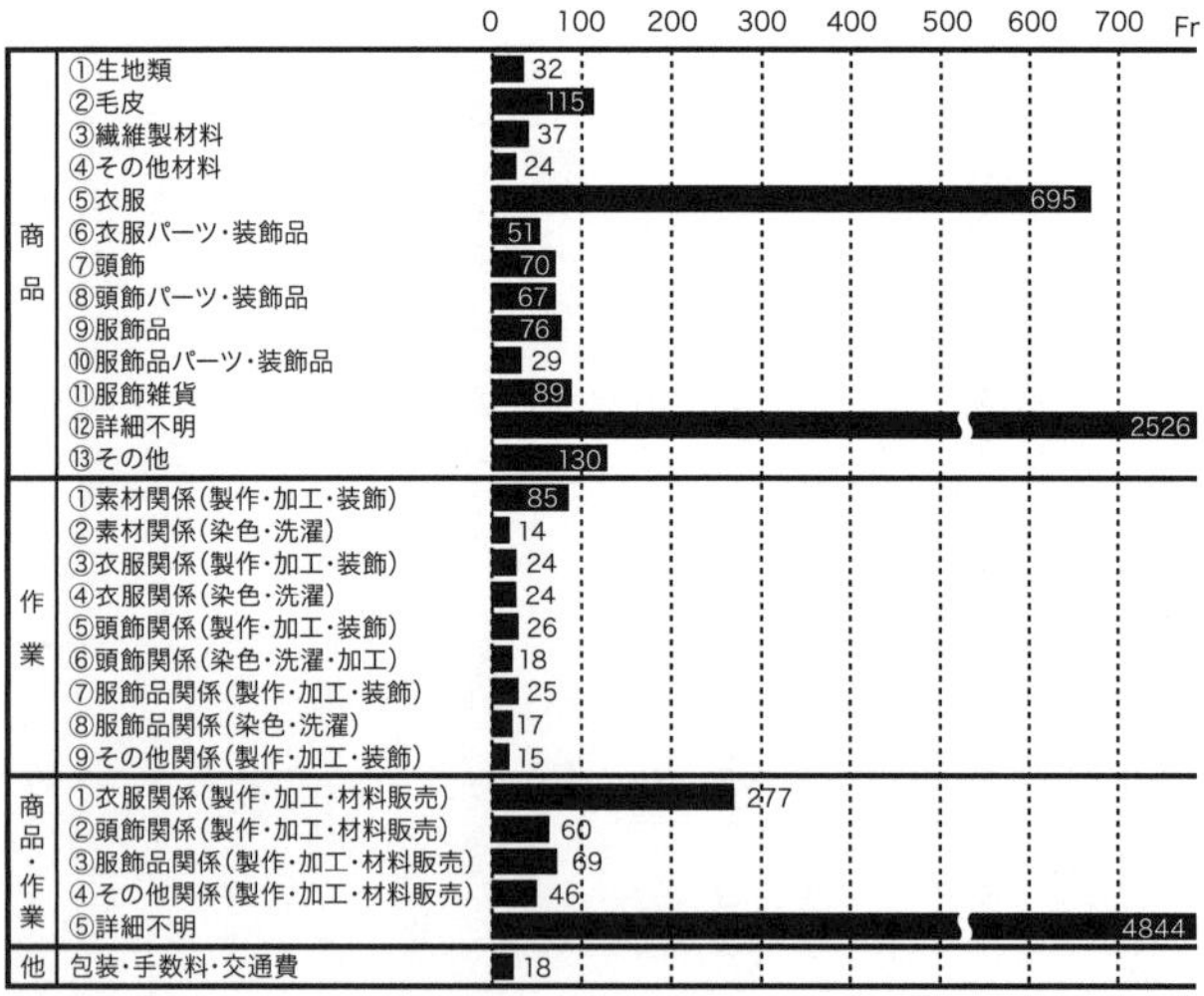
0 100 200 300 400 500 600 700 Fr
商品
①生地類 32
②毛皮 115
③繊維製材料 37
④その他材料 24
⑤衣服 695
⑥衣服パーツ・装飾品 51
⑦頭飾 70
⑧頭飾パーツ・装飾品 67
⑨服飾品 76
⑩服飾品パーツ・装飾品 29
⑪服飾雑貨 89
⑫詳細不明 2526
⑬その他 130
作業
①素材関係(製作・加工・装飾) 85
②素材関係(染色・洗濯) 14
③衣服関係(製作・加工・装飾) 24
④衣服関係(染色・洗濯) 24
⑤頭飾関係(製作・加工・装飾) 26
⑥頭飾関係(染色・洗濯・加工) 18
⑦服飾品関係(製作・加工・装飾) 25
⑧服飾品関係(染色・洗濯) 17
⑨その他関係(製作・加工・装飾) 15
商品・作業
①衣服関係(製作・加工・材料販売) 277
②頭飾関係(製作・加工・材料販売) 60
③服飾品関係(製作・加工・材料販売) 69
④その他関係(製作・加工・材料販売) 46
⑤詳細不明 4844
他
包装・手数料・交通費 18

図表1-16　ルロワの商品分類別取引当たり売上高（1812〜1821年）

などのスカーフ類はほとんど登場せず、防寒具の主流は上着類となったようである。宮廷用の壮麗な衣装には「衣装（アビ）」の語を用い、これにドレス（ローブ）やアンダー・ドレス（ローブ・ドゥ・ドゥス）を含むという呼び方をしている。スカート（ジュプ）やペチコート（ジュポン）単独の販売は各一回のみ、製作注文も一桁台で、この時期の高級女性用衣服は基本的にワンピース型だったことがうかがえる。他に衣服としては、ギンプと呼ばれる薄地の上着が頻繁に見られる。さらに、一八一四年初夏から「盛装（グラン・ダビ）」と呼ばれる壮麗な衣装と併せての注文が見られるようになるのが、マンティーユ、バルブ、サボ袖、手袋の組み合わせで、これはほぼ例外なく四アイテム同時注文である。*67 さらにティアラや扇子が付されることもある。この時期、急にこうしたスペイン風の装いが流行したのだろう。

具体例も見ておこう。バイエルン王女カロリーネ・シャルロッテ・アウグステからの一八一六年十月二二日の注文は、翌月のオーストリア皇帝フランツ一世との婚礼の衣装である。婚礼まで一ヵ月もなく、日が迫った注文と思えるが、これは注文日ではなく製作完了日または納品日かも知れない。「細かい平らな銀ラメでぎっしり覆われた白チュール地、すべて艶消しラメ入りサテン製の豪華な細紐状縁取り付き、サテン製の光沢のある裏張り、留め金付きベルト」の婚礼衣装と、「衣装と同じ模様の縁取り二本、ブロンド・レース地のサボ袖、ブロンド・レース地とチュール地の襟飾り、結び飾りを袖に」付けたアンダー・ドレスで、材料費込み四六八三フランである。他、宮廷用衣装四着、より一般的なドレス十数着、ルダンゴト三着、頭飾、ブーケなど、計二万七一六九フランを注文し、翌一八一七年の四月にエシュタタット社を通じて支払いをしている。*68

これは非常に多額の支払い例だが、個々の価格を見ると、商品については個別差が大きいため単価価格帯全体を見渡すのは難しいものの、作業単価の幅は狭い。たとえば、ドレス類とルダンゴトとマントの製作費は十五フランまたは十八フランとほぼ決まっている。そしてこうした作業単価は材料費と比して安く、図表1−16の作業③衣服関係（製作・加工・装飾）と作業・商品①衣服関係（製作・加工・装飾・材料販売）を較べてもわかるように、衣服の価格の大部分を材料費が占めている。これは十八世紀のモード商でも見られた傾向である。また、商品の価格帯は非常に高い。帳簿に掲載されているルロワの使用人の給与は年額二〇〇〜一八〇〇フラン、平均約六八〇フランだが[*69]、この額では、一年分の給与をはたいても、材料費込みでドレスが一着注文できるかどうかというところである。衣服以外でも帽子数種類の平均価格が七〇フラン強だから、やはり彼らの給与で買うのは容易ではないだろう。ルロワは明らかにこういった店員やお針子といった層を顧客として相手にしていない。

以上から考えると、ルロワにおいては、中間財販売は多くが最終消費財製造を伴い、そうでなければ最終消費財そのものの販売が多いということになる。要するに、ルロワの店では、中間財販売から最終消費財小売までの過程はほぼ完全に統合されている。前述の通り、かつてパリには同業組合制度による分業体制が存在し、生地商は生地の加工が許されず、仕立工は生地の在庫保有が認められていなかった。よって、新品の衣服を入手するためには、生地を生地商の元で買い、それを仕立工に委ね、装飾が必要ならまた別の手工業者に注文する、といった煩雑な手順を踏まねばならなかった。しかし、こうした過程はもはや必要なくなったのである。また、エロフなどはまれにしか受けず、受けた場合は外注に回していた頭飾用羽根の加工・染色の注文も、ルロワは頭飾製作・販売と共に頻繁に受注している。刺繍など高度な専門技術を要する一部作業は外注しているが、顧客の側からすれば、ルロワの店に行くだけでこうした特別な作業も注文できるということになる。そして、定価制とまでは言えないが、料金体系もいくらか明瞭になった。[*70] ただし、ルロワの重要顧客が超上流層に偏るためか、衣服完成品そのものの販売は前世紀のモード商と較べても極めて限定的である。

流通段階については、先述の顧客層とも関連づけて考えるべきだろう。ルロワの顧客には買い付け業者が少ない。つまり、ヨーロッパ全土に広がるルロワの顧客の大部分は最終消費者である。そして、そこで衣服の完成品が手に入るということは、ルロワの「ブタン館の壮麗なサロン」[*71] は服飾品流通における最終消費財小売の段階、つまり最も川下を占めていることになる。[*72] 特に国外君主などは仲介人物や企業の名が付記されている例も多く、来店さえせずに注文しているだろう。こうした場合、ある程度の希望は伝えたかも知れないが、実際の製作にはかなりの部分ルロワの裁量が認められたに違いない。さらにルロワは、業者や国外貴族夫人に対し、ドレスの見本型を販売している。[*73] これにはドレス現物用の生地を使っているようだが、価格はドレス現物よりかなり安いため、おそらく小さく作った人形用だろう。こういった見本型を業者や国外顧客に売り、顧客はそれを参考に注文をするのだろうが、この方式は、注文前にデザインを作って提示し、顧客にそこから選ばせるというウォルトが「発明」したオート・クチュールのシステムに通じる。

つまり、ルロワが提供する服飾品に対しては、生地の選択からデザインの決定に至るまで、顧客の意思が反映される機会が減った。中間財流通に消費者が関与しなくなることにより、ファッションの主導権は、さらに言えば創造主は、作り手に移った。ここまで来れば、デザイナーの創意がすべてとなるオート・クチュールにもあと一歩のところとなる。

一方、衣服完成品販売については、むしろそれがモード商を含む注文服仕立業から職業として分化し、対象とする社会層も定まっていく時期だったと言えるだろう。世界初の既製服店と言われる「ラ・ベル・ジャルディニエール」創立は、ルロワ閉店の二年後、一八二四年のことである。この店の当初の品物は作業着が中心だった。[*74] 既製服は、作業着を着るような人びと、つまりルロワの顧客とはかけ離れた社会層の人びとを対象とするものとしてまずは成立していく。しかしこの既製服というあらかじめ現物が存在するシステムは、後にウォルトに参考にされ、高級注文服製造業の合理化に活かされることになる。[*75]

6　モード商の終わりと近代的ファッション産業の始まり

なぜルロワはモード商と名乗ったのだろうか。彼が作り売るものはほぼすべて女性用だから、男性服仕立工（タイユール）とは名乗れない。女性服仕立工はクチュリエールと呼ばれるが、これは基本的に女性の職業であり、十八世紀末〜十九世紀初頭の時点ではこの語の男性形クチュリエは例外的な用法と考えられていた。[*76] 女性服仕立工であるランボ夫人と協働したとしても、男性の身でこれを名乗るのは不適当と思われたのだろう。そうであれば、残る選択肢はモード商しかない。ルロワの帳簿の中でも「流行品（モード）」という語は複数の商品をまとめて呼ぶときに頻繁に使われており、ルロワにとって「モード」はそれこそア・ラ・モードな、ファッショナブルな響きを帯びた語だったのだろう。

しかし、ルロワが引退する一八二〇年代に入る頃から、「流行品（モード）」ではなく「新物（ヌヴォテ）」を冠した新物商を名乗る人びとが擡頭する。それでもモード商という職業はすぐに駆逐されず、十九世紀末まで存在はしたが、新物商に追われるように次第に数も減り、商売の規模や先進性も奪われていく。つまり、ルロワはモード商の掉尾《ちょうび》を飾る存在だったとも言えるだろう。

しかし、単にルロワは「最後の」モード商であったというだけではない。「王妃のモード大臣」と呼ばれたベルタンは、マリ＝アントワネットがギロチン台に送られると、彼女との強いコネクションゆえにフランスを去らざるを得なくなった。エロフは亡命こそしなかったが、取引が年に四回しかないというありさまになる。しかし、ナポレオンの皇妃たちを顧客としたルロワは、ベルタンやエロフと同じ運命をたどらなかった。ジョゼフィーヌがチュイルリを去ってもマリ＝ルイーズと取引し、ナポレオン失脚後はマリ＝テレーズを顧客とした。マリ＝テレーズはナポレオンに取り立てられた人びとを嫌悪していたにもかかわらずである。王政復古期、一八一七年版のファッション年鑑でも、ルロワの名は十七ページにわたる業者名簿の筆頭に記されている。[*77]

つまり、十九世紀初頭にあっては、服飾品を作り売る者としての価値は、顧客によって決まるものではなくなっていたのだろう。[*78] 顧客は原因というよりむしろ結果となる。ルロワは君主に寵愛されるモード大臣ではなく、モード界の君主、モード界のナポレオンだった。オジェは「同じ世紀に、自然は、モードについてルロワを、戦争についてナポレオンを生んだ。両者はフランスを王政復古の時代に導いた。後者は血と涙の道を通じて、前者は常に新しく変化に富んだ花咲く小道を通じて」と語っている。[*79] これは王政復古期に書かれた評伝だからナポレオン評はそれを配慮して捉えねばならないし、オジェが親戚でもあるルロワを過剰に讃えているのだとしても、雑誌に一服飾関係業者の「礼賛」が数十ページ、四号にもわたって掲載されること自体、ルロワがただ服飾品を作り売る者以上の存在になっていた証である。

そして、ルロワがその後オート・クチュールに結実する高級注文服のあり方の方向性を決定づけたとも言える。もちろん当時、注文服は最も一般的な衣服製造システムだったが、素材選定から衣服製作まですべてが一店舗内で、製作者の創意が入る形でおこなわれ、おそらくそれが提案の範囲を超えて主導という形になり、さらにあらかじめ見本型という形でデザインを創ってそれを顧客に提示するという方法もときに取られるようになったのである。こういった製作者主導の形を取りつつ、社会上層向けに特化していったことで、都市内既製服製造・販売が始まり、二〇世紀以降にそれが工業化して拡大してからも、注文服は命脈を保つことができたのだろう。

また、ルロワが男性だということも一考に値する。前世紀にも、男性モード商は存在した。ボラール父子などは一時期、最も人気があるモード商と見なされていたほどである。しかし、ベルタンをはじめ、一七七六年のモード商同業組合認可時の加入者七六人はすべて女性であり、アンシャン・レジーム下でのモード商の主流はやはり女性だった。[*80] 女性の衣服は女性が作るというのは、十七世紀にルイ十四世が「同性の服は同性に」として、女性服仕立工の同業組合を認可したとき以来のパリでの原則である。しかし、一八〇〇年のモード商の男女比は、男性三五人、女性二八人と逆転した。[*81] その中から頭角を現したルロワは、男性が女性のファッションすべてを創るという構造を築き、ルロワ没後一時の断絶はあるものの、ウォルトがこれを確立し、ポール・ポワレらが後を継ぎ、男性形「クチュリエ」、すなわち男性の女性服デザイナーの系譜を作っていく。[*82]

さらにルロワは、すでに十九世紀末に、「一八〇六～一八二九年のパリにとって、ブシコとかショシャールとかいったようなもの」であり、「奢侈産業の全部門の中心となり」、幅広い業者から商品を集めて販売したと評価されている。[*83]つまりルロワは、百貨店が花開く時代を目の当たりにした十九世紀人の目にも、百貨店創業者たちと比せられる、奢侈品流通の要を担い、ファッションを末端の顧客へと伝える存在と映ったのである。

ルロワは「時代に遅れていると同時に、時代に先がけてもいた人物」、「最後の啓蒙専制君主であると同時に、近代国家の予言者でもあった」ナポレオン[*84]のように野心に満ちて先立つ時代の遺産の最後の花を咲かせてヨーロッパの頂点に立ち、ナポレオンのように近代的業態へと足掛かりを付けつつ次の時代に道を譲った。この「最後」のモード商が世を去って後、一八三〇年代から高級服飾関係業の中心は新物商に移り、一八四〇年代には大衆的な服飾品流通の基盤となる既製服店も発展する。そして世紀半ば、規模を拡大し経営方法も刷新した新物店は、世界初の大規模小売業態・百貨店となって本格的に既製服販売にも携わるようになり、「既製服新物商」という形で、既製服の要素を取り入れて合理化された注文服製造業はオート・クチュールに結実する。つまり、一八三〇～四〇年代パリの服飾品製造・小売業は新物店と既製服業が両輪となって展開し、そこから一八五〇年代に百貨店とオート・クチュールが誕生したが、それに先立つ一八一〇～二〇年代とは、一方でモード商が作り手主導の服飾品製造・小売業態へと進化し、他方では都市内産業としての既製服産業が出現し、現代にも続く服飾品製造・流通システムの基礎が築かれた時代だったと言えるだろう。

　モード商は百貨店の、そしてオート・クチュールの祖父であり、十八世紀のモード商らがこうした幅広いファッション産業の萌芽なら、ルロワはその一部がオート・クチュールへと向かう転換点に立った人物だったのである。

第2章 マネキンは映す
――現代都市パリの生成とブランド戦略

朝倉 三枝

一九二三年十一月、フランスの広告専門誌『販売《ヴアーンドル》』の創刊号に、パリの百貨店で実験的に使用が始まった新型マネキンを紹介する「これはマネキン革命か？」と題する記事が掲載された*1。それからちょうど一年後に、その新しいマネキンがサロン・ドートンヌの都市芸術部門に出品されると、たちまち大きな反響を呼ぶ。以後、マネキンは芸術家や批評家たちの大きな関心事の一つとなり、美術雑誌や新聞には、たびたびその是非を問う記事が掲載されるようになる。その一方で、新しいマネキンはパリのブティックや百貨店のショーウィンドーにまたたく間に浸透し、都市の風景を一変させていった。そして、一九二五年にパリで開催された現代産業装飾芸術国際博覧会（通称「アール・デコ展」）で、その新型マネキンが会場に並べ置かれた時、人びとの関心はピークに達する。ある者は驚き、言葉を失い、ある者は痛烈に批判をはじめ、そしてまたある者は手放しで絶賛し、マネキンをめぐり大論争が巻き起こった。

このように、一九二〇年代のパリでは、文字通り「マネキン革命」ともいうべきものが展開された。しかし、新しいマネキンの何がそれほど人びとの興味を引いたのであろうか。そもそも、衣服の展示に使われるマネキンが、なぜ一九二四年のサロン・ドートンヌでは、モードとは一見無縁な都市芸術部門に出品されたのだろうか。

この時代の都市とモードの関係を理解する上で有益な視点を与えてくれるのが、タグ・グロンバーグによる『現代性におけるデザイン』（一九九八年）である。[*2] グロンバーグはここで、一九二五年のアール・デコ展をひとつの頂点に据え、第一次世界大戦を経た一九二〇年代に、十九世紀都市パリが現代都市へと生まれ変わる過程を浮き彫りにすることを試みた。その際、グロンバーグは戦後、パリに出現した新しいタイプのブティック、とりわけそのファサード（建物正面部）とショーウィンドーに注目し、パリという都市が消費者である女性たちの心をつかもうと、いかに斬新で魅惑的な展示を行い、現代性を獲得するに至ったかを論じた。そして、現代的なブティックを構成する一要素として、店頭に並んだマネキンにも注目した。

本稿では、こうしたグロンバーグの研究をふまえつつ、一九二〇年代にその風貌を大きく変えたマネキンを、現代都市パリの生成という文脈から捉え直すことを試みる。具体的には、新型マネキンの発露の場となった一九二四年のサロン・ドートンヌと、翌一九二五年にパリで開催されたアール・デコ展に注目し、戦後、都市の現代化が急速に推し進められたパリで、衣服の支えにすぎなかったマネキンが、いかにして、そしてなぜ、自ら主張する存在へと生まれ変わったのかを考えてみたい。なお、「マネキン」の語源はフランス語の“mannequin”であり、フランス語読みで「マヌカン」という時には、流行の衣服を着て、商品の宣伝・販売をする女性を指すこともある。しかし、本稿において「マネキン」という場合、特別な断りがない限り、基本的には衣服を陳列するために使う「マネキン人形」の意味で用いることを最初に断っておきたい。

1　マネキン小史

本題に入る前に、その誕生から一九二〇年代に至るまでのマネキンの歴史を概観しておきたい。西洋におけるマネキンの歴史については、ニコール・パロの著書『マネキン』（一九八二年）に詳しい。[*3]それによると、等身大の人物像が初めて人前に姿を現したのは、十六世紀のヴェネツィアで「海との結婚」[*4]と呼ばれる祝祭が行われた時のことで、最新流行のフランス製の衣装をまとった蠟人形がゴンドラに揺られ大運河《カナル・グランデ》に登場し、人びとを驚かせたという。[*5]また、同じ頃、アンリ四世の治世下にあったフランスでは、高さ三〇センチほどの人形が登場し、ヨーロッパ中の貴婦人たちに送り届けられた。パリの流行と同じ衣装に身を包んだこの人形はモード人形と呼ばれ、まだ情報伝達手段が十分に発達していない時代に、最新モードを伝える簡便な方法として利用された。十八世紀後半に、最新の流行をイラストで伝えるファッション・プレートが登場すると、この小さな使者はその役目を新しいメディアに譲り、その後は少女の愛玩用の人形、いわゆるフランス人形として発展していくこととなる。しかし、サイズが小さいとはいえ、流行の衣装をまとい、それを伝えるという点で、モード人形にもマネキンの原型ともいうべきものを見ることができる。

このように、ヨーロッパにおけるマネキンの起源については諸説あるが、おおむね十六世紀頃とされている。その後、一七五〇年代に衣服を掛けるための原寸大の半身像の制作が本格的に始まり、ここに今日に至るマネキンの歴史が本格的に幕を開けることとなった。

初期のマネキンは、柳の小枝や籐で作られ、立体的なハンガーのような形状をしていたため、軽すぎて安定性に欠けていた［図2-1］。しかし、一八三〇年代に入る頃から、麻屑や皮を詰めて重さを足したり、頑丈な鋼鉄製や真鍮製の針金を使用するなど、少しずつ改良が重ねられ、マネキンはしだいにその姿を変えていくこととなる。

こうしたなか、マネキン制作に新たな方向性を示したのが、パリで仕立て職人をしていたアレクシス・ラヴィーニュであった。[*6]

図2-1　籐製マネキン, 1800年
レオン・リオタール著『マネキン』（1900年）に掲載
Léon Liotor, *Le mannequin*, Paris, Bibliothèque artistique et littéraire, 1900, p. 87.

彼は一八四一年に、世界初の服飾専門学校「ゲール・エ・ラヴィーニュ」（現在の「エスモード」）を開設し、仕立て職人の育成に乗り出す。衣服が大量生産される時代が来ることを早くも予見していたラヴィーニュは、煩雑な製作工程の効率化を図るため、メジャーの開発や新たな裁断法など、次々に画期的な発明をして特許を取得した。そして、一八四七年には顧客の採寸データをもとに、型を起こして作る上半身マネキンを考案した。[*7] 当時、パリでは多くの仕立て職人が、遠方の地方都市や外国にも顧客を抱えていたが、これにより採寸は一度で済むようになった。ラヴィーニュは、一八四九年にパリで開催された第十一回貿易産業博覧会に、この画期的なマネキンを出展するが、惜しくも選外佳作の評価を得る。その結果に満足できなかった彼は、さらに研究を重ね、一八五四年に石膏の鋳型を用いた上半身マネキンの製造法で特許を取得する。そして一八五七年には、当時、理想のプロポーションと謳われていたナポレオン三世妃ウジェニーと同じサイズの半身像を作り、皇妃に献上した［図2-2］。その出来映えを高く評価されたラヴィーニュは、婦人用の乗馬服を得意としていたこともあり、晴れて皇妃専属の乗馬服テーラーとして正式に承

図2-2　ウジェニー皇妃と同じサイズの上半身マネキン，メゾン・ラヴィーニュの広告より，1865年頃
パリ，エスモード・コレクション
Catherine Örmen, *Saga de mode: 170 ans d'innovations*, Paris, Esmod Editions, 2011, p. 43.

認されることとなった。ラヴィーニュがこの時代に生み出した顔や手足の付かない上半身マネキンは、アトリエの立体裁断用、あるいはディスプレイ用ボディの原型として、今日に至る。

このように、十九世紀半ばにラヴィーニュによって上半身マネキンが完成するが、そうすると今度は、いかに本物の人間に近づき、衣服を自然な状態で展示できるかという観点から、全身マネキンの改良が進められるようになる。

こうした問題に応えるマネキンの開発に貢献した一人に、ラヴィーニュの弟子のフレッド・ストックマンがいた。ベルギー出身のストックマンは、ラヴィーニュのもとで修業を積んだ後、一八六七年に「ストックマン兄弟商会」をパリに設立すると、ほどなくアンヴァリッド軍事歴史博物館の展示に使われるマネキンの御用商人となる。その後、ストックマンはパリ十七区のレジャンドル通りに工場を作り、一八七八年以降は、世界の大都市に向けてマネキンの輸出を開始する。[*8] さらに、ラヴィーニュのもとで既製服を見据えた服作りを学んでいたストックマンは、一八八七年にはマネキンの測定値とシルエットの規格化にも着手する。この試みが、S、M、Lなど、今日、広く使われている既製服の標準サイズという概念を生むことにつながっていく。[*9] また、ストックマンはそれまでにないリアルな人体の実現を目指し、指や腕、足などに関節を付けたマネキンも開発する。これにより、直立不動で衣服を支えているにすぎなかったマネキンが、乗馬をしたり、自転車に乗ったり、以前にも増して生気に満ちたポーズで人びとを魅了するようになった。時代を先がけたストックマンのマネキンは、当時、各国で開催されていた博覧会でも高い評価を受け、何度もメダルを受賞する栄誉に浴した。そして、新世紀を迎える頃までには、メゾン・ストックマンはフランスきってのマネキン会社へと成長する。その後も、その躍進はとどまるところを知らず、メゾン「シエジェル・エ・オメイ」と合併を果たすと、マネキン界に新時代をもたらすこととなる。

一方、「シエジェル・エ・オメイ」は、一八六九年にカナダ出身のヴィクトール＝ナポレオン・シエジェルがパリに創業したメゾンである。火事により、当時の資料の大部分が焼失したため、正確な年月日は不明とされているが、一九〇〇年頃、シエジェルとストックマンが出会い、新会社が設立された。[*10] それが、今日でも世界屈指のマネキン製造会社として知られる「シエジェル・エ・ストックマン」である。なお、同社は現在、「ストックマン」のブランド名でマネキンを販売しているが、少なくとも一九二〇年代から三〇年代には「シエジェル」のブランド名を用いていた。したがって本稿もそれに倣い、以下同様に同社のマネキンを「シエジェル」と呼ぶこととする。

また、世紀末にフレッド・ストックマンと同じように、精巧なマネキンの開発に情熱を傾けた人物として、オランダ出身のピエール・イマンの名も挙げておきたい。一八九七年にパリにメゾンを創設したイマンは、マネキンの顔部分にいち早く蠟を使用し、その顔立ちをより自然で洗練されたものへと変えた。人間にそっくりであるということ自体に高い宣伝効果があることに着目したイマンは、舞台俳優や政治家、映画スターなど、著名人に似せた蠟人形さながらのマネキンで注目を集めた。その後、イマンは積極的に国際的な博覧会にも参加し、一九〇〇年のパリ万博に出展した解剖学的蠟製半身像では、銀賞を獲得する。このマネキンは、仕掛けで目や頭が動くようになっていたことに加え、有名人に瓜二つの顔立ちも評判となり、博覧会の呼び物となった。さらにイマンは、一九一一年のトリノ国際博覧会で、腕に関節の付いたマネキンを出展し、見事、グランプリを獲得する。このマネキンは肩が取り外せるという点が非常に画期的で、これにより、それまで難儀を伴っていた衣服の脱着が、以前よりもはるかに簡単におこなうことができるようになった。

以上のように、一九一〇年代初頭までには、フランスで全身マネキンの基本形が一応の完成をみた。そして、第一次世界大戦を経た一九二四年、パリで開催された第十七回サロン・ドートンヌで、それまでのマネキンとはまったく様相の異なる新しいマネキンが登場することとなる。

2　都市の現代化とブティック

毎年、秋に開催されることから「秋季展」と名づけられた「サロン・ドートンヌ」は、一九〇三年に建築家で批評家でもあったフランツ・ジュールダンが中心となり創設された。今日まで続くこの美術展は、フォーヴィスムやキュビスムなどの誕生の場として良く知られるが、二〇世紀初頭には、絵画にとどまらず、彫刻や建築、さらに装飾芸術までをもカバーする、フランスきっての前衛芸術運動の拠点のひとつとして機能していた。第一次世界大戦が勃発すると、一時期、その開催は見送られるが、一九一九年に再開されると、戦前同様に意欲的な試みがおこなわれるようになる。そして、一九一九年にモード部門とダンス部門、一九二一年に映画部門が新設されたのに続き、一九二二年には二つの部門が作られた。そのひとつが宗教芸術部門であり、もうひとつが新しいマネキンが登場することとなる都市芸術部門であった。ただし、この部門は常設部門ではなく、一九二二年から一九二四年までの三年に限り設けられた特別部門であった。なぜ、都市芸術部門は、この時期、限定的に開設されたのであろうか。そこにはどのような時代的要請があったのであろうか。続いて、新型マネキン登場の背景を探っていきたい。

＊　＊　＊

都市芸術部門が創設された一九二二年のサロン・ドートンヌの公式カタログによると、この部門への出展条件は、「建築物に帰属する、あるいは都市装飾に密接に関わる装飾的な全体、並びに一部」、または「都市装飾の全体、あるいは詳細の研究」とされ、いずれも「都市装飾(décoration urbaine)」という言葉で説明されていた。[*11] この部門の代表を務めた彫刻家のマルセル・タンポラルが同年、書き記したところによると、それは、「ブティック、錬鉄の看板、住宅の門扉、路上の噴水、我々の目が路上で見る全てのもの」を意味するという。[*12] そして、このような考え方が現れた背景には、「ユルバニスム(urbanisme)」の影響があった。

いわゆる「都市計画」を意味する「ユルバニスム」という言葉は、フランスの建築家ル・コルビュジエが一九二四年に著した同名の著作と共に、今日では広く知られているが、初出はスペインの建築家イルデフォンソ・セルダが一八六七年に出版した『都市化の一般理論』*La Teoría general de la urbanización*に求められ、フランスへの移入は一九一〇年頃であったとされる。[*13] すなわち、「ユルバニスム」とは、二〇世紀に入ってからフランスに現れ、展開された、当時としてはまだ非常に新しい概念であった。そして、ここで注目されるのは、タンポラルが一九二二年に受けたインタビューで、都市芸術部門のことを「都市計画《ユルバニスム》に不可欠な応用芸術部門」と説明していたことである。*14

パリにおける都市計画といった時に、今でもまっ先に挙げられるのが、第二帝政期にセーヌ県知事ジョルジュ・オスマンによっておこなわれたパリの都市改造であろう。オスマンは行政区の再編成にはじまり、幹線街路や上下水道の整備など、抜本的な都市改造を進め、中世都市パリを、ヨーロッパ随一の近代都市へとみごとに再生させた。しかし、パリではオスマンの改造後も急速に都市化が進み、十九世紀中葉に、すでに百万人を突破していたパリの人口は、二〇世紀を迎えた時点で二七〇万人にまで膨れ上がり、住宅不足は以前にも増して深刻な問題となった。*15 また、十九世紀に交通網が大幅に整備されたとはいえ、人口増加に伴う交通渋滞の問題は避けられず、その改善も必須となる。加えて、地下鉄や自動車、さらに電話や映画、無線など、科学技術の進歩によって生み出された発明の数々は、人びとに新たな都市生活をもたらすこととなったが、それに伴い都市も変容を迫られた。このように、「ユルバニスム」という概念がフランスに登場したのは、パリが十九世紀のオスマン型の都市から現代都市への脱却を迫られていた時代のことであった。

その後、第一次世界大戦が勃発し、戦後、都市の復興が急務となったパリでは、積極的に都市の現代化が推し進められるようになる。終戦から一年後の一九一九年には、フランス初の都市計画法となる「コルニュデ法」が成立し、人口一万人以上の都市に「整備・拡張・美化計画」の策定が義務づけられた。すなわち、一九二二年にサロン・ドートンヌで「ユルバニスムに必要不可欠」な都市芸術部門が設立されたのは、こうした時世を反映してのことであった。そして、都市の現代化が急速に推し進められたこの時代に、通りに洗練された印象を付加するひとつの手段として注目を集めたのが、

「都市装飾」としてのブティックであった。実際、サロン・ドートンヌの都市芸術部門では、回を重ねるごとにブティックの展示に重きが置かれるようになり、一九二二年にはわずか三軒にすぎなかったブティックの展示が、一九二三年には七軒、一九二四年には十軒にまで増えた。

こうしたブティックに対する関心の高まりは、サロン・ドートンヌにとどまるものではなかった。たとえばパリでは、建築規制を徹底したオスマンの都市改造以来、単調で画一的になったと批判が相次いだ通り沿いの景観にもう一度、「個性的な外観」[*16]を取り戻そうと、一八九八年以来、パリ市主催でファサード・コンクールがおこなわれるようになるが、一九二四年には、その審査対象に「商店およびブティックの店舗正面」という項目が新たに追加された。[*17]このコンクールが開催された十九世紀末頃から、パリでは既存の建築物の基礎はいじらず、建物の顔ともいうべきファサードを変えることで、オスマン化による単調さを軽減し、建造物、ひいてはそれが並ぶ通りに新たな表情をもたらそうという動きが現れていた。そして第一次大戦後、その関心はブティックのファサード、さらにはショーウィンドーへと向けられた。

大戦後に芽生えたブティックへの関心がひとつの頂点に達するのが、一九二五年にパリで開催された現代産業装飾芸術国際博覧会であった。今日、「アール・デコ展」の通称で知られるこの博覧会では、右岸と左岸の会場をつなぐアレクサンドル三世橋の上に、五〇軒の高級ブティックが並ぶ「ブティック通り」が作られた。この展示は、一九一一年に博覧会が発案された当初には、まだ予定されておらず、大戦後、博覧会の開催案が再び持ち上がった時に追加されたものであった。こうした博覧会のプログラムの変更自体、ファサード・コンクール同様、ブティックに対する関心の高まりを反映したものと言えるだろう。

アール・デコ展の報告書では、この時代のブティックを以下のように定義をしている。

個人のイニシアティブに委ねられたブティックは、その多様性や快活さ、それらがふりまく光によって、通りに魅力を添える。また、商品を陳列し、飾り付けをしたブティックは、広告の重要な手段にもなる。独創的なブティックが見られるようになったのは、この数年のことで、パリや地方の大都市では、心惹かれる創意に富んだ数々の店を目にすることができる。新しいブティックは、今ある建物の不足を補ったり、古い家の上に巧みに被せ物をするなど、理にかなった想像力から生み出される。*18

ここで注目されるのが、独創的なブティックというのが、「今ある建物の不足部分を補ったり、古い家の上に巧みに被せ物をすること」で生み出されると述べられている部分である。すなわち、アール・デコ展のプログラムに追加されるほど、この時代に大きな関心が寄せられていた「通りの芸術」とは、既存の都市構造を活かしつつ、通りに新たに洗練された印象を与えることで、都市の現代化を図るものであった。大規模な工事をおこなわなくとも良いという意味では、時間的にも費用的にも効率が良く、急速な都市復興が望まれていた戦後の時代に、よりふさわしい手段とも言えた。

だが、この時代にブティックに関心が寄せられた理由は、他にもあった。報告書の同じ文章中に記されていたように、道行く人の視線を集めるブティックのディスプレイは、有効な宣伝媒体としても注目を集めていたのである。

「広告」という意味では、すでにオスマンの時代から、大通り沿いに建つ百貨店の巨大なウィンドーディスプレイが、見る者の購買意欲をそそる欲望喚起装置として利用されていたことは良く知られる。[19]しかし、第一次世界大戦後、本格的な大衆消費社会が幕を開けた時、ディスプレイの重要性はオスマンの時代とは比べものにならぬほど高まった。しかも、戦後のブティックは、ただやみくもに魅惑的な商品を通行人にアピールするだけではなかった。そのことについて、一九二〇年代に数多くの店舗デザインを手がけ活躍した建築家のルネ・エルプストは、一九二七年頃に記した「ディスプレイ」と題する文章で次のように述べている。

その国を判断するのは、まさに通りの装飾であることを忘れてはいけない。したがって、ユルバニスムの要であり、止むことなく刷新されるその装飾、すなわちディスプレイに注意を払いすぎるということはない。[20]

街灯やベンチ、看板など、通りに彩りを添える「装飾」にはさまざまなものがあったが、その中でも一番、見る者にパリという都市が戦後の混乱を乗り越え、新しい時代に足を踏み入れたことを実感させたのが、モダンなたたずまいを呈したブティックであった。グロンバーグが、豪華な商品と結びつく店舗が、フランスの産業、とりわけパリを中心に発展した装飾芸術の活況を示す証となったという興味深い指摘をしているように、[21]高級品を扱うブティックが立ち並ぶ壮麗な通りは、そのまま大戦後のフランスの国力を示す格好のバロメーターとなった。

以上のように、ブティックは戦後の復興期に都市計画に取り込まれながら、通りに現代的な彩りを添える装飾として、通行人の注意を引く広告として、さらにフランスの首都パリの高級品産業の活況を示す指標として、急速な発展を遂げたのであった。そしてこの時、ブティックの店頭に飾られていたマネキンも、時を同じくして大きな変貌を遂げ、革命を巻き起こしたのである。それが具体的にどのようなものであったのか、続いて新型マネキンの登場についてみていきたい。

3　新型マネキン登場—写実主義から様式化へ

一九二四年に第三回目を迎えたサロン・ドートンヌの都市芸術部門では、マルセル・タンポラルの企画による合同展示「公共広場」がおこなわれた。会場となったグラン・パレの一画には、建築家のロベール・マレ＝ステヴァンの指揮のもと、キオスクが設置され、それを取り囲むように十店のブティックが軒を連ねた。

この展示で批評家たちがまず関心を向けたのが、広場に並んだブティックの構造的な新しさであった。批評家のギヨーム・ジャノーは、『芸術生活紀要』誌に寄せた「現代的な通りの様相」と題するサロン評で、それ以前のブティックとの違いを交えながら、新しい傾向について次のように説明をした。

これまで、ブティックの〝ショーウィンドー〟は、通り過ぎる群衆にいかに商品を印象づけるかをもくろんでいた。創意工夫に富んだ戦略、巧みなディスプレイによって、ブティックは通りに氾濫しているかのように見えた。しかし、ブティックは再び閉じ、溢れんばかりの布地、すなわち質より量の品々を飲み込んでしまった。すると、ブティックは不思議なものになった。素人目には、小さな覗き窓がついただけの、飾り気のない壁くらいしか見えなくなってしまった。しかし、その小さな窓の奥には、宝石や骨董品、装丁本などがひっそりと置かれているのだ。これはある意味、最も好ましい展示方法と言えるだろう。なぜなら、高価な品々というのは単独で見られたがるものであり、たくさんあるということは、何よりも俗悪でうんざりさせられるものだからである。[*22]

ここでジャノーが述べているように、公共広場では、オスマンの時代に特徴的であった、床から天井まで商品で溢れんばかりの百貨店のショーウィンドーは姿を消していた。その代わりに、近寄って覗きこまないと商品が見えない小さなショーウィンドーを備えたブティックが、新しい傾向として現れていた。また、ここでは言及されていないが、商品を数点置いただけの店内が外から丸見えの、「ガラス張りの鳥かごのようなブティック」[*23]も、もうひとつの新しい傾向として注目された。いずれにせよ、公共広場の展示では、百貨店の巨大なショーウィンドーに代わり、独立したブティックのショーウィンドー、ひいてはそれが立ち並ぶ通りや広場の内に、新たな可能性が見出されていた。

なお、公共広場に並んだブティック十店の内訳は、オート・クチュールのメゾン四店をはじめ、テキスタイル店、宝飾品店、美術専門書店、リキュール店、家具・調度品店、陶磁器店となっていたが、[*24]批評家のロベール・レイは、これらを総じて、「クチュリエ（フランス語でファッション・デザイナーの意）の芸術が圧倒的」と評した。[*25]ここで興味深いのは、そうは言いながらも、実際に多くの批評家たちが関心を向けたのが、当時のパリ・モードを代表するマドレーヌ・ヴィオネやポール・ポワレが手がけたドレスではなく、それをまとった「マネキン」であったということである。

ジャノーは、先に挙げた「現代的な通りの様相」と題するサロン評において、新しいマネキンの登場を以下のように伝えている。

マネキンにも新しい芸術が到来した。結局、人々は不気味な人間の偽物、蠟でできたぞっとするような屍が嫌になってしまったのだ。事実、様式化されたマネキンは、モードが我々に強いる外観や物腰やしぐさを、より適切に、説得力を持って説明するのだ。[*26]

ここで述べられているように、当時の一般的なマネキンは、いかに本物の人間に近づくことができるかというところに重点が置かれていた。すなわち、二〇世紀初頭のマネキンは、頭部が蠟製で、衣服を着て見えない胴体部分はキルティングや布で覆われた厚紙で作られていたが、とりわけ頭部には細心の注意が払われ、頭の土台部分が完成すると、かつらを被せるだけでは飽き足らず、時に、植毛師がまつ毛と人毛を一本一本植え付け、さらに目にはガラス製の義眼、歯には義歯が取り付けられるという手の込みようだった。前述したマネキン専門メゾンの「ピエール・イマン」が一九一二年頃に発行した製品カタログからも、戦前のマネキンが人間と見紛うばかりの精巧さで作られていたことがよくわかる[*27]［図2-3］。しかし、どんなに人間に似ていようと、人形が人形であることに変わりはない。マネキンは人間に近づけば近づくほど、「偽物」であるという印象を強めてしまった。

サロン・ドートンヌで目にしたイマンの新型マネキンに興味を抱いたジャノーは、当時、その芸術監督とアトリエ長を務めていたポール・ロビンに早速、インタビューをおこない、『芸術生活紀要』誌一九二五年一月一日号に「現代的なマネキン」と題する記事を寄せた。その中で、ジャノーに新しい表現をどのようにマネキンに取り入れたのかと尋ねられたロビンは、以下のように答えた。

しだいに私たちは写実主義的な表

図2-3
『ピエール・イマンの蝋人形』（1912年）に掲載のマネキン
Nicole Parrot, *Mannequins*, Paris, Ed. Colona, 1982, p. 60.

現を様式化し、無駄を削ぎ落としていった。しぐさを強調し、動きを探し、表現を確立した。こうして、手が長くて痩せているフォルムが完成した。新しい様式は皆を驚かせ、最初は拒絶されたものの、受け入れられた。現に百貨店では、もうそれ以外のマネキンは置かれなくなっている。だが、しぐさを様式化するだけでは足りなくなった。フォルムを様式化しなくてはいけない。これこそ、現在の私たちの最たる関心である。たとえばある時は、面を際立たせることでフォルムを表現するが、これはおもに紳士用のマネキンに応用される方法である。またある時は、唐草模様《アラベスク》のようなしぐさを発展させることでフォルムを表現するが、それは女性用マネキンに有用な方法である。サロン・ドートンヌで示した人物像も、まさに後者のタイプに分類されるものであった。*28

ここに言うしぐさの様式化については、同じ記事に掲載されていた二枚の写真を比較することからも理解される。いずれのマネキンも、同じように飾り気のない丈の長いドレスをまとい、両腕を広げている。しかし、「写実主義的なマネキン」が両腕を軽く横に広げ、さりげない自然な感じを与えているのに対し［図２‐４］、「一九二四年の様式化されたマネキン」は顔を真横に向け、片腕を腰のところで直角に曲げ、もう片方の腕も指先を外側にぴんと向け、いかにもポーズを取ったという印象である［図２‐５］。このように、しぐさの様式化とは、さりげなさを追求していた従来の方法とは反対に、ポーズを強調することを意味した。

さらにロビンは、同じインタビューのなかで、サロン・ドートンヌに出展した新型マネキンについても言及し、それが「唐草模様《アラベスク》のようなしぐさ」を発展させたものであったと説明している。記事には、全身が不自然にデフォルメされたマネキンの写真が添えられていたが、その細く長い腕が描く柔らかな曲線は、たしかに絡みつく唐草模様のようにも見える［図2-6］。さらに、その頭に注目すると、あれだけ入念に作り込まれていた顔や髪の部分が、彫刻のみで表現されていることにも気付く。

こうしたイマンの新しいマネキンは、当然、人びとを驚嘆させた。サロン評でも、ジャノーのように高い評価

図2-4
ピエール・イマン「写実主義的なマネキン」『芸術生活紀要』誌1925年1月1日号
Le bulletin del la vie artistique, 1er janvier 1925, p. 9.
フランス国立図書館(BNF)：
http://gallica.bnf.fr/ark:/12148/bpt6k61200037/f10.image.r=mannequin.langEN

図2-5　ピエール・イマン「1924年の様式化されたマネキン」『芸術生活紀要』誌1925年1月1日号
Le bulletin del la vie artistique, 1er janvier 1925, p. 10.
BNF：
http://gallica.bnf.fr/ark:/12148/bpt6k61200037/f11.image.r=mannequin.langEN

を下す者もいれば、作家のガストン・ド・パヴロウスキーのように、「芸術性に富んではいるかもしれないが、われわれが言うところの優美さとは対極の残酷さを示している」[*29]と、その批判的な意見を寄せる者も少なくなく、その評価は賛否両論に分かれた。

しかし、世評がどうであろうと、ロビンは自分が作るマネキンがどうあるべきかを見据えていた。そして、インタビューの最後に、ロビンはマネキンの本質について次のように語った。

図2-6　ピエール・イマン「アラベスクのようなしぐさのマネキン」『芸術生活紀要』誌1925年1月1日号
Le bulletin del la vie artistique, 1er janvier. p. 8.
BNF : http://gallica.bnf.fr/ark:/12148/bpt6k61200037/f9.image.r=mannequin.langEN

面白さを追求するなら、エレガントであったり、表現の仕方が興味を引いたり、単純に新しければ、それで十分である。しかし、マネキンはただ単に独創的な創作物であれば良いというわけではない。私が言いたいのは、何よりもマネキンは身にまとうドレスの価値を高めるために作られるべきだということである。マネキンはそれ自体が芸術品であったとしても、やはりひとつの媒体、モードの手段にすぎない。だから、色をほどこしたり、金メッキをした木や厚紙の人物像のなかには、私たちの蠟製マネキンのようには最新のモードが似合わないものもある。それらのマネキンは、確かに面白い効果を生み出しているだろう。だが、いかなるドレスも、そのようなマネキンには合わないのだ。反対に蠟製のマネキンは、どんな服にも応じるしなやかさや柔らかさを備えていながら、木製のマネキンと同じように固くもなる。なぜなら、蠟という素材は硬化するからである。*30

ロビンによると、マネキンは芸術品である以前に、それがまとう衣装を引き立てるものでなければならなかった。だから、たとえ造形上、芸術的な表現を取り入れたとしても、マネキンが衣服以上に見る者に訴えては、ドレスの価値を高めることはできないという。そして、その性質上、さまざまなしぐさやフォルムを作り出すことが可能な蠟製のマネキンこそが、多様なモードに柔軟に対応し、衣服を引き立てることができると主張している。しかし、ロビンのこの発言は、自分のメゾンの蠟製マネキンとは全く異なる別のマネキンに対する、ある種の危機感の裏返しでもあった。そのマネキンとは、ロビンがここで最新モードが似合わないと述べていた「色をほどこしたり金メッキをした木や厚紙の人物像」のことである。そして、その制作を一手に引き受けていたのが、メゾン・シエジェルであった。

イマンのメゾンと同じくシエジェルのメゾンも、一九二四年のサロン・ドートンヌで新型マネキンを披露した。この時、シエジェルの芸術監督を務めていたのは、写真家のアンドレ・ヴィニョーであった。彼は写真以外にも、絵画や彫刻、映画と幅広い分野で活躍をした多才な芸術家で、一九二〇年代にはその斬新な発想と共に、それまで誰も目にしたことがないような独創的なマネキンを次々と世に送り出した。

シエジェルのマネキンの最大の特徴は、ロビンも言及していたその肌色にあった。サロン・ドートンヌでも、金や紫、白などの肌色をしたマネキンが展示されると、その是非をめぐって議論が巻き起こる。シエジェルのマネキンに好意的だったジャノーは、前述のサロン評で、マネキンの肌色を非難する人たちに対し、「なぜ様式を自由にできず、このような制限が課せられねばならないのだろう？現実に忠実でなければ、その分、ぎょっとするようなこともなくなるのではないか？　いずれにせよ、金色のマネキンは現代の通りに新たな魅力をもたらすのだ」と反論をした。[*31] しかし、それまでブティックのショーウィンドーに飾られていたのが、人間そっくりの写実的なマネキンであったことを考えると、現実にはありえない肌色が、いかに奇異なものとして人びとの目に写ったかは想像に難くない。

また、シエジェルのマネキンは、イマンのマネキン同様、大胆な様式化も実現していた。たとえば、一九二四年のサロン・ドートンヌで展示された、クチュリエのポール・ポワレの衣装をまとったマネキンは、金色に彩色された肌色もさることながら、細部を省略した簡潔な表現も注目を集めた［図2-7］。フォルムの単純化という点にキュビスムの影響もうかがわれるが、その素朴で野性味のある顔立ちは、二〇世紀初頭に芸術家たちを熱狂させたアフリカ彫刻にも重なる。この後、シエジェルのマネキンは頭部を中心に様式化、単純化が進められ、一九二〇年代後半には、ブランクーシの彫刻を思わせる滑らかな卵型に還元されていく。

マネキンがこのように同時代芸術の影響を多分に受けるようになるのは、制作方法がこの時代に大きく変わったこととも無関係ではなかった。すなわち、戦前までは、生きた人間のモデルをもとに、職人たちがマネキンの型を作るという方法が一般的であったが、一九二〇年代に入ると、画家やファッション・イラストレーターが描いたデザイン画をもとに、彫刻家が型をおこすという方法も取られるようになる。[*32] 制作にたずさわった芸術家たちの関心が、マネキンの造形に反映されても何ら不思議はないだろう。シエジェルの芸術監督であったヴィニョーは、他のメゾンに先がけ、画家と彫刻家の共同体制をいち早く確立し、彼らと一丸となって、芸術性の高いマネキンの制作に乗り出した。そして、サロン・ドートンヌからおよそ半年後に開催されるアール・デコ展で、そのシエジェルのマネキンが会場を席捲することとなる。

図2-7　シエジェル, ポール・ポワレのためのマネキン, 1924年
『ルネサンス』誌1925年1月号
La renaissance des arts français et des industries de luxe, janvier 1925, p. 15.
BNF : http://gallica.bnf.fr/ark:/12148/bpt6k6127717v/f26.image.r=poiret.langEN

4　アール・デコ展—ブランド戦略としてのマネキン

一九二五年四月から十一月にかけ、アール・デコ展がパリで開催された。参加国はフランスを含め二二ヶ国で、会場はアンヴァリッド広場からアレクサンドル三世橋を渡り、グラン・パレ周辺に及ぶ一帯で、そこに一五〇近いパビリオンが建てられた。

「アール・ヌーヴォーの勝利」とも謳われた一九〇〇年のパリ万博では、エミール・ガレやルネ・ラリック、ルイ・マジョレル等々、フランス人アーティストの活躍が目覚ましく、フランスは他国に対し、圧倒的な影響力を誇っていた。しかし、その後、アール・ヌーヴォーが急速に廃れると、代わってドイツやオーストリアなど、フランスの周辺国で前衛的な芸術運動が次々に台頭するようになる。それに遅れじと、パリでも一九〇一年に装飾芸術家協会が結成され、一九〇三年には、広く装飾芸術まで網羅した前述のサロン・ドートンヌが創設され、アール・ヌーヴォーに次ぐ新しい様式が模索されるようになる。さらに一九一一年には、パリで装飾芸術に関する国際的な博覧会を開催しようという案が持ち上がり、当初はその開催を一九一五年に予定していたが、第一次世界大戦の勃発により計画は中断され、一九二五年にようやく開催の運びとなった。

「装飾芸術」と「産業」の結びつきをタイトルに掲げたこの博覧会は、大量生産に応える新しい芸術の創生を目指す一方、フランスの独自性と優位性を改めて周辺国に示し、在りし日の栄光をもう一度取り戻そうという目的を持っていた。それはモードについても同様で、博覧会は世界の流行を牽引してきたパリの威光を知らしめる格好の機会となった。

博覧会の展示は、「建築」、「家具・調度類」、「衣装・装飾品」、「舞台・通り・庭園の芸術」、「教育」の五つのグループに分けられ、さらにこれらが三七の部門に分類された。このうち、モードに関連したのは第三グループ「衣装・装飾品」で、それは「衣服」、「装飾品」、「婦人用帽子」、「香水」、「装身具・宝飾品類」の五部門から構成されていた。モードに関連する実行委員には、第三グループの副委員長にジャンヌ・パカン、第二〇部門の委員長にジャンヌ・ランバン、同部門副委員長にポール・ポワレなど、パリのモード界を代表するクチュリエたちが就いた。

なお、フランスでは、すでに一九〇〇年博の時から、「モードの都パリ」という都市イメージを対外的に打ち出そうと、モードに丸々ひとつ独立した部門があてがわれるようになっていたが、第一次大戦後、奢侈品の中でも群を抜いてオート・クチュールの輸出量が増えたことを受け、一九二五年博では数ある芸術の中でも、とりわけ「クチュリエの芸術」が重視された。[*33] そして、この時、パリ・モードの体現者として会場に並べ置かれたのが、シエジェルのマネキンであった。事実、博覧会では実にその六〇〇体ものマネキンが展示に使用され、メゾン・シエジェルはグランプリを獲得する。したがって本稿でも、以下にシエジェルのマネキンを使った展示をたどりながら、一九二五年博でそれが果たした役割について考えていきたい。[*34]

グラン・パレ—エレガントな現代女性

一九〇〇年博のメイン会場であったグラン・パレでは、第三グループ「衣装・装飾品」に含まれる五つの部門、すべての展示がおこなわれた。会場では、カルティエやショーメ、モーブッサンなど、ヴァンドーム広場に居を構える高級宝飾品店の展示ブースや、ルネ・ラリックによるガラスの噴水型装飾に彩られた香水部門のディスプレイなど、人目を引く展示がそこかしこに見られた。しかし、その中でもとりわけ注目を集めたのが、パリのオート・クチュールのメゾン一一三店が結集した衣服部門の展示であった。この部門の委員長を務めたクチュリエのジャンヌ・ランバンは、建築家のロベール・フレネと室内装飾家のアルマン・アルベール＝ラトーの協力を得て、洗練された展示空間を作り出した。

モード雑誌『ガゼット・デュ・ボン・トン』が発行した衣服部門の案内書の冒頭には、ランバンの甥、ジャン・ゴーモンが記した一文が寄せられた。彼はそこで、一九〇〇年博での反省点をふまえつつ、衣服部門の展示でランバンが目指したところを以下のように伝えている。

以前の博覧会では、出展者たちが全体の印象を考慮せずに、自分たちの好きなように展示スタンドや陳列ケースを設置してしまった。そのうえ、蠟製のありきたりなマネキンが際限なく並べられることにも甘んじなければならなかった。そこで、一九二五年の博覧会では、こうした悪しき習慣に抗うためにも、何か新しいことを見せる必要があった。[*35]

ゴーモンは、ここでマネキンについて言及しているが、ここからランバンが「蠟製のありきたりなマネキン」とは異なる新しさを打ち出そうと、シエジェルのマネキンを採用したことがわかる。先に見た通り、しぐさやフォルムが様式化され、実際にはあり得ない肌色をほどこされたシエジェルのマネキンは、人間そっくりの従来のマネキンとは、すっかり様相が異なったため、一九二四年のサロン・ドートンヌに引き続き、アール・デコ展でも大きな反響を呼ぶこととなった。その様子を批評家のクラリスは『ラール・ヴィヴァン』誌一九二五年八月一日号に寄せた記事で、以下のように伝えている。

ヴィニョー＝シエジェルのマネキンは議論を呼んでいるとは言え、非常に興味深い。ここでプリュドム氏（十九世紀に活躍したフランスの諷刺画家アンリ・モニエが創作した俗物ブルジョワの典型、ジョゼフ・プリュドムのこと）とプリュドム夫人が言うことに耳を傾けてみる必要があるだろう。「本当に昔のマネキンはもっと美しくて上品だった…そして色ときたら…この色をごらんなさい！　金や銀に塗るというのはどうしたものだろうね？……」。本来であれば引き離されて置かれるべきであったが、ブロンズや銀や、生気のないオリーブがかった顔色のマネキンもあった。（…）顔を褐色で表現すること、それ自体は非難すべきことではない。ただ、マネキンはドレスを展示するために作られるのに、蒼白や土色の肌に接して見られると、ドレスがその価値を損なうから非難されるのである。しかし、フィクションが完成し、皮膚が皮膚でなくなった瞬間から、そのようなことは重要でなくなるのだ。[*36]

ここで注目されるのは、クラリスが現実にありえない肌色はドレスの価値を損なうとしながらも、続けて「皮膚が皮膚でなくなった瞬間」から、そうしたことは問題でなくなる、と述べている点である。クラリスのこの発言を発展させるならば、マネキンは本物らしさを追及することをやめたことで、それまでには持ち得なかった新たな価値を獲得することとなったとは言えるだろう。すなわち、マネキンは本物を真似るのではなく、はじめから「偽者」であることを認めて衣服をまとうようになった時、もはや衣服の引き立て役ではなく、それ自体が主張する存在へと変わった。シエジェルのマネキンは、金色やオリーブ色に肌色を変えることで、それを軽やかに実現してみせたのであった。

また、『ヴォーグ』誌一九二五年八月一日号には、「シエジェルはマネキン芸術における新しい表現様式を生みだした」と題する特集記事が掲載され、その中で新型マネキンは以下のように評価されていた。

クチュリエの想像力に応じて、マネキンは金や銀、エジプト風の赤、グレー、肌色、紫、あるいは薔薇色などに彩色された。モードの大御所たちは皆、熱狂的な支持をもって、自分の服を展示するのに、これらのマネキンを使うことにした。不動の人物像が、強烈な生命感を放っている。衣装の下には、女性そのものが顕われている。すなわち、フォルムやしぐさ、見慣れたポーズが、人形に生気を与えているのである。芸術家はマネキンというこの上なく単純な方法を通して、豪華であると同時に活動的でもある、エレガントな現代女性の複雑な個性を喚起させる術を心得ている。このような革新を実現し得たのは、ひとえにメゾン・シエジェルのアンドレ・ヴィニョーのおかげである。[*37]

人間に似すぎているがゆえに、生命感の欠如が強調され、時に、蠟人形や屍と称されることもあったマネキンが、その模倣をやめたことで、ここではむしろ生き生きとした存在として捉えられていることに気づく。記事には、マン・レイがグラン・パレで撮影した写真が数点、添えられていたが、リュシアン・ルロンのモデルを捉えた写真のキャプションには、「パリジェンヌにお馴染みの足を組んで座るポーズが忠実に繰り返されている」と記されていた［図2-8］。ここから、シエジェルのマネキンに、誰もが抱くおしゃれなパリジェンヌ像、記事中の言葉を借りるならば、「エレガントな現代女性」のイメージが重ねられていたことがわかる。

とはいうものの、シエジェルのマネキンに対する評価は、必ずしも肯定的なわけではなく、たとえば『レ・モード』誌に見られたように、「プレス全体から反感を買った疑わしき趣味」など、批判的に捉える意見も少なくなかった。*38 しかし、そうした議論が起こるということは、それだけシエジェルのマネキンが人びとにとって、画期的な新しさをたたえたものであったということでもあり、その意味で、従来のマネキンとは異なるものを求めていたランバンの目的にかなうものとも言えた。

なお、一階と二階にまたがるグラ

図2-8　リュシアン・ルロンのモデル（マネキン：シエジェル，写真：マン・レイ）
『ヴォーグ』誌1925年8月1日号
Vogue, 1er août 1925, p. 41.
BNF：http://gallica.bnf.fr/ark:/12148/bpt6k6544188f/f43.image.r=vogue.langEN

図2-9　グラン・パレ2階の展示風景
『ル・フィガロ・アルティスティック』誌　1925年12月7日号
Le Figaro artistique, 7 décembre 1925, p.157.

ン・パレの会場では、ランバンの提案にもとづき、二つの時間枠が設定されていた。すなわち、一階部分では、当時、大流行していたスポーツ服や、旅先で着るリゾート着、あるいは日中着る普段着など、活動のしやすいシンプルで機能的な衣服の展示が行われ、二階部分では、イヴニングドレスやダンス服、毛皮のコートなど、豪華な夜用の衣服の展示が行われた。

このように、一日を昼と夜に二分する大まかな時間枠の提案は、人びとの衣生活が、TPOに応じて日に何度も着替えを要した十九世紀的な複雑な服装規範から脱却し、合理性と機能性を重視する二〇世紀的な方向へと向かっていたことを端的に示している。グラン・パレの会場では、こうした展示コンセプトを明確に示すため、一九〇〇年博の時のように、メゾンごとに大きなガラスケースを設置し、その中で各自が自由に展示を行うのではなく、各メゾンが数体ずつマネキンを出しあい、会場全体にバランス良く配置するという形でおこなわれた。その様子は、展示風景をとらえた写真からもうかがい知ることができる。たとえば、『フィガロ・アルティスティック』誌には、二階の展示ホールの写真が掲載された［図2-9］。そこでは、簡単な囲いがされているものの、ガラスケースの類はいっさい置かれておらず、裾を長く引く夜会服や毛皮のコートに身を包んだマネキンが並べ置かれた展示ホールは、パーティー会場さながらの華やいだ雰囲気に包まれていた。

パリジェンヌの装いを昼と夜という時間枠で示したグラン・パレの展示は、この時代に存在した「すべての服、すべて趣味」を見ることが可能とされた。*39 しかし、グラン・パレを取材した記事の言説の大部分は、概して一階よりも二階の展示に多くが割かれており、批評家をはじめとする人びとの関心、ひいてはそこで展示をおこなったクチュリエたちの関心が、簡素で実用的な昼の服よりも、装飾性の高い華やかな夜の装いに向けられていたことがわかる。シエジェルのマネキンは、さまざまな肌色でそれらの服をみごとに着こなしながら、洗練された豪華な夜会服に身を包んだパリジェンヌのイメージを、来場者たちに強く植え付けたのであった。

エレガンス館の麗しき住人

広大なグラン・パレに対し、よりプライベートで親密な空間で展示がおこなわれたのが、グラン・

パレと通りを挟んではす向かいに建てられた「エレガンス館」であった。そこでは、パリのモード界を代表するランバン、キャロ姉妹、ジェニー、ウォルトの四つのメゾンと、高級宝飾店カルティエ、そして皮革製品専門店エルメスの展示がおこなわれた。

このパビリオンでも、ランバンが総指揮に当たり、グラン・パレ同様、建物はフルネ、室内装飾はラトーが手がけ、マネキンはシエジェルのものが使用された。展示構成は、一階部分でエルメスとカルティエの展示がおこなわれたほか、四つのメゾンの合同展示と個別展示がおこなわれた。また、二階部分では、グラン・パレ同様に昼夜、二つの時間枠が設けられ、四つのメゾンが合同で展示をおこなった。このように、エレガンス館では限られたスペースながらも、趣向を凝らした展示がおこなわれたが、その中でもとりわけ批評家たちの関心を引いたのが、一階でおこなわれた各メゾンの個別展示であった。『フェミナ』誌一九二五年七月号には、その様子を伝える「エレガンス館の麗しき住人」と題する特集が組まれたが、シエジェルのマネキンは、記事の冒頭で「現代女性の化身」と称されるほど高い評価を得た。[*40]

ここで簡単に各メゾンの個別展示の内容を概観すると、十九世紀半ばにパリ・オート・クチュールを創始したウォルトのメゾンでは、結婚式の場面が再現された。花嫁は、バラとシャクヤク柄のレースに飾られたウェディングドレスに身を包んでいたが、その姿は「今日では珍しい古風な洗練」[*41]、「純真さと豪華さ、慎ましさと艶やかさが調和」[*42]など、パリの伝統と風格を感じさせるものとして各誌で絶賛された。またランバンは、五点の夜会服を出展したが、そのうちの一点の写真が『フェミナ』誌に掲載された［図2‐10］。寝椅子に横たわり、後ろをふり返るシエジェルのマネキンの姿は、ポーズ

図2-10
ランバンの個別展示
（マネキン：シエジェル,
写真：ポール・オドワイエ）
『フェミナ』誌1925年7月号
Femina, juillet 1925, p. 6.

図2-11
キャロ姉妹の個別展示（マネキン：シエジェル, 写真：ポール・オドワイエ）
『フェミナ』誌1925年7月号
Femina, juillet 1925, p. 8.

もさることながら、そこはかとなく漂う優美な雰囲気が、フランス新古典主義の巨匠、ジャック＝ルイ・ダヴィッドが描いた十九世紀初頭パリ社交界の花形《レカミエ夫人の肖像》（一八〇〇年、パリ、ルーヴル美術館）にもどこか重なる。なお、この時、マネキンが着ていたのは、十八世紀の華やかな宮廷スタイルにヒントを得てランバンがデザインした「ローブ・ド・スティル」というドレスであった。[*43] スカートが膨らんだロマンティックなシルエット、そして大きなリボン飾りや手のこんだ刺繍に特徴づけられるランバンの代名詞的ドレスは、「洗練された貴族的な精神と、慎ましいながらも豊かで趣味の良いパリ式」[*44]が示されていると、批評家たちから高い評価を得た。さらに、キャロ姉妹とジェニー、二つのメゾンは、いずれもラトーの手がけた異国趣味的な家具や調度品で室内を豪華に整え、展示をおこなった［図2・11］。この時、金銀ラメ地で仕立てた豪華な夜会服をまとったシエジェルのマネキンは、パーティーで談笑を楽しむパリジェンヌさながら、足を組み腰掛け、あるいはポーズを決めたたずんでいた。

このようなエレガンス館の展示について、『ヴォーグ』誌一九二五年八月一日号には、「エレガンス館のきわめて女性的なモード」と題する特集記事が掲載された。そこでは、このパビリオンの展示傾向が以下のように説明されていた。

男性的なモードに対する反発、それこそがエレガンス館に陳列されたさまざまなモデルがはっきりと示した傾向である。ゆるやかさやプリーツ、しなやかなドレープは、ベルトやスカートの裾に思いがけない効果を加え、それらがすべてのモデルに、この上ない優雅さと女性らしさをもたらした。[45]

冒頭に示された「男性的なモード」とは、一九二〇年代のパリ・モードを象徴する「ギャルソンヌ」の流行を指す。フランス語の「少年(garçon)」を女性形にしたこの言葉は、小説家のヴィクトール・マルグリットが一九二二年に出版した『ラ・ギャルソンヌ』*La garçonne*から取られたもので、[46]「少年のような娘」を意味する。裕福な家庭に生まれ育ちながらも、婚約者の裏切りを知り、家を飛び出したヒロインが、男性中心の社会に立ち向かい、経済的にも精神的にも自立した女性へ成長し、真実の愛を見出すまでを描いたこの物語は、戦後、登場した「新しい女」を世の人びとに鮮烈に印象づけ、この年のベストセラーとなった。そればかりか、やがてパリには男勝りなヒロインを思わせる、短い髪にぴったりとした帽子をかぶり、シンプルな直線的シルエットの膝丈ドレスを合わせる、文字通り少年のようなスタイルがモードに現れた。

博覧会が開催された一九二五年当時、このギャルソンヌ・スタイルは、まさにパリの最新スタイルであった。しかし、エレガンス館で展示をおこなったクチュリエたちがこぞって力を注いだのは、「男性的なモード」に抗うかの、優雅で女性らしい夜会服であった。もちろん、その中には膝丈スカートや直線的シルエットなど、随所に新しさを感じさせるデザインも見られた。だが、そこに「ゆるやかさやプリーツ、しなやかなドレープ」が添えられ、さらにきらびやかな刺繍やリボン飾りなど、華やいだ装飾が加えられ、必要以上にその女性性が強調されていた。すなわち、四つのメゾンのクチュリエたちが、その展示で重んじたのは、時代の先端をゆく新しさというよりは、数世紀にわたり君臨してきた「モードの都パリ」の呼び名にふさわしい、格式や豪華さであった。

ブティック通り—パリ・モードの象徴

これまでアール・デコ展における衣服部門の主な展示場所として、グラン・パレとエレガンス館の二ヶ所を見てきたが、クチュリエたちの中にはアレクサンドル三世橋の上に設けられた「ブティック通り」で展示をおこなう者もいた。この展示は、戦後、博覧会のプログラムに追加された第四グループ「舞台・街路・庭園芸術」の「通りの芸術」部門に分類されるもので、そこでは一九二四年のサロン・ドートンヌで示された関心が、五〇軒の高級ブティックと共に示された。そこで、マネキンが使用されたパリ・モードの展示場所として、最後にブティック通りにも注目したい。

一九〇〇年博の折、ロシアとフランスの友好の証として寄贈されたアレクサンドル三世橋は、一九二五年博の際には、装飾芸術家のモーリス・デュフレーヌの指揮のもと、ふだんとは様相がすっかり異なる「ブティック通り」に作り替えられた。全長四〇メートルに及ぶ橋の両脇には、欄干と並行して二本の歩廊が設けられ、全部で五〇軒のブティックが立ち並んだ。そこには、博覧会の部門の枠を超え、さまざまな分野の店が集ったが、婦人服や毛皮を扱ったオート・クチュールのブティックがとりわけ多く、全部で十六店にのぼった。その他、宝飾品店や手袋店、香水店、家具・調度品店、ピアノ店、美術書店、ガラス工芸品店など、パリの一流専門店が結集し、橋を訪れた者は、そこに「個性にあふれ、非常に魅力的なフランスの応用芸術と高級品産業の縮図」*47を見ることとなった。

なお、通りに並んだモード関連のブティックの半分を占めていたのは、毛皮専門のメゾンであった。

『イリュストラシオン』誌一九二五年十月三一日号には、それら八軒のメゾンを紹介する特集が組まれた。記事によると、とりわけ輸出で「莫大な利益」を上げている毛皮産業は、「我が国が最も期待を寄せる成長産業の一つ」であり、その発展は「フランスの美的感覚の名声を高めることにも大きく貢献する」として、毛皮製品の重要性を、経済面のみならず、美的面からも説明していた。[*48] 記事に掲載された写真から、アレクサンドル三世橋でも多くのメゾンがシエジェルのマネキンを採用していたことが確認されるが、[*49] 豪華な毛皮のコートに包まれたその姿は、他の追随を許さぬフランスの高級品産業にふさわしい威厳すら漂わせていた。

橋に並んだ各店舗は、基本的に二〇平方メートルの広さを持ち、橋の内側と外側に向かって二つのショーウィンドーを備えていた。店舗の設計にたずさわった芸術家たちは、店の顔ともいうべきショーウィンドーのデザインにとりわけ力を注ぎ、ブティック通りには趣向を凝らした数々のウィンドーが並んだ。そこでは、前年のサロン・ドートンヌで注目を集めた新しいコンセプトにもとづくデザインも少なからず見受けられたが、その中でもとりわけ目立ったのが、サロン評で「ガラスの鳥かご」にたとえられていた、大きなガラス面を持つブティックであった。

たとえば、毛皮店「マックス」の店舗デザインを手がけた家具デザイナーのジャック＝エミール・リュールマンは、外から中の様子がすっかり見渡せるガラス張りのブティックを実現した［図2-12］。博覧会の報告書では、このタイプのブティックを「額縁のない一枚の絵」とも形容していたが、[*50] 店舗全体がショーウィンドーと化すことで、通行人の視線は否応なく空っぽの店内にたたずむマネキンと、それがまとう豪華な毛皮のコートへと導かれた。しかし、ガラスのファサードの透明性、そして開放性がゆえに、通行人は店内のマネキンのみならず、反対側のウィンドーの外に広がるセーヌ川沿いの眺望や、目の前のガラスに映りこむ周辺の風景も同時に見ることとなった。ウィンドーのガラス越しにたたずむマネキンは、それらのイメージと複雑に重なり合うことで、非日常的な印象をいっそう高め、ますます見る者に訴えかけるのであった。

夜になると、アレクサンドル三世橋はさらにその壮麗さを増した［図2-13］。ブティック通りは、まばゆいばかりのイルミネーションに照らし出され、昼間以上に華やいだ雰囲気に包まれた。セーヌ川にはポール・ポワレがしつらえた七色に輝く「光の噴水」が高く吹き上がり、川向こうにそびえ立つエッフェル塔は、自動車会社「シトロエン」の電光広告を夜空にきらきらと輝かせていた。これら水と光が織りなす一大スペクタクルによって、あたり一帯は野外劇場と化し、祝典のムードはいやがうえにも高まった。博覧会場の中心に位置したアレクサンドル三世橋は、その夢のように美しい光景のただ中で、世界の趣味と洗練の都パリを讃えるかのように燦然と光り輝いた。この時、ブティックのショーウィンドーに飾られていたマネキンは、まるでスポットライトを全身に浴びているかのように、その魅惑的な姿を人びとの前に浮かびあがらせたのであった。

図2-12　毛皮店「マックス」（店舗デザイン：ジャック=エミール・リュールマン，マネキン：シエジェル）
『アール・デコ展公式報告書』（第11巻）

＊　＊　＊

以上、グラン・パレに始まり、エレガンス館、ブティック通りと三ヵ所の展示について見てきたが、いずれの展示場所においても、新しいマネキンが、その身を呈して「現代女性」を示し、来場者たちに理想のパリジェンヌ像を強烈に印象づけていたことが確認された。ここで興味深いのは、シエジェルのマネキンが、その革新性ゆえに博覧会で採用されていたにもかかわらず、身にまとった衣装は、伝統や格式を重んじる傾向にあったということである。すなわち、きらびやかな夜会服や毛皮のコートに身を包んだ「現代的な」マネキンが示した女性像は、当時、大きなインパクトと共に登場し、注目を集めていた「ギャルソンヌ」というよりも、むしろ豪華な調度品で整えた室内で、衣ずれの音をさせながら、くつろぎのひと時を楽しむ戦前来の女性たちの姿に重なった。その意味で、シエジェルのマネキンが博覧会で体現していた「現代女性」は、

図2-13　夜のアレクサンドル III 世橋
『ヴォーグ』1925年7月1日号　*Vogue*, 1er juillet 1925, p. 42.
BNF: http://gallica.bnf.fr/ark:/12148/bpt6k65441871/f54.image.r=alexandre%20III.langEN

ある種の矛盾をはらんでいたとも言える。

　しかし、斬新な外観のマネキンを採用し、来場者たちに少なからぬ衝撃を与えたことも、そのマネキンに必要以上に女性性を強調した豪華な衣装をまとわせたことも、ひとえに、数世紀にわたりモードの中心地として君臨してきたパリの権威性を改めて世界に向けて発信するという意図の現れにほかならなかった。戦後、大衆消費社会が本格的に幕を開けた一九二〇年代に開催されたアール・デコ展で、シエジェルのマネキンは国をあげてのブランド戦略に取り込まれ、モードの都パリの象徴として積極的に利用されたと言えるだろう。

　これまで本稿では、一九二〇年代のパリに新しいマネキンが登場した経緯と、それが担った意味を現代都市パリの形成に重ねて考えてきた。第一次大戦後の復興期に、パリでは都市計画《ユルバニスム》という概念を取り込みながら、現代都市への脱却が図られたが、そこで大きな変貌を遂げたブティックに足並みを揃えるかのように、店頭に飾られていたマネキンも、それまでの人間そっくりな風貌を捨て去り、新しいスタイルを生み出した。そして、しぐさやフォルムを様式化し、現実にはあり得ない肌色を取り入れることで、マネキンは人間を模倣することから自由になり、最新モードの価値を高める引き立て役ではなく、自ら主張する存在へと生まれ変わった。衣服の支持体にすぎなかったマネキンは、この時代に芸術の域にまで高められ、通りに現代的な彩りを添える「装飾」として、最新流行の衣装や装飾品を通行人にアピールする「広告」として、さらにはパリ・モードの「象徴」として用いられたのであった。

第3章　性は規制される
――警察令にみる近代フランスの異性装

新實　五穂

「パリジェンヌのズボン着用がついに許可される」という見出しがフランスの日刊紙『リベラシオン』をにぎわせたのは、二〇一三年二月四日のできごとである。翌日には、フランス通信社が女性権利相ナジャ・ヴァロー＝ベルカセムのズボン姿の写真とともに〔図3-1〕、「パリの女性にズボン着用を禁じた条例は無効」と報じ、十九世紀初めに施行されたある法令について言及した。その法令こそが、一八〇〇年十一月七日にパリ警視庁の警視総監デュボワによって制定された「異性装に関する警察令」Ordonnance concernant les travestissements である。同法令によって、パリで暮らす女性たちは、健康上の理由以外で自身の性別ではない服装を着用すること（異性装）が禁じられた。とりわけズボンは、中世末から近代のヨーロッパ社会において、男性性や男性がもつ権威を表象しており、男性に帰属し、女性の異性装を形成する代表的な衣類であった。[*1] この警察令は一八九二年と一九〇九年に改訂され、自転車のハンドルと馬の手綱を握る際、すなわちサイクリングや乗馬の際には、女性のズボン着用が許可されて、法令が緩和された。その後、完全に廃れてすでに失効している状態とはいえ、法令の条文は現在まで存続していた。それゆえ、ベルカセム女性権利相が、二〇一三年一月三一日の元老院の官報に記された、次のような発言をするに至ったのである。

記憶によれば、異性装に関する警察令は、女性の男性服着用を禁じることで、女性たちがある種の職業や職務につくことを制限する狙いが何よりもまずある。同法令は、憲法の前文第一条および人権に関してヨーロッパの条約に明記された両性の平等の原則と相いれない。事実上、廃止され、法的な効力を持っていない警察令が（両性の不平等の）原因になっており、同法令はもはやパリ警視庁が保管すべき古文書の一つにすぎない。[*2]

実際、同警察令にま

図3-1　ズボン姿のナジャ・ヴァロー＝ベルカセム　2012年11月28日
Bertrand Langlois 撮影　©AFP＝時事

つわる行政書類や新聞・雑誌記事などは、パリ警視庁のアルシーヴ「Fond D/B 58」に「異性装Travestissement」の項目が付された古文書として保管されている。本章では、これらの警察令と異性装に関する資料に着目し、近代フランスにおいて女性が異性装をおこなう動機について明らかにしたい。また警察令の変遷、ならびに警察令を通して表象される男女間の異性装の違いについても考えてみたい。

1　女性と異性装――異性装に関する史的研究

そもそも、キリスト教を信仰する国や地域では、異性装は好ましくない逸脱行為と見なされている。『聖書』の「申命記」第二二章には、「女は男の着物を着てはならない。また男は女の着物を着てはならない。あなたの神、主はそのような事をする者を忌みきらわれるからである」[*3]と明記されている。ゆえに、異性装は精神異常の兆候や性的倒錯の一種、同性愛の付属物などと長らく考えられ、異常な行為として受け止められていた。その結果、異常なものを正常へ戻すという意識が強く働き、異性装研究は精神医学者や性科学者、心理学者たちの症例研究によって先鞭がつけられた。そして一九七〇年代にジェンダー研究が盛んになり、充実してくると、社会学・人類学・歴史学・文学などの多様な学問領域で異性装研究が深化、進展していった。ここで、警察令で禁じられた女性の異性装を検討する前に、ヨーロッパの歴史上、女性の異性装がなぜおこなわれてきたかについて簡単に触れておきたい。[*4]

異性装に関する歴史研究は、一九七九年に評論家のピーター・アクロイドが、絵画作品や文学作品、演劇、映画などを通して、古代ギリシア・ローマ時代から二〇世紀までの異性装の全容を明らかにしたことにより、本格的に開始された。[*5] アクロイドの論考では、女性の異性装について、中世の聖者伝や民間伝承における聖女の男装、および望まぬ縁談から逃れ、修道士や隠遁者になるためにおこなわれた男装などが論じられている。さらに、十五世紀の聖女ジャンヌ・ダルクの男装をはじめ、十七・十八世紀に女性が兵士や船乗り、海賊になるべく男装した例なども取り上げられている。中でも、十七・十八世紀は、女性による異性装の事例が他の時代と比較して多く、当時の女性たちは、女であることや職業上の不都合を克服するため、男性服を用いたとされる。[*6] つまり、死別や兵役義務など家庭内の男性不在によって引き起こされた経済的な理由から、そして男性服の方が機能性に優れていることや男性服を着用することで身の安全を守るといった理由から、女性たちは異性装をおこない、男性の職業とみなされていた兵士や船員（水兵）となり、男として働いた。このように女性が男性の職種に入りこみ、男性服を長期間、身に着ける行為は、結果的に男社会の優越性を高めることへとつながっていったと指摘されている。[*7]

また、近世における女性兵士の異性装が多い事実に加え、異性装の史的研究では、女性兵士の異性装を男性支配への抵抗や愛国的な行為として讃える傾向にあるため、一九八九年には、女性兵士や船員（水兵）による異性装だけを扱った論考が生まれた。ルドルフ・デッカーとロッテ・ファン・ドゥ・ポルの共著『近世初期のヨーロッパにおける女性の異性装の慣習』は、一五五〇年から一八三九年までのオランダにおける一一九もの事例を提示し、女性による異性装の動機を次の四つにまとめている。[*8] 一つ目は恋人や夫、家族の後を追い一緒に暮らすことを目的とする、もしくは反対に、それらの近しい人びとから逃げ出すことを目的とする恋愛や結婚に関する動機である。二つ目は、娼婦としての人生を拒否し、貧困から逃れることを目的とする経済的・物理的な動機である。三つ目は、戦時に兵士として母国を救うことを目的とする愛国心にもとづく動機である。四つ目は、同性同士の恋愛において性別の役割を演じるためである。デッカーとファン・ドゥ・ポルの著述以降、ヨーロッパにおける女性の異性装は、性を不可視化して身を守ること（自己保全）や男の領域とされる仕事への願望、女の役割に対しての不安、レズビアニズムなどの理由で生じることが繰り返し指摘されている。[*9]

一九九〇年代になると、ジュディス・バトラーの著作『ジェンダー・トラブル』[*10]が、ジェンダー研究はもとより異性装研究に大きな影響を与えた。ジェンダーだけでなくセックスまでをも社会構築物として捉えたバトラーの研究は、異性装を社会や文化の産物として受け止める姿勢を決定的なものにした。その結果として、異性装という行為を再解釈し、定義づける試みが史的研究において盛んになった。文化史家のマージョリー・ガーバーは、異性装が既定の権利に挑み、男性と女性、男らしさと女らしさといった二項対立的な文化構造を危機におちいらせるための手段であると定義した。[*11] さらに、歴史家と医師のブーロー兄弟は、ジェンダーで線引きされた領域への象徴的な侵略と異性装を定義した。[*12] その上で、どの時代においても、女性による異性装は、女性性に課せられた制約を回避するために生じることを強調した。換言するならば、女性の異性装は、より大きな自由と何か新しい機会を手に入れることへとつながっているとされた。

一九九〇年代末より、異性装に関する史的研究は、個別の事例を深く掘り下げることを目指し、時代や地域を限定した論考が増えてきている。たとえば、中世の聖者伝やシェイクスピア演劇での少年俳優の異性装、一八〇〇年から一九三九年までのイギリス女性の異性装などのテーマが挙げられる。とりわけ本論との関係から、フランス女性の異性装については、二〇〇一年にシルヴィ・シュタインベルクが著した論考が注目される。*[13] シュタインベルクによれば、十八世紀の女性たちが貧しく不幸な生活からの脱出をはかる際、娼婦になるという選択以外で、できる限り高い賃金を得るためには、異性装を活用して職業選択の幅を広げなければならなかった。加えてフランス革命期には、男性に混ざって革命運動に参加し、市民権を要求するため、女性たちは男性の服装を身にまとった。またシュタインベルクの論考を含む、十六世紀から二〇世紀までのヨーロッパにおける女性の異性装を軍隊・舞台・文学*[14]・図像学という異性装が表れやすい四つの場面から考察した論文集が二〇〇六年にパリで刊行され、*[15] 英語圏の地域に比べ、立ち遅れていた感のあるフランスでの異性装研究は進展を見せている。

ヨーロッパにおける女性の異性装に関する歴史研究をふり返ると、近世における女性兵士についての研究が最も盛んであり、その後の近代については未だ十分におこなわれているとは言えない。そして女性が異性装をおこなう理由は、デッカーとファン・ドゥ・ポルの研究によって四つに大別され、方向づけられた感があるものの、彼らの研究はあくまでオランダの事例を中心としたものである。十九世紀フランスにおいて女性が異性装という行為を試みる動機を日常生活に寄り添い、探究することによって、その特質を少なからず浮かび上がらせることが本論の目的であり、それは異性装の史的研究を補うことにもつながっていくであろう。

2　一八〇〇年十一月七日の警察令

では、一八〇〇年十一月七日のデュボワによる警察令はいかなる内容であったのだろうか。パリ警視庁のアルシーヴ「Fond D/B 58」に所蔵されている、警察令と異性装に関する資料をひもときながら考察していきたい。なお、パリ警視庁所蔵の異性装の項目が付された資料において、三分の二を占めるのがカーニバルでの仮装に関するもので、残りの三分の一を占めるのが警察令に関するものである。

これらの資料を一九九〇年代に調査した、女性史家クリスティーヌ・バールは、十八世紀末のフランス女性が革命や暴動下での権利要求の際に異性装を利用した史実を考慮に入れ、すでに次のような指摘をしている。一八〇〇年十一月七日の警察令には、政治体制の転覆を企てる人びとに異性装という行為を禁止する狙いが何よりもまずあった。しかし、そのような重要な役割を法令が担い、厳格に施行されていたと考えるには、関連する資料の散逸がはなはだしいうえ、わずかに残された資料の中でも行政書類の番号と発行の年月日との不整合が見受けられるなどの問題がある。それゆえ、同警察令は抑圧的な法令というより、女性の異性装の禁止を周知し、促すといった抑止的な機能を果たすにすぎなかったのではないだろうか、という指摘である。[*16]

バールの論考（十頁）[*17]およびポール＝ロール・フロベールの著作の抜粋（二頁）[*18]を含む、全部で四二件の所蔵資料の内訳は、新聞・雑誌記事の切り抜きが十四件と最も多い。次いで警察令が八件、パリ市公報が四件、行政書類が七件、パリ市公報が四件、警察令に対する許可書が三件、走り書きによるメモが三件、一八九〇年にデュラフォワ夫人が異性装した姿を撮影した写真が一件〔図3-2〕である。これらの資料の中で特筆すべきは、やはり一八〇〇年十一月七日の警察令と、後述する同警察令の第二条と三条で言及されている許可書である。多くの女性たちが異性装をしている現状について警視総監デュボワが憂い、一八〇〇年十一月七日に発令した警察令は、以下のような前文と五つの条項から構成されている。

図3-2
デュラフォワ夫人の異性装
Archives de la Préfecture de Pollice de Paris
Fond D/B 58 no.43

パリ警視庁　一八〇〇年十一月七日

警視総監は、多くの女性たちが異性装をしているとの通告を受け、いかなる女性も健康上の理由以外で、自身の性別の服装を放棄することはないと信じている。異性装をする女性は、必要な場合に提示すべき特別な許可書を携帯していなければ、かなりの不快感や警官の侮蔑にさらされることになる。許可書は一様であるはずが、今日までいくつもの当局者により、さまざまな許可が与えられてきた。警察令の公布後は、定められた手続きを経ず異性装をするすべての女性に対し、異性装を悪用する意図があるものと見なす。警察令は、次の通りである。

第一条　セーヌ県の副知事や区長ならびにサン＝クルー、セーヴル、ムードンの市町村長、および警視庁によって今日までに与えられた、いかなる異性装に関する許可も無効とする。

第二条　男性服の着用を望むすべての女性は許可書を得るため、警視庁に出頭しなければならない。

第三条　公認の署名がなされた医師の証明と申請者の氏名・洗礼名・職業・住所が記された区長や警視の証明にもとづいてのみ、許可書は発行される。

第四条　前述の措置に従わない異性装が発覚した場合、女性は逮捕、警視庁に連行される。

第五条　この警察令は、セーヌ県の全地域とサン＝クルー、セーヴル、ムードンの市町村において公示、公布される。また、軍の第十五・十七師団およびパリの駐屯部隊の指揮官、セーヌ県とセーヌ＝エ＝オワーズ県における憲兵隊長、区長、警視、警部といった、法令の確実な遂行者に向けて発令するものである。

警視総監デュボワ[*19]

全五条にわたる条文において、第一条はこれまでの許可書の無効化、第二条は許可書を得る際の警視庁への出頭義務、第三条は許可書の発行に際し、医師の証明と区長や警視の証明が必要であることなど、許可書に関することが主に記されている。さらに、第四条では違反者は逮捕、警視庁に連行されること、第五条では警察令がセーヌ県の全地域とサン＝クルー、セーヴル、ムードンの市町村において公示・公布されることが定められている。つまり、異性装に関する警察令は、健康上の理由から医者に特別な許可を得た場合を除き、女性が公共の場で男性服を着用する行為を禁じたものである。なお、警察令に違反し逮捕された異性装者は、少額の罰金刑や五日以下の拘留刑に処せられたのではないかと判例から推察されている。たとえば、金属研磨工のペケ嬢による異性装の事例は、一八三〇年に三フランの罰金刑に処せられたようである。[*20]

この警察令に対し、パリ警視庁が発行した許可書はアルシーヴに三件現存している。一つは、一八〇六年九月十七日にマイエール嬢こと、カトリーヌ・マルグリットが乗馬をするために三ヶ月間の異性装の許可を願い出たものである。残りの二つは、音楽家ルイ嬢こと、アデール・シドニーが、一八六二年十月二八日［図３‐３］と一八七二年七月十五日［図３‐４］に健康上の理由から異性装の許可を願い出たものである。そのうちの一つ、一八七二年七月十五日にアデール・シドニーが交付された許可書は、次のような内容からなる。

異性装への許可書　一八七二年七月十五日、パリ

革命暦九年霧月十六日（一八〇〇年十一月七日）の警察令に鑑み、ケルビーニ通り一番地に居住

する内科医のデュクロの証明書と、さらにシャンゼリゼ地区の警視の証明書を認める。アスニエールに居住する、音楽家ルイ嬢（アデール・シドニー）が健康上の理由のため、男性の服装を身に着けることを許可する。ただし、異性装をして劇場や舞踏会、公共の集会に現れてはいけない。

現在の許可書は、本日より六ヶ月間のみ有効である。[*21]

許可書は、冒頭部分が医師の証明と区長や警視の証明から構成され、半年間の期限付きである。加えて、三六歳と四六歳の時点でアデール・シドニーがシャンゼリゼ地区の警視に願い出た二件の許可書には、左端に身体的な特徴が「特徴記載」Signalement として簡潔に列記されている。上から順に、身長・年齢・髪の毛や眉の色・額の形・瞳の色・首や口、顎、顔の形状・顔色が書き留められている。それによれば、彼女は身長が一六五センチで、髪や眉、眼は茶色であり、額は高く、首や口は平均的な形状、顎は丸く顔は卵形で、明るい顔色の女性であることがわかる。警察令に対する許可書は、異性装をする女性の身体的な特徴を記録、保持する目的と、それらを警察側が把握する目的を持ったものであったことがうかがえる。

一八〇〇年十一月七日の警察令は、一八五七年二月十六日の警察令によって補完され、カーニバルの期間以外で警察の許可なく、女性が男性服を着用することは明確に禁じられた。[*22] 初犯は違憲罪裁判所に、一年以内の再犯は軽罪裁判所に召喚され、罰金刑や拘留刑に処せられたようである。ただし、女性に対する異性装の禁止は、警察が唯一許可する「健康上の理由」raison de santé がどのようなもので、どこまでを許容するかが明確ではないため、デュボワによる警察令には抜け穴があるとされる。

また、一八五七年二月十六日の警察令では行政上の措置でカーニバルの期間が除かれたものの、カーニバルでの異性装については、一八三三年五月三一日に制定された「舞踏会および公共の集会等に関する警察令」が、パリ警視庁の Fond D/B 58 に保管されている。この法令の第八条には以下のような記載があり、カーニバルの期間における異性装までをも管理下におこうとした警察の姿勢が読み取れる。

> 舞踏会・演奏会・饗宴・祝宴の主催者は、仮面や仮装、異性装をした人を誰も会場内に迎え入れる

PRÉFECTURE DE POLICE.

SECRÉTARIAT ... 2e BUREAU. No 74

PERMISSION DE TRAVESTISSEMENT.

Signalement. Taille 1 m. 65 cent. Age de 36 ans. Cheveux bruns. Sourcils id. Front haut. Yeux bruns. Nez moyen. Bouche moyenne. Menton rond. Visage ovale. Teint clair.

Paris, le 28 Octobre 1862.

NOUS, PRÉFET DE POLICE,

Vu l'ordonnance du 16 brumaire an IX (7 novembre 1800);

Vu le Certificat du Sr Ducros, Docteur en médecine, demeurant ...

Vu en outre l'attestation du Commissaire de Police de la section des ...

AUTORISONS ... à s'habiller en homme pour cause de santé sans qu'elle puisse, sous ce travestissement, paraître aux Spectacles, Bals et autres lieux de réunion ouverts au public.

La présente autorisation n'est valable que pour six mois, à compter de ce jour.

Signature du porteur.

Pour le Préfet de Police, et par son ordre, LE SECRÉTAIRE-GÉNÉRAL,

LE CHEF DU 2e BUREAU

図3-3　1862年10月28日に交付されたアデール・シドニーの許可書
Archives de la Préfecture de Pollice de Paris　Fond D/B 58 no.48

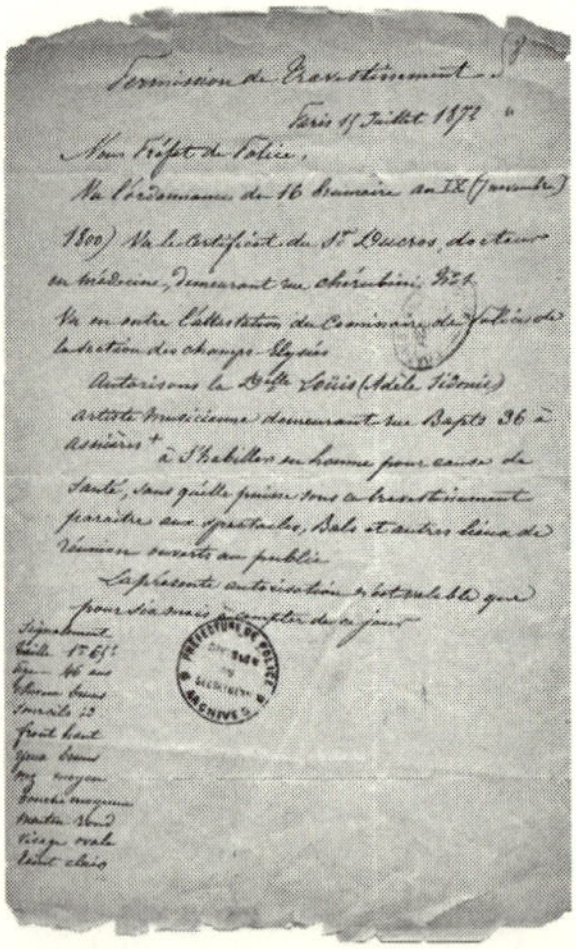

Permission de Travestissement

Paris 15 Juillet 1872

Nous Préfet de Police,

Vu l'ordonnance du 16 brumaire an IX (7 novembre 1800)

Vu le Certificat du Sr Ducros, docteur en médecine, demeurant rue Chérubini ...

Vu en outre l'attestation du Commissaire de Police de la section des Champs-Élysées

Autorisons la Dlle Louis (Adèle Sidonie) artiste musicienne demeurant rue Bapst 36 à Asnières à s'habiller en homme pour cause de santé, sans qu'elle puisse sous ce travestissement paraître aux spectacles, bals et autres lieux de réunion ouverts au public.

La présente autorisation n'est valable que pour six mois à compter de ce jour

Signalement: Taille 1m65 ... Cheveux bruns, Sourcils id, Front haut, Yeux bruns, Nez moyen, Bouche moyenne, Menton rond, Visage ovale, Teint clair

図3-4　1872年7月15日に交付されたアデール・シドニーの許可書
Archives de la Préfecture de Pollice de Paris　Fond D/B 58 no.19

ことはできない。しかし、この禁止はカーニバルの期間において一時的に中断され、その中断は警視庁が公布した明白な許可書にもとづいてのみ生じる。許可書では、仮装や異性装が許される会場ならびに集会の終了時刻が指定される。[*23]

さらに、一八〇〇年十一月七日の警察令以外で、異性装が警察令の対象になったものには、一九四九年二月一日に警視総監ロジェ・レオナールが発令した警察令「余興または興行での、いわゆる異性装の禁止」がある。ある公共施設で催される余興や興行が特殊な客を引き寄せ、堕落と放蕩行為を助長させている状況を警視総監が嘆き、次の四つの条項が定められている。第一条では余興や興行における異性装が男性を中心に禁止され、第二条では公共の空間で男性が一緒に踊ることを禁じている。同警察令の狙いが、主に男性の女装の取り締まりにあることは明らかである。

第一条　男性が女性服を着用する行為をはじめ、いわゆる異性装の余興や興行を公共のダンスホールと飲食施設において禁止する。
第二条　あらゆるダンスホールおよび公共の場において、男性同士がダンスを踊ることを禁じる。
第三条　現行の規定に対する違反は、陳述書や調書によって確認、検証され、管轄の裁判所に付託される。
第四条　市町村の警察局長ならびに司法警察長、この警察令の下におかれる役人や警官、パリおよびセーヌ県の市町村の警視は、各々が法令を確実に遂行する責任を負う。[*24]

当初、女性による異性装のみを禁じた警察令は、男女を問わず異性装という行為への禁止へ拡大し、問題の所在が移り変わっていく。カーニバルの期間を含め、仮装・扮装・異性装をした人びとが参加する催しに警察からの許諾取得を要求し、また興行において、男性の女装や、異性装者と観客の男性のダンスを禁止する。このように、カーニバルでの仮装および男性の異性装が警察による規制の射程に入れられるようになる。

結局、女性の異性装を禁じた警察令は、一九六九年にパリ市の議員ベルナール・ラファイによって修正する提案がなされるも、当時の警視総監モーリス・グリモーがこれを拒絶した。*25 その結果として、明確に廃止されていないものの、すでに廃れた法令という曖昧な状態が続くことになる。二〇〇四年には国民運動連合（ＵＭＰ）の代議士ジャン＝イヴ・ユゴンがパリテ（男女共同参画）担当相のニコル・アメリンヌに警察令の廃止を求め、二〇〇七年と二〇〇九年には国民運動連合の代議士であるアラン・ジョワイヤンデやピエール・モランジュが法令の存在に疑問を投げかけ、二〇一〇年九月にはパリ議会が警視総監に警察令の条文削除を求めている。二〇〇四年以降、警察令の撤廃を求める大きな動きは幾度かあったが、それらはすべて実現しなかった。その後、二〇一二年七月十二日に国民運動連合の元老院議員であるアラン・ウペールが、現代の感覚に反するという理由で、ベルカセム女性権利相に同警察令の廃止を要求した。この行為が、先述した彼女の発言を引き出す結果につながり、彼女の発言を受けて、先に触れた興味深い見出しがフランスの新聞紙面を飾った。ただし、ベルカセム女性権利相は、異性装に関する警察令が法的な効力を持っていないことを容認するも、条文の削除などの具体的な行為で法令の撤廃を実現したわけではないことが指摘されている。[*26]

3　警察令と異性装の動機

第1節では、ヨーロッパにおける女性の異性装にどのような社会的・文化的背景が存在していたかについて簡単に述べた。ここでは、パリ警視庁の Fond D/B 58 に保管されている資料を通して浮かびあがる、近代フランス女性の異性装の動機について考えてみたい。

一八八六年四月二七日から五月六日までの『モニトゥール・ド・サンディカ・ウヴリエール』紙では、カーニバルの期間以外で特別な許可なく女性が男性服を身に着けることは警察令で禁じられているものの、ある時間や空間において女性が男性服を着用することは利にかなっていると記されている。そして「半ズボン」culotte を日常的に着用している女性は、異性装者と見なされるのかという疑問が投げかけられている。[*27] 一八八二年から一九三五年まで刊行された同紙には、労働組合の機関誌としての側面があることから、労働時間中の仕事場での女性の異性装やズボン姿は妥当な装いと見なしていることが推察される。

また一八八九年二月九日の『ル・タン』紙は、性格の不一致を理由に夫と別れて、ストラスブールからパリへやってきた女性の異性装について報じている。彼女が恋人と協力して印刷所を経営していく際、男性服を身に着けたことを、同紙は次のように伝えている。

…彼女はすぐさま恋人に協力し、その時以来、男性の服装を着用するようになった。彼女曰く、男性服は女性たちにより多くの自由をもたらし、仕事への従事を可能にするものであった。…彼女が経営する印刷所の労働者たちは、彼女を常に雇用主として扱っていた。[*28]

記事の最後は、この女性が裁判官に警察令の無知を事由に加護を願い出て、警視総監には男性服の着用許可を願い出たという事実で結ばれている。

さらに、一八八九年四月十一日の『ラ・プティット・レプブリック・フランセーズ』紙および同日の『ル・タン』紙は、パリ左岸の印刷所を監督しているリベール夫人の異性装について言及している。彼女には男性服を身に着ける習慣があり、地区の警視がこの恰好を咎めるも夫人が聞き入れなかったため、裁判所に召喚された事実が以下のように記されている。[*29] リベール夫人は年配の紳士に付き添われ、ベレー帽をかぶり、カルチエ・ラタンでよく見かけるような若い男性の服装で、一八八九年四月十日に裁判所へ出廷した。裁判所の書記官が夫人を捜しまわったあげく、ベレー帽をかぶったこの若い男性こそがリベール夫人だと判明すると、裁判官は自身の性にあった服装を着用することを夫人に諭す。しかしながら、彼女が「ドレスを一着も持っていない」と応じると、警視はドレスを売っている店を夫人に教えた。記事は、女性に対し異性装を禁じた警察令がいかに形式的でうわべだけの法令であるかを糾弾している。

このような印刷所における女性の異性装を伝える新聞記事のほかに、一八九〇年十一月九日の

『ラ・ランテルヌ』紙に掲載された「女性の服装―男性服を身に着ける女性たち」というタイトルの記事がある。記事は、女性に異性装を促す理由を次のように報じている。

…多くの場合、異性装の必要を認める医師の証明書を申請者が提出した時にしか、警視庁は異性装の許可を与えない。医師による証明が必要となる、この規則から外れる者たちもいた。デュラフォワ夫人やローザ・ボヌール、狩猟パーティーに加わることを望んだコメディ・フランセーズの女優、そして長いこと、マルグリット・ベランジェも。

実際、パリや地方において十人の女性たちが、男性の服装を身に着けることを許可されている。完全に男として知られている印刷所の雇用主の女性や、建築塗装工という職業に従事する女性、女性の職業画家、かつてエデンの園に存在した、二人の人間が不格好に合わさったような髭の生えた女性、最後に、本来の性別の服装を身に着けると非常に滑稽になる、外見上はまったく男の雰囲気を持つ女性が挙げられる。*30

印刷所の経営者として、建築塗装工として、職業画家として、さらには（多毛症で）髭の生えた女性として、あるいは完全に男性の外見を持つ女性が滑稽で奇妙な存在にならないように社会適合させるため、男性服が女性に活用されたのである。髭の生えた女性に関しては、一九〇四年に男性服の着用が、ある女性に許可された事実を報じた記事も残されている。*31

主な動機として、男性のものと見なされていた職業へ参入し、男性と同等な立場や地位、賃金を得るなど、女性に劣位な労働環境下で異性装は生じている。さらには、多毛症などにより身体疾患を抱える女性はもちろん、外見の適合性をはかり、見かけの不自然さを緩和させる手段としても異性装は利用されている。法令によって女性の異性装を禁止する一方で、女性に男性服の着用を許可せざるを得ない警察の姿勢には、男女の身体的な同化への嫌悪と当時の身体規範への固守がうかがえる。

警察の方針には、女性の異性装に関して禁止するものと許可せざるを得ないものというせめぎあいが垣間見える。それでは、長らく警察令の対象外であったフランス男性の異性装はどのように扱われてきたのだろうか。女性の事例と比較する意味でも、ここで少し述べておきたい。

先に触れた『ラ・ランテルヌ』紙では、郊外に住むリンゴの行商人の男性による女装についても言及されている。彼は身体障害が原因で男性服を着用するのが困難なため、代わりに女性服を常に着用する許可を得ていた。またパリ警視庁の Fond D/B 58 には、一八四六年七月のクロード・ジベールや一八四八年七月十一日のジャック・フランソワの事例など、十九世紀中葉の男性による異性装の記録が残されている。クロード・ジベールは、公然猥褻の容疑で違憲罪裁判所に召喚されるも、裁判において彼の異性装は違反行為と判断されなかったようである。[*32] 一方、ジャック・フランソワの異性装については、次のように記録されている。

ルノーダンという名の男性（ジャック・フランソワ）には、女性服を着用して公共の場に現れる習慣がある。それゆえ、彼は何度も警察に逮捕され裁判に召喚されたが、そのたびに釈放された。というのも、刑法二五九条が定める服装の規定は、彼のような異性装の事例に対して適用されないからである。結果として、ルノーダンが非難された行為は、特異で単独なものであり、どんな宗教や警察令によっても禁じられていない。…ルノーダンが女性の恰好をしていない限り、彼は公然猥褻行為を犯してはいない。*33

十九世紀半ばのフランスにおいて、男性が女性の服装を着用した場合は公然猥褻の容疑に該当していたが、裁判では寛容に扱われていたようである。加えて、男性による異性装は、警察令はもとより、刑法二五九条の適用外であった。刑法二五九条とは、服装の虚偽や偽造に関する条項であり、「自身に権利がない服装・制服・勲章を公然と着用した者はすべて、六ヶ月以上二年以下の拘禁刑に処せられるべきものとする」*34という規定であった。一八三二年四月二八日に改正される以前、もともと二五九条は次のような内容からなっていた。「自身に権利がない服装・制服・勲章を公然と着用した者、あるいは適法に授与されていない国王の称号を詐称した者はすべて、六ヶ月以上二年以下の拘禁刑に処せられるべきものとする」。パリ王立裁判所の弁護士ジャン＝バティスト・マリー・デュヴェルジェによれば、爵位は国王が授与するものであるという慣習が七月王政下の社会規範と相いれなくなったため、条文の文言が一部削除され、一八三二年に改訂された条文が生じたとされる。実際には、異性装という行為への適用は勿論、爵位を借用し身分を偽って詐欺を働いた場合を除き、二五九条に違反しても刑罰は課されなかったようである。*35

ところが、二〇世紀後半になると、若年層の性病の増加および売春の拡大をはじめ、街娼として客引きをする同性愛者が増加した事実、さらには精神病などと異性装が結びつけられ、より社会の対応

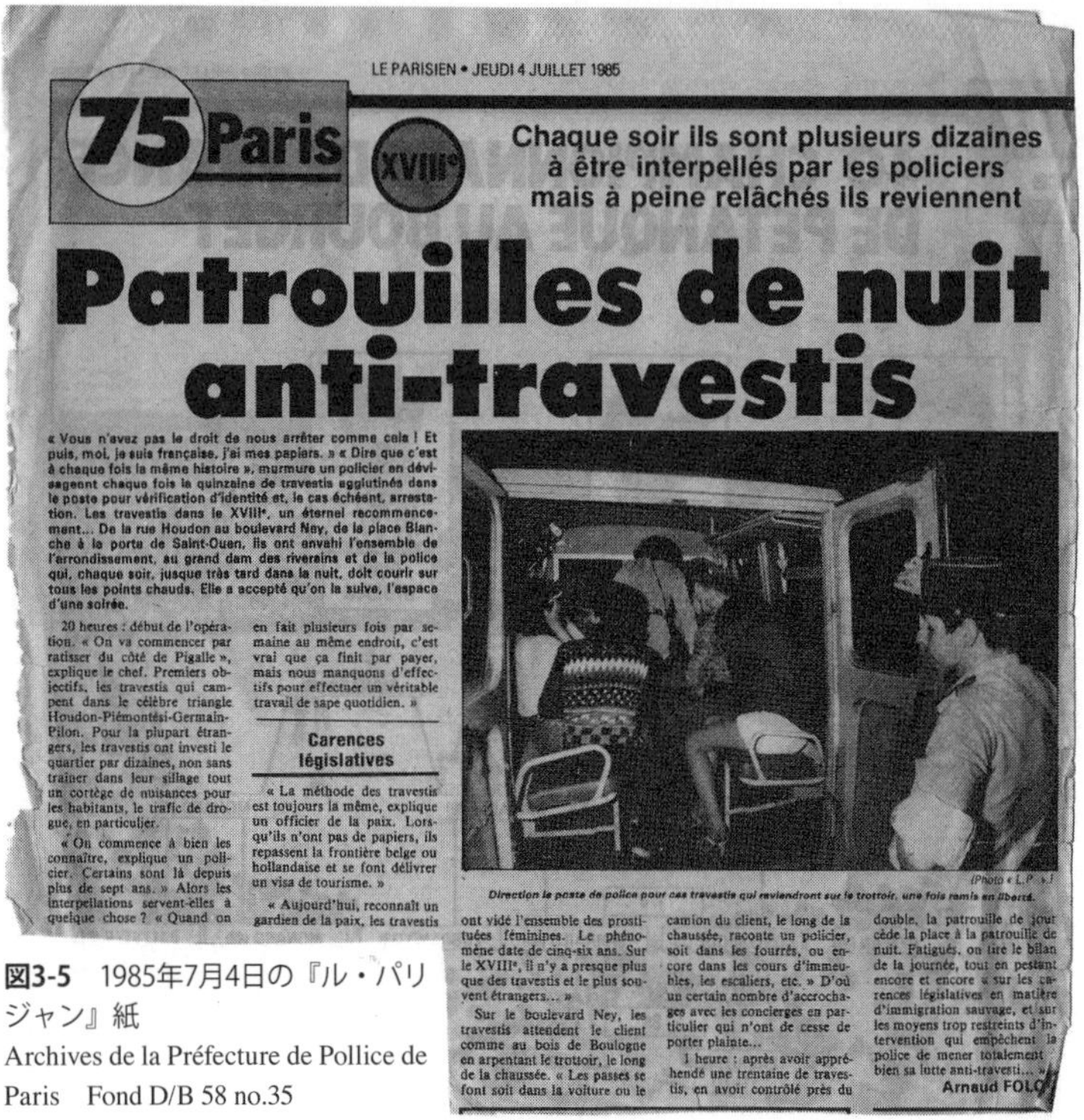

LE PARISIEN • JEUDI 4 JUILLET 1985

75 Paris XVIIIe

Chaque soir ils sont plusieurs dizaines à être interpellés par les policiers mais à peine relâchés ils reviennent

Patrouilles de nuit anti-travestis

« Vous n'avez pas le droit de nous arrêter comme cela ! Et puis, moi, je suis française, j'ai mes papiers. » « Dire que c'est à chaque fois la même histoire », murmure un policier en dévisageant chaque fois la quinzaine de travestis agglutinés dans le poste pour vérification d'identité et, le cas échéant, arrestation. Les travestis dans le XVIIIe, un éternel recommencement... De la rue Houdon au boulevard Ney, de la place Blanche à la porte de Saint-Ouen, ils ont envahi l'ensemble de l'arrondissement, au grand dam des riverains et de la police qui, chaque soir, jusque très tard dans la nuit, doit courir sur tous les points chauds. Elle a accepté qu'on la suive, l'espace d'une soirée.

20 heures : début de l'opération. « On va commencer par ratisser du côté de Pigalle », explique le chef. Premiers objectifs, les travestis qui campent dans le célèbre triangle Houdon-Piémontési-Germain-Pilon. Pour la plupart étrangers, les travestis ont investi le quartier par dizaines, non sans traîner dans leur sillage tout un cortège de nuisances pour les habitants, le trafic de drogue, en particulier.

« On commence à bien les connaître, explique un policier. Certains sont là depuis plus de sept ans. » Alors les interpellations servent-elles à quelque chose ? « Quand on en fait plusieurs fois par semaine au même endroit, c'est vrai que ça finit par payer, mais nous manquons d'effectifs pour effectuer un véritable travail de sape quotidien. »

Carences législatives

« La méthode des travestis est toujours la même, explique un officier de la paix. Lorsqu'ils n'ont pas de papiers, ils repassent la frontière belge ou hollandaise et se font délivrer un visa de tourisme. »

« Aujourd'hui, reconnaît un gardien de la paix, les travestis ont vidé l'ensemble des prostituées féminines. Le phénomène date de cinq-six ans. Sur le XVIIIe, il n'y a presque plus que des travestis et le plus souvent étrangers... »

(Photo « L.P. »)

Direction le poste de police pour ces travestis qui reviendront sur le trottoir, une fois remis en liberté.

Sur le boulevard Ney, les travestis attendent le client comme au bois de Boulogne en arpentant le trottoir, le long de la chaussée. « Les passes se font soit dans la voiture ou le camion du client, le long de la chaussée, raconte un policier, soit dans les fourrés, ou encore dans les cours d'immeubles, les escaliers, etc. » D'où un certain nombre d'accrochages avec les concierges en particulier qui n'ont de cesse de porter plainte...

1 heure : après avoir appréhendé une trentaine de travestis, en avoir contrôlé près du double, la patrouille de jour cède la place à la patrouille de nuit. Fatigués, on tire le bilan de la journée, tout en pestant encore et encore « sur les carences législatives en matière d'immigration sauvage, et sur les moyens trop restreints d'intervention qui empêchent la police de mener totalement bien sa lutte anti-travesti... »

Arnaud FOLC

図3-5　1985年7月4日の『ル・パリジャン』紙
Archives de la Préfecture de Pollice de Paris　Fond D/B 58 no.35

は厳しくなる。男性による異性装は社会問題化し、異性装という行為に対して、市町村議員は警察に法的な措置を要求しはじめる。一九八五年七月四日の『ル・パリジャン』紙には、「異性装者に対する夜のパトロール」と題された記事があり、警察のパトロールの様子を伝える写真も掲載されている［図3-5］。同記事の小見出しには、「毎晩、彼らは警察官に何十回と訊問されるものの、釈放されるとすぐにまた舞い戻ってくる」と記され、パリ十八区における警察官の労苦が以下のように述べられている。

二〇時：パトロールの開始。署長は「ピガール方面からしらみつぶしに捜査に取りかかる」と説明する。最初の目的は、有名な三角状の区域、つまりウードン通りとピエモンテージ通りとジェルマン・ピロン通りに逗留している異性装者（の捜査）である。…深夜一時：六〇人以上もの数の異性装者を取り調べ、三〇人の異性装者を逮捕した後、一日のパトロールは終了し、夜間のパトロールが始まる。疲れた様子の警察官は、だんだんと毒づきながら、日中のできごとを次のように総括する。「とどまるところを知らない入国に対する法的な（措置の）欠如と非常に制限された介入手段とによって、警察官が異性装者に完全な対策を講じることが妨げられている…」[*36]。

パリの十八区では、一九八〇年頃から、男性の異性装者が女性の街娼に取って代わった。そしてフランス国内外から多数の異性装者が毎晩、街区に集まったため、周辺住民に多大な迷惑を与えるようになった。深夜にまで及ぶパトロールによって、警察官が何十人もの異性装者を職務質問し、身分証を確認するものの、放免されると彼らは十八区の街頭へすぐに戻ってきた。売春や同性愛者の街娼、性病に加え、違法薬物の密売やベルギーあるいはオランダからの観光ビザを使用した入国など、さまざまな問題と十八区に出没する異性装者が関係している現状を記事は伝えている。さらに記事の中で「法的な欠如」carences législatives と指摘されているように、男性による異性装への法的措置の欠如から、警察は制限された介入・干渉の行使しかできず、これが男性の異性装者に対する取り締まりの足かせになっている様子が記されている。

4　警察令にみる異性装の表徴

一八〇〇年十一月七日の警察令は発布された当初、主に体制への政治的な反発を抑えこむ目的で異性装ならびに性の混同を禁止したと考えられている。十八世紀末に革命や暴動での権利要求の際、女性が異性装を利用していた史実を考慮に入れれば、体制側が同警察令を策定・発布したのは当然の帰結と言えるかもしれない。さらに一七九三年十月二九日の法令によって、フランスでは着衣行為の自由が人々に広く認められるようになったとされる。そこで引き起こされた性の混同が、同警察令の制定に少なからず影響を与えたことも推察できる。いずれにせよ、警察令の取り締まりの対象として女性に焦点が絞られた。このことによって、女性が男性の身分と男性にまつわる権利や権威を奪い取る行為をとくに禁じ、女性のアイデンティティを社会的にコントロールしようとする狙いが法令に付託された。

他方で、十九世紀に公然猥褻行為と見なされた男性による異性装は、二〇世紀半ばまで刑罰を処す条文がなかったため、警察令の適用範囲外であった。社会秩序の維持とジェンダー規範の確立のため、余興や興業における男性の異性装が警察令で禁止されるのは、女性より一世紀以上も後のことである。近代社会の中で個人を識別する際、服装に表象される性のありようや標識性がいっそう重要視されたのは、女性であったと考えることができる。十九世紀フランスではブルジョア階級の台頭に伴い、男性の見かけの同化が進む反面、「女は男の看板」や「装飾品としての女性」と称されるように、[*37]装飾過多で明るい色使いの非機能的な女性の服装は、父親や夫など周囲の男性の社会的地位や経済力を表象する役割があった。女性の装いが強い社会的な記号を有していた時代に、女性が男性同様に機能的で生産的な恰好をすることは、ジェンダーロール（性別役割）を脅かすことにすぐさまつながっていった。

またフランスでは、男性による異性装が売春や同性愛の顕在化を背景に二〇世紀後半に社会問題化していく。それに対し、近代における女性の異性装は主に二つの理由に分類できる。一つは職業上の理由から労働着として異性装が利用された場合、もう一つは男性的な風貌の女性が異性装を活用した場合である。前者は、男性優位の職業領域や空間へ侵入を果たし、女性が自由な行動を手に入れ、男性と同等の待遇を獲得するための手段であり、経済的・社会的な動機に裏づけられている。十七・十八世紀における女性の異性装の大半が、身元確認や照会がそれほど厳しくない兵士や船員になるためにおこなわれていることと比較すると、十九世紀の事例は、印刷工や塗装工など職種の幅は広がりを見せている。後者は、見かけの不自然さを取り除き、外見を当時のジェンダー規範に適合させることで、女性が社会を不安にし、脅かすようなスキャンダルな存在にならないよう、警察側が異性装を肯定したと思われるものである。

確かに、デッカーとファン・ドゥ・ポルも指摘しているように、[*38]警察記録および裁判記録にもとづき異性装をおこなった動機を検討すると、その動機はより社会的に受け入れられ、多くの人びとの共感を呼び、自身を正当化できるものになりやすい面があるのは事実である。けれども、パリ警視庁の Fond D/B 58 に所蔵された資料を通して、着衣する身体とは、個人が自由を獲得するための方策であると同時に、公共の秩序維持という視点から見れば、体制側が社会をコントロールするための装置であることが改めて認識できるだろう。

本章の最後に、フランス女性に男性服の着用を禁じた警察令に関して何度か取り上げ、話題にしてきた日刊紙『ル・フィガロ』の二〇一三年二月三日の記事「パリジェンヌにズボンがとうとう許可される」の全文を引用しておきたい。

> 先週の木曜日以降、パリジェンヌがズボン着用の権利を手にしたことは、サイト「ル・パリジャン」でご報告した。女性権利相は「女性の異性装に関する警察令」を事実上の廃止にした。同警察令が二世紀以上もの期間にわたって効力を持ち、（違反者は）拘禁刑に処せれるべきものであったことは本紙で触れた通りである。
>
> 廃止の要求は、二〇一二年七月に、国民運動連合の所属でコート・ドール県選出の元老院議員であるアラン・ウペールから発せられた。二回の通達によって、「女性が自転車のハンドルあるいは馬の手綱を握る際」には、女性のズボン着用が許可された。しかしながら、元老院議員は、この法文の「シンボリックな影響力」が「現代のわたしたちの感覚と衝突する」かもしれないと考えた。*39

「シンボリックな影響力」という記事のことばを目にするとき、二一世紀初めのフランスにおける女性とズボンをめぐる動きを、単なる時代錯誤の面白い話題として簡単に受け止めることはできない現状に思い至る。ベルカセム女性権利相の発言を受けて、クリスティーヌ・バールは、現代社会においても女性のズボン姿は卑しい恰好とされている国や地域が存在することに注意喚起している。[*40] 実際、アフリカのスーダン共和国において、二〇〇九年七月に女性ジャーナリストのルブナ・アフマド・アル＝フセインがズボンを着用していた罪で警察に逮捕されるというできごとがあった。同国では、女性のズボン姿は下品でふしだらな恰好と見なされ、着用した場合、罰金や投獄、四〇回もの鞭打ちの刑などをこうむるおそれがある。

ズボンには、男性性や男性の有する権利が象徴されてきた長い歴史がある一方で、自由に生きることを望む女性の希望や抵抗の証として、シンボリックな意味がこめられてきた歴史がある。時代や地域によって女性にとっての「自由」の意味あいにそれぞれ違いはあるものの、ズボンという一つの服飾に社会規範やジェンダー観、生活感情が投影され、その表徴がくり広げられ続けていることをわたしたちは忘れてはならないだろう。

第4章 エチケットで身をたてる
――礼儀作法書にみる近世・近代フランスのモード

内村 理奈

第3章でみたように、処罰を伴う厳しい形で服装が規制されることもあるが、私たちは日々、より自律的に、性別や立場に合った服飾を身につける。その日の着こなしを考える際、意識的にも無意識的にも規範としているのが礼儀作法、エチケットである。エチケットを記した礼儀作法書は、フランスではもともと宮廷での立身出世を目指す、男性向けの処世術指南書の性格が色濃かった。宮廷社会が整いはじめる十七世紀になると、フランスをはじめヨーロッパ各地で礼儀作法書が大量出版されるようになり、それに記された服装規範も広まるようになった。こうした作法書は、特に宮廷貴族に、宮廷での社交生活で何を身につけどのようにふるまうかの規範を示していたために、身分社会を支える機能を果たしていた。しかしフランス革命を経て宮廷社会が消滅し、ブルジョワジーの時代になる十九世紀後半には、礼儀作法書は主に女性が読者対象となり、良き妻良き母として家庭生活を営んでいくための知識や、当時増えつつあった社交界デビューを控えた若い女性に向けての心得を説く、女子教育書とでも言ってよい特質を帯び、それが強化されていった。近世から近代にかけて、礼儀作法書の対象は、変化をとげてきたと言える。

このような礼儀作法書が、当時のファッション（本章ではフランス語のモードの語を用いる）と結びつくことなど、想像することは難しいかもしれない。しかし、礼儀作法とモードは、じつは緊密な関係にあった。礼儀作法書に記される一見見過ごされがちなモード情報には、服飾研究の側面から深く掘り下げることのできる内容が満載であり、そこから見えてくる世界は決して小さなものではない。これまで文学や歴史研究者などからも礼儀作法書は研究対象として注目されてはきたものの、服装規範の調査はほとんどなされなかったことから考えても、作法書の服飾記述については大いに検討の余地が残されていると思われる。

そこで、本章では、礼儀作法書をもとに、近世から近代にかけて、エチケットの対象が男性から女性へ変化していく過程を追い、その社会的意味を読み解きつつ、エチケットと重なって歩んできたモードの意味を明らかにしたい。十七世紀からはじまる礼儀作法書の歴史をたどると、十九世紀にかけて、その読者層や受容のされ方は変容したが、男女共にとって、それは一種の「社会的に上昇するための指南書」であり続けた。そして、そのことが明らかにしているのは、モードのひとつの重要な機能でもある。つまり、モードとは、いつの時代にあっても、世の中でより高いステータスを得て生きていくための不可欠な手段であったと思われるのである。

1　礼儀作法書の誕生から断絶、そして復活
—処世術書から家政書、女子教育書へ

ファッションにはルールがある。いつ、どのようなシチュエーションで、誰と会い、どこに出かけ、何をするかによって、私たちは服装を整える。ファッションには、いわゆるＴＰＯがあり、場合によっては、ドレス・コードなるものを理解し、考慮しなければ、社会的なルールをわきまえていない者として批判を受けることにもなりかねない。このようなことは、漠然とは知っているものの、今日においても、しかるべきシチュエーションにおいて、服装のルールを知らない場合もあり、常に私たちの頭を悩ませ続けていると言えるだろう。このようなファッションのエチケット、つまりドレス・コードは、いつに始まり、どのような歴史をたどり、いかなる意味を担って、今に至っているのだろうか。

その起源を厳密に定めることは難しいが、冒頭で述べたように、フランス社会の中で服装に関する礼儀作法が大きな意味を持ってきたのは、十七世紀のことである。[*1] 大量の礼儀作法書の刊行にともない、[*2] そこに記された服装規範について、同時代人が読み親しむことが可能になったのがこの時期である。これらの服装規範は、主に宮廷から広まり、将来宮廷人になるべく教育された貴族の子弟たちの間に広まったものであった。もちろん、これらの服装のエチケットを実際に見聞きすることが

可能である場合と、そうでない場合があったかもしれないが、宮廷の外の世界にも、エチケットに憧れ模倣する人びとは存在した。[*3] 特に礼儀作法を熟知している宮廷貴族の家内奉公人であれば、まさに「門前の小僧」のように、習わぬ作法を身につけるものもいたことであろう。このようにして、作法書に記された服装規範は徐々に広まり、流布していった。社会学者ノルベルト・エリアスの言葉を借りるならば、それを習俗が洗練されていく過程ととらえて「文明化の過程」と呼ぶこともできる。[*4]

つまり、十七世紀に量産された礼儀作法書は、本来、宮廷での立身出世を目指す男性向けの処世術指南書ともいうべき内容のものが多かった。[*5] 作法書を手にし、作法を身につけようと努力する者たちは、そこに記されている行動規範や服装規範を、まさに自分自身の身体に刷りこみ植え付けることによって、宮廷社会において認められる人物になろうと目論む者たちであった。それゆえ、礼儀作法書は、宮廷で求められ許容されるふるまいの規範を教えるという意味において、宮廷人にとってのバイブル的な書物であったにちがいない。[*6] アンシャン・レジーム期と呼ばれる、ルイ王朝の時代の多くの宮廷人は、これらの礼儀作法を、自明のこととして理解し、時機を逸さず、当たり前のように、ごく自然にふるまえる必要があった。

しかし、一七八九年に起こったフランス革命後のフランス社会においては、十七世紀から続く宮廷規範としての礼儀作法を、まさに旧弊な王政を基盤とした宮廷文化の象徴とみなし、排除していくことになる。[*7] つまり、礼儀作法の時代にいくばくかの亀裂が生じたのであった。アンシャン・レジーム期の礼儀作法は、今後の自由と平等を標榜していく新しい国家には、不要なものとみなされるようになった。[*8] その代わりに、共和国にふさわしい、今までとはまったく異なる新しい作法が必要となり、それらは、身分の上下を常に確認し、それを強固に維持させていくように機能する過去の礼儀作法とは決別するものでなければならなかった。これは当然のなりゆきでもあろう。アンシャン・レジーム期の終焉とともに、宮廷人たちの礼儀作法は消え失せ、革命期の礼儀作法書は、「共和国礼儀作法」civilité républicaine という言葉が書名に必ず現れるように、身分社会を基盤とし差異を創出していく作法ではなく、祖国の同胞たちとの自由と平等のための連帯を意識させるような作法に変容していた。[*9] もはや宮廷作法に見られるようなかしこまった大仰

図4-1　革命期の洒落者，アンクロワイヤーブル（「信じがたい」という意味）と呼ばれる男性たちの身なり．きちんと整えている様子とは無縁の，どこか投げやりで，美的に装うことを放棄したような姿をしている．《邪魔なしっぽ》ドビュクール画『ル・ボン・ジャンル』（1827）1931年（文化学園図書館・文化学園大学図書館所蔵）

な礼儀作法ではない。身なりを美しく整える必要もなく、むしろ、そのような行為を遠ざけようとする時代になったとさえ言われる。このことは、たとえば、革命期の洒落者であるアンクロワイヤーブルと呼ばれる男性たちや、メルヴェイユーズと呼ばれる女性たちの姿を確認すれば理解できるだろう。特にアンクロワイヤーブル「信じがたい」という意味」と呼ばれた男性たちの身なりは、図４－１に示すように、きちんと整えている様子とは無縁の、どこか投げやりで、美的に装うことを放棄したような姿をしている。革命によって否定された宮廷文化の象徴である図４－２や図４－３のような華やかできらびやかな宮廷衣裳を、真っ向から否定するものであったと言えるだろう。このように、革命期は、礼儀作法の時代

図4-2　革命によって否定された宮廷社会の華やかできらびやかな男性衣裳.《大礼服》ミシェル・モロー画『衣装の記念碑』1789年より（文化学園図書館・文化学園大学図書館所蔵）

図4-3　18世紀の宮廷衣裳.《王妃の館の貴婦人》ミシェル・モロー画『衣装の記念碑』1789年より（文化学園図書館・文化学園大学図書館所蔵）

にも、モードの歴史においても、大きな変化がもたらされていた。

しかし、その後、革命の混乱期を経て、王政復古の時代を迎えると、[*10] いま一度、旧来の礼儀作法と礼儀作法書は復活するのである。作法書は新たな形になって登場してくる。つまり、十九世紀の新しい裕福なブルジョワの間から、古き良き時代の礼儀作法を復活させる動きが出てきたのであった。その顕著な例として、後に述べる喪服のエチケットがあげられる。十九世紀初頭の礼儀作法書に見られる喪服のエチケットは、アンシャン・レジーム期そのままのエチケットが再録されていて驚くほどである。[*11] このようなアンシャン・レジーム期の服装規範の復活は、おそらく、ブルジョワ階級固有の事情によるものでもあった。つまり、自らの地位を保証してくれる血筋や家柄といった後ろ盾がないブルジョワ階級には、頼りない自らの出自や地位を、過去の伝統的な礼儀作法を体得し血肉にしていることを示すことによって、正当化し箔づけする必要があったと思われる。[*12] 自らが社会的エリートであることを、客観的に肯定させるために、礼儀作法による権威づけが必要だったのであろう。もちろん、十九世紀には、あの華やかなヴェルサイユの宮廷社会および宮廷文化は、もはや存在しない。復活した礼儀作法は、あくまでも、かつての宮廷貴族の礼儀作法ではなく、新しい時代を担うブルジョワたちの礼儀作法であったが、しかし、新しい時代の主人公であるブルジョワが、過去の産物として否定したはずの礼儀作法を、自らの正当化のために強く必要としていたのは皮肉であるとも言えるだろう。そうして、十九世紀に、再び、礼儀作法は黄金時代を迎えたのである。このことは、アラン・モンタンドンの作法書関連書誌、[*13] およびそのほかの研究文献からも明らかである。[*14]

十七世紀から十八世紀にかけて、フランスで出版された多くの礼儀作法書は、男性向けのものが大半を占めていた。アラン・モンタンドンの書誌をもとに、この時期に刊行された作法書の書名から判断すると、一六〇〇年から一六九九年までに刊行されたもののうち、明らかに男性向けのものは総数二三五件のうち八三件にのぼる。いっぽう女性向けのものは十四件にとどまっている。同様に一七〇〇年からフランス革命の一七八九年までの作法書では、総数二〇二件のうち、男性向けのものは六一件であるが、女性向けはやや増えたものの二五件にすぎない。[*15] 総数と比較すると、それぞれ少なく思われるかもしれないが、この時代の礼儀作法書は、従来の作法書研究の中でもよく言われているように、種々雑多なものが寄り集まっており、[*16] 残りの作法書の大半は読み書きを教えるものや話し方を教えるものが占めているからである。

ここで言う男性向けの作法書の書名には、明らかに男性が対象であることを示す、「男」homme、「紳士《オネットム》」honnête homme、「紳士《ジャンティヨム》」gentil homme、「宮廷人」courtisan、「殿方」seigneurs、「王子」prince、「息子」filsなどの言葉が書名に用いられているものである。女性向けの作法書として判断したのは、「娘」fille、「貴婦人」dame、「女、妻」femme などの言葉が用いられているものである。書名からは判断できないが実際の内容は男性向けに偏っているものなどを省いているので、男性向け作法書の件数は、実質的には右記よりも多くなる。また、これらの作法書は、多くの場合、複数の版を重ねていることを考えると、アンシャン・レジーム期の作法書は、男性向けのものがきわめて多かったと結論づけて無理はないだろう。

しかし、革命後十九世紀になると、礼儀作法書は徐々に女性が読者対象となっていった。同じくモンタンドンの書誌によると、革命期の一七九〇年から一八一三年までは、総数六七件のうち明らかに男性向けのものが六件、女性向けが十六件となり、女性向けがやや増加する。また両性に向けた作法書も増加する。書名に「両性」つまりl'un et l'autre sexeあるいはdeux sexesという語句が現れるようになるのである。このような書名は六件ある。作法書のうち、少なからぬ割合を子供向けのものが占めているが、十七世紀から十八世紀においてのそれらは、主に少年を対象としていた。しかし革命期から十九世紀になると、書名に「ふたつの性」deux sexesと記されたものが出てきて、男女両方の子どもたちに向けた作法書が誕生した。そのようなかたちで、女性が作法書の読者層として、徐々にクローズアップされてきたとも言えよう。

さらに革命の揺り戻しでもある王政復古期の一八一四年から一八四八年には、作法書総数九六件のうち、男性向けが十七件、女性向けが十一件であり、やや男性向けが盛り返してくる。また両性に向けたものもやはり存在しており、これらは八件である。そして一八二四年あたりから、書名に「規範」codeという語が現れるようになる。

その後、復古王政に決定的な打撃を与えることになった二月革命を経て、一八四九年以降一八九九年に至る時期になると、完全に男女は逆転し、総数二四六件のうち、男性向けのものは十八件であるが、女性向けのものは三四件に増加する。アンシャン・レジーム期とは反対に、書名に女性を示す語が使われていなくとも、たとえば、「社交界の慣習」usages du mondeという書名が使われているものの多くは、実際には女性の礼儀作法について多くのページを割くようになっていく。このように、十九世紀後半には女性向けの礼儀作法書が確実に増加していった。[*17] 十九世紀後半の作法書の書名には、「社交界の女性の規範」Code de la femme du mondeや「若い娘への教育」Enseignements des jeunes filles や、「あるべき妻の姿」La femme comme il la faut という語句が、しばしば現れるようになる。これらの書名からは、良き妻良き母として成長させるべく若い娘たちを教導していく女性教育がブルジョワ社会のなかで求められはじめたことや、その過程のなかで、当時増えつつあった社交界へのデビューを控えた若い女性に向けて、社交界の心得を説く必要が生じてきたという、女性を取り巻く社会状況の変化もうかがえる。

　このように、アンシャン・レジーム期の貴族の時代から、十九世紀のブルジョワの時代へという時代の変化の中で、礼儀作法書は、その意味が大きく変容し、読者対象も変わっていった。そして、それと同時に、そこに描かれる服装規範も変容していったものと考えられる。

　しかし、礼儀作法書のすべてが服装のことを述べているわけではなかった。むしろ、そのような作法書は、特に十七世紀の非常に雑多な作法書群のなかでは、一部にすぎないと言わざるを得ない。当時はどちらかと言えば、宮廷人の心構えや、キリスト教信者としての心構えを説く、道徳的なものであったり、哲学的なものであったりすることのほうが多かった。そして、じつは、数量的にもっとも多いのは、読み書きを教えるものや、話し方そのものや、話し方の洗練を目指す、いわば国語教育にかかわる書物群であった。これは、当時は、いまだ誰もが読み書きができるわけではなかったことにもよるのであろうし、もうひとつの理由は、十七世紀前半にみられた、プレシューズと呼ばれる才女たちのサロンでは、言葉の洗練を特に重視していたことにも関係するのであろう。[*18] それゆえ、従来の研究史の中で、服装規範が些末なものととらえられてきたのは、いたしかたなかった部分があるとも言える。そのような服装規範ではあるが、しかし、服飾研究の視点から見ると、ほかの史料からは得られない情報が豊富に記述されていると言えるのである。

2　モードと宮廷作法

まず挙げるべき点は、礼儀作法であり宮廷作法であった服装規範は、特に十七世紀においては、当時の服飾の流行《モード》そのものであったという点である。[*19] 本節では、このことについて、礼儀作法である服装規範が、いかにモードと密接にかかわっているものであったのか、モードの概念を十七世紀から十八世紀にかけて定義しつつ、整理してみよう。

十七世紀の作法書は、礼儀作法にかなう理想的な外見を提示する中で、いくつかの服飾を推奨することがあった。たとえば白いリネン類やリボンのような小物である。白いリネン類は、一六三〇年ごろから礼儀作法の中でクローズアップされてきた清潔のために欠かせない服飾であった。具体的には、襟元や袖口から見え隠れする「白い下着類《ランジュ》」、つまり麻や亜麻でできたシュミーズやレースなどの布類を身につけることが推奨されていた。また一六四〇年代を中心に見られた、ギャラントリー[*20]という、紳士として心得るべき作法には（現代人の感覚からすれば驚くべきことに）、リボンが不可欠であった。[*21] このようなリボンや白いリネン類の推奨は、作法の問題にかかわるだけでなく、当然、モードの領域の事柄である。

つまり、十七世紀において、礼儀作法とモードは連動していた。じつのところ、十六世紀から十八世紀にかけての礼儀作法書は、礼儀にかなう身なりをするためには、なによりもモードにしたがわせなければならない、と再三、説明するのである。そして、十六世紀から十八世紀、つまりアンシャン・レジーム期にあたる時期の礼儀作法書が、衣服をモードにしたがわせなければならないとしたのは、決して気まぐれな流行にまかせた服装を勧めているのではなかった。

たとえば、一六九〇年に出版されたフュルチエールの辞書を参考に、モードという言葉の説明をみると理解できる。つまり、当時のモードとは第一に、特に宮廷における慣例であったのである。

モード。慣例、生き方、物事のやり方。モードとは、時と場所に応じて変化する全てのもの。モードとは、特に宮廷の慣習にしたがった衣服の身につけ方のことを言う。[*22]

このように、十七世紀におけるモードとは、「宮廷の慣例、しきたり」であり、それに即した「衣服の身につけ方」であった。「生き方」とさえ記されている。換言するならば、すでに述べたように「処世術」と捉えることも可能であろう。この時点でのモードとは、服飾の流行でありながらも、流行というよりはむしろ、時代に適合した生き方であり、特に宮廷で求められていたエチケットにほかならなかった。[*23]

歴史家ルイーズ・ゴダール・ド・ドンヴィルも、その著書の中で、このことを指摘している。フランス十七世紀におけるモードとは、すなわち礼儀作法そのものを指していたのだと言う。[*24] ドンヴィルの指摘によれば、十七世紀のモードは新しい「慣例」usage にすぎず、慣例に同化しているがゆえに、当時の文献の中では、モードが肯定的にとらえられていることが多かったのであった。

このように、十七世紀の主だった礼儀作法書は、作法に適うためには、常にモードにしたがうように促している。礼儀作法書の元祖ともいえる、イタリアのカスティリオーネの『宮廷人』も同様で[*25]、十六世紀から、作法書の中では、常に、モードにしたがうことが求められ続けた。ニコラ・ファレは『オネットム、すなわち宮廷で気に入られる法』（一六三〇年）の「常軌を逸したモードの創造者に対して」という節のなかで、モードに関心を持つことの重要性を次のように主張する。

> 何にもまして、モードに関心を持つべきである。私は宮廷の若者の中に見られる軽率さを言っているのではない。彼らは放蕩者になるために、大きなブーツに体の半分を沈めてみたり、わきの下からかかとまでオ・ド・ショースの中に潜り込ませてみたり、顔全体をイタリアのパラソルと同じくらい大きな帽子の中に埋めてみたりしている。そうではなくて、大貴族や紳士たちの間で充分に認められていることにより、権威を与えられて、ほかの全ての人にとってまるで法律のような役目をはたすモードのことを、私は言っているのである。何であれ、とりわけ衣服のようにどうでもいいものについて受け入れられている慣習を、やっきになって反対しようとする者は気まぐれ者だと思う。紳士《オネットム》であるならば、このような気まぐれにおちいらないように。自分が成功できるのではないかと思って、新しい流儀を発明する変わり者になろうなどと思わないように。[*26]
>
> 〔傍点は引用者〕

もちろん、ファレが述べるのは、大貴族や紳士の間ですでに認められ、権威づけられている慣習としてのモードである。「法律のような役目をはたす」とさえ言われているように、ここで言うモードは、まさしくしたがうべき規範であったと言えるだろう。いっぽうで、気まぐれを起こして、新たなモードを生み出すのは、軽率な態度として認めない。作法書におけるモードとは、あくまで宮廷規範であるからなのである。

当時の代表的な作法書を著したアントワーヌ・ド・クルタンも、次のようにモードを重視している。

モードは絶対的な教師であり、彼女の元では理屈も曲げなければならない。もし作法（civilité）からはずれたくないのであれば、理屈をこねずに、私たちの衣服をモードが命じるものにしたがわせるべきだ。[*27]

このように、十七世紀において、モードと礼儀作法は、固く緊密に結び合う概念であり、ゆえに作法書はモードを肯定し、肯定するだけでなく、したがうべき規範として、声高に強調し続けているのである。

当時の文芸作品からも、このことはうかがうことができる。たとえばモリエールの喜劇は、同時代の社会を諷刺した作品群であり、たしかに喜劇としての誇張はあるかもしれないが、現実社会を映し出しているものとして捉えることができる。そのモリエールの『亭主学校』（一六六一年）第一幕第一場では、年も離れ、性格もまったく異なる、スガナレルとアリストという兄弟のモード談義から始まる。このなかで、兄アリストはモードにしたがった衣服を着ているのだが、弟のスガナレルは、やや時代遅れの衣服に固執している。アリストは、世の中の流れであるモードに合わせるのが賢明な人間の行動であると言って弟を諭すが、弟は聞く耳を持たない。[*28] 作法書がモードにしたがうよう求めるのは、アリストと同じ理屈であったと思われる。

たとえば、作法書を著した流行作家シャルル・ソレルは、新たなモードを生み出すのは奇をてらった行為であるものの、紳士であるならば、最新流行のものを身につけるべきであると、次のように言う。

衣服に関しては与えられるべき大原則があり、それはしばしば変化することと、常に可能な限りの最新流行のものであることである。［…］それが着心地がいいからと言って、もはや時代遅れになってしまったモードに執着する人は、善良なるガリア人か、過去の宮廷人と見なすべきである。次のように言うのはまったく滑稽だ。私はいつも襞襟をつけていたい。なにしろあたたかくしてくれるからね。私はつば広の帽子をかぶっていたい。太陽や風や雨から守ってくれるのだから。私には小さな膝当てのついたブーツが必要だ。大きいのは邪魔になるからね。[*29]

この文章は、『亭主学校』のスガナレルを批判しているかのようである。つまり衣服に関して守るべき大原則とは、モードにしたがうことにほかならない。時代遅れでもいけないし、先を行き過ぎてもいけない。たとえ、身体には不都合なものであるとしても、できるだけ最新流行でありながら、権威ある人びとに了解済みの衣服を、時機を逸さずに身に着けていること、それが肝心なのである。モードに合わせて、柔軟に変化できる感覚が求められた。つまり、今という時点において、権威ある人びとの中での最大公約数的な風俗にしたがうことが重要であり、それが当時のモードなのであった。

しかし、十七世紀後半に至ると、たとえば、ラ・ブリュイエールは、モードを常に移り変わる軽率なものであると考え、批判した。流行を追って右往左往するのも、またそれを拒むのも賢明ではないと主張するのである。

　馬鹿な気取った男は、長い帽子をかぶり、肩飾りのついたプールポワンを着こみ、飾り紐のついた半ズボンに半長靴をはいている。彼は毎晩、明日はどの点でどんなにして人目をひこうか工夫をこらす。ただ哲学者はその仕立て屋が着せてくれるままになっている。流行を避けるのも、これを追うのとおなじくやはり気取りである。ひとつの流行が前の流行を骨折って滅ぼしたかと思うと、それがさらに新しい流行に打倒され、それが、また次に来る流行に負ける。しかもこの流行もまた最後のものではないのである。我われの軽佻さはだいたいこんなものである。*30

じつは、このように十七世紀後半から徐々にモードは批判的に捉えられるようになり、十八世紀にかけてモードの意味は変容していく。つまり権威ある規範としてのモードから、女性の気まぐれに支配された流行という意味に変化した。そして、作法書は、手を返したようにモード批判もはじめるのであった。

以上のことを、あらためて、当時のフランス語辞書で確認すると、次のようである。まず、中世においては、モード mode は「流儀」manière および「慣習」usage を指し示している。[*31] それが十七世紀になると、フュルチエールの辞書に見るように「慣習、生き方」という過去の意味内容も残しつつも、「宮廷で受け入れられている慣習に従った衣服の身に着け方」という意味を持つに至り、[*32] ゆえに、こ

図4-4　18世紀の気まぐれにまかせた服飾の流行
画家・版画家不詳《オペラに行くフランスの婦人》
1770年頃
出典：『モードと諷刺：時代を照らす衣服ールネサンスから現代まで』栃木県立美術館. 1995年. 81頁, 図36

の時代において、モードは宮廷の服装規範そのものを指していた。しかし、これが一七六二年のアカデミー・フランセーズの辞書においては、「人びとの趣味や気まぐれにしたがった事物の慣習」という意味に変容した。[*33] 十七世紀において、宮廷規範と同一視され、いわば権威づけられていたモードが、一七六二年になると、単なる「気まぐれ」の産物であると見なされるようになっているのである［図4-4］。一七六二年まで待たずとも、たとえば、モンテスキューの『ペルシア人の手紙』（一七二一年）には「ちょいとパリから半年ほど田舎へ行っていた女たちは、まるで三年も留守をしていたように流行遅れになってしまう」[*34] と述べられており、一七二一年の時点においてすでに、モードがきわめて移ろいやすく気まぐれなものとして受け止められていることがうかがえる。またそのようなモードの中心がパリであり、その担い手の中心が女性になってきていることも、この文章ははからずも明示している。ディドロの『百科全書』においても、モードは女性の服装にかかわることとして定義されている。[*35] このように、宮廷規範であったモードは、十八世紀後半に向かって、女性の服装の流行として大きな変化をとげるのであった。

たとえば、ジャンリス夫人の文章をみてみよう。これは、一七八二年の著作の中で、モードについて語られたものである。

　モードはあなたにきれいな外見を与えることはできました。しかしそれは気まぐれと発作によるものでしかないのです。[*36]

モードは十八世紀後半に向かって、徐々に道徳家の間で否定的に捉えられていく。礼儀作法から乖離していくと言っても良い。しかし、十七世紀の後半までは、モードはしたがうべき宮廷の慣習という意味を色濃く持っていた。宮廷人にとって、模範とするひとつのモデルであり、十七世紀のモードは宮廷規範そのものなのである。このことを、まず指摘しておかねばなるまい。

アンシャン・レジーム期の前半、特に十七世紀において、服装規範は、モードそのものと重なっていたのは明らかであろう。そして礼儀作法とモードが、おたがいに絡み合って存在していたからこそ、作法も、モードも、大きな影響力をもっていたのではないだろうか。

3　身分社会を支える男性の規範《コード》とモード（十七世紀）

礼儀作法つまり規範《コード》とモードが、ほぼ重なって絡み合って存在していたことが何を意味するのか、具体的な作法書を挙げながら、検討することにしよう。

すでに述べているように、十七世紀の礼儀作法書のすべてに服飾に関する記述が見られるわけではない。[*37]服装規範が記される作法書は、キリスト者の心構えを説く形式のものと、社交作法を教える形式のものうちに見られるが、それらの多くは、道徳や人間の内面の問題を主に扱っている。それらとは別の、具体的な事例について、実際に役立つ情報を詳細に論じた実用性重視型の作法書の中に、服装に関する記述が見られる。そのため、むしろ服装規範について記した作法書は全体の中ではごくわずかであった。とはいえ、これらは何度も重版され、模倣書が出るなどの影響力をもった作法書であるため、その影響力がきわめて大きかったことは疑いの余地がない。

十七世紀から十八世紀にかけての代表的なものは、以下の五書である。*38 ニコラ・ファレ（一五九六？―一六四六）の『オネットム、すなわち宮廷で気に入られる術』（一六三〇年）、シャルル・ソレル（一五八二―一六四六）の『ギャラントリーの法則』（一六四〇年）、アントワーヌ・ド・クルタン（一六二二―一六八五）の『フランスにおいて宮廷人の間でおこなわれている新礼儀作法論』（一六七一年）および『現行の作法に従い、体系的かつ正確な方法を新たに記した礼儀作法論』（一六八一年）、そしてジャン・バティスト・ド・ラ・サル（一六五一―一七一九）の『キリスト教信者の礼節と礼儀に関する法則』（一七〇三年）である。書名から想像できるように、宮廷作法を説いたもの、キリスト教信者としての心構えおよび作法を記したものということができる。ファレとクルタンの作法書が、宮廷人になっていく男性の、立身出世の道を実践的に論じている処世術書であることは、すでによく知られている。ソレルの『ギャラントリーの法則』はすこし異色の作法書だが、当時の流行現象であり美意識であるギャラントリーを体現する紳士「ギャラントム」になるためには、どのようなことを身につけている必要があるか、説いているものである。要するに、処世術書的な性格が強い。

以上の作法書の中で、服装規範は記された。なかには貴婦人の作法を含むものもあるが、内容の多くを占めるのは、紳士の作法であった。そして、その服装規範の中で、もっとも注意を要したのは、清潔にかかわる問題と、服装の着脱の問題である。服装の着脱に関しては、帽子の作法がもっとも重要な作法として記されている。

ここでその詳細を論じることは控えるが、[*39] 清潔にしろ、帽子の作法にしろ、留意しなければならないのは、「自らの身分にふさわしい服装に整える」ことであった。このことが作法においてもっとも重要なことであったのである。

まず、清潔 propreté は、十七世紀に生まれた概念であるが、現代のわれわれが考えるような「汚れのない状態」や「衛生的な状態」というよりはむしろ、「身分にふさわしく外見を整えること」であった。これは、現代人のわれわれには理解しにくいことであるが、たとえば、当時の作法書は次のように述べるのである。

清潔でありたいと思うなら、衣服を自分の体格と、身分と、年齢に合わせるべきである。[*40]

これは、アントワーヌ・ド・クルタンの『フランスにおいて紳士の間で行なわれている新礼儀作法論』（一六七一年、一六八一年）による清潔に関する説明であり、当時の一般的な清潔の考え方であった。

また、当時の服装規範の根幹をなしたと言ってもよい帽子の作法では、もっとも注意をはらうべきことは「自らの身分より高い人や、敬意を払うべき事物に遭遇した時には脱帽をする」ということであった。これは、現在も「脱帽」という言葉が残っているように、帽子を脱ぐこと［図4-5］が深い敬意を表すということである。実際、十七世紀の帽子の作法は、あまりに微に入り細にうがった内容であるため、時に混乱がおきたり、同時代人でさえ、たとえばモリエールのような劇作家はそれを揶揄することがあった。[*41]とはいえ、人間の身体部位のうち、頭部をもっとも重視するという中世以来の考え方が続いている中で、帽子の着脱の問題は日常生活での重大な関心事になっていたのである。

以上のように、十七世紀という、強固な身分社会が築かれようとしていた時代の中で生まれた服装規範は、宮廷作法を軸にしているからこそ、他者に遭遇したときに相互に身分を確認し、身分を確認しながら、それを再生産していくものになっていたと言える。そのような意味で、十七世紀の服装規範は、身分社会を日常レヴェルで下支えする、有効な手段になっていたと言えるのである。処世術でもあるこれらの規範を身につけたものは、社会的エリートである宮廷人として認められ、身分の階梯を上っていくことも、場合によっては、可能だったのかもしれない。

図4-5　17世紀の帽子の作法
ジャック・カロ画『ロレーヌの貴族』1624年より
（文化学園図書館・文化学園図書館大学所蔵）

このように十七世紀には、服装規範によって、身分が可視化され、肉体はその身分にふさわしくふるまうようにもとめられていたと考えられる。そのようにして、アンシャン・レジーム期の礼儀作法は、モードの力を借りることによって、より身体化されることとなった。そして実際に身体化することができた者のみが、身分の上層に昇っていくことができたのではないだろうか。それが、この時期の、作法とモードの関係であり、それらの意味である。したがって十七世紀に増えてきた礼儀作法書にみられた服装規範は、身分社会を支えるためのものであり、モードにもそのような機能が備わっていた。このことが、この時代の大きな特色であろう。

4　家庭生活を支える女性の規範《コード》とモード（十九世紀）

礼儀作法の第二の黄金期は十九世紀に現れ、その後半期には、女性の服装規範が微に入り細にうがった内容で記されるようになってきた。女性の規範の時代が到来である。本節では、女性の規範《コード》とモードとのかかわりを具体的に検討し、十九世紀のモードの意味を読み解くことにしよう。

十九世紀は女性の規範の時代と述べたが、もちろん、十九世紀の前半には、ダンディスムの美学が生まれ、男性の服装は表立った装飾はなくなるものの、きわめて高度な美的配慮を必要とされるものになっていた。十七世紀のような外見的にすぐにわかる配慮ではなく、燕尾服のように黒一色の禁欲的な服装ながらも、そこには計算されつくした洗練された美意識が必要とされた。*42 のちに現在のネクタイのかたちに変化していくクラヴァットという襟飾りの結び方はもちろんのこと[*43]、男性の美意識の追求、および服装規範は、ひとつの頂点に達したと言ってよい。そのことを示すように、十九世紀初頭の作法書は、やはり男性向けのものが、まだ多数を占めていた。男の美学は、ダンディスムという形で、十九世紀初頭にひとつの完成形を迎える。それは、あたかも、貴族社会の有終の美のような世界であった。そして、以降、男性は自分自身の身を飾りたてるのではなく、ヴェブレンの言う「眩示的消費」のように[*44]、細君の衣装の豪華さで、自らが社会的エリート層であることを間接的に示すようになっていくのである。このことは、多くの研究者が述べている通りである[*45]。

このように、男性の服装規範がダンディスムというかたちで、頂点に達したのちに、女性の服装規範が生まれてきた。十九世紀後半、女性の服装規範が大きな意味を持ってきたのは、良き娘、良き妻、良き母として、女性を教育していこうとする新興ブルジョワ社会の内部に生まれた力学によるのであろうが、それは、女性の日々の生活のレヴェルから、女性の人生全般に至るまで、ひとつの規範でコントロールしようとするものであったということができるだろう。

当時の女性の服装規範を検討してみると、おもに三つの観点から形作られていた。第一に、日々の生活時間にあわせた服装である。つまり、朝起きて化粧をするとき、食事をするとき、訪問客を受け入れるとき、夕食時、などというように一日の時間帯にあわせた規範が存在している。淑女は日に何度も服装を整えるというわけである。第二に、若い娘が社交界でのデビューを果たすための服装のエチケットが存在した。社交界でデビューをしたあと、そこに待っているのは結婚である。社交界でのエチケットとは、すなわち、良き伴侶を得るために必要な服装規範であった。そして、第三には、女性の人生のさまざまなライフステージに合わせた、服装の規範が生まれていた。女性向けの作法書に記されている項目は、多くの場合、人生初の聖体拝領《コミュニオン》、結婚、出産、死（喪服）と決まっており、生まれてから死に至るまでの人生のさまざまな局面にかかわる規範が記されているのである。

じつは、アンシャン・レジーム期の主な作法書には、ライフステージにあわせたエチケット、つまり結婚や出産や死にまつわるエチケットが記されるものはなかったと言ってよい。なぜなら、すでに述べたように、当時の作法書は、紳士が宮廷で出世していくための処世術指南書であり、いわば公的な性格が強かったからである。いっぽう、十九世紀後半に現れた作法書では、私生活をいかに生きていくか、特に女性に関しては、結婚生活をどのようにうまく営んでいくか、という点に力点が置かれている。そのためか、結婚にまつわるエチケット、つまり、結婚に至るまでの決まりごとや、婚礼衣装の詳細や、披露宴をどのようにとりおこなうかなどが、事細かに記されるようになる。同様に、近親者の人生の最期に接した際のエチケットも重視されている。かつて、アンシャン・レジーム期には、喪服に関する規定は、公的機関から発布される年鑑に記されたものであった。[*46]王権が生きていた当時、喪服に関するエチケットは、王家同士の交際、つまりは外交にかかわる重要事項であったために、その前年に亡くなった著名人や王家の人びとの死亡通知とともに、その年、どのように、どれくらいの期間、何色の喪服を身につけるべきなのかが、事細かに年鑑に記されて発布されたのである。しかし、十九世紀になって、喪服のエチケットは、家庭生活のなかで大きな意味をもつものになってきたのであろう。もしくは家族同士のつきあいを基盤とする社交生活に必要不可欠になったのであろう。そのような変化からか、礼儀作法書の中には、結婚の際のエチケットや、出産時のエチケットなどと並んで、当然のように、死にまつわるエチケットが記されるようになった。その意味では、アンシャン・レジーム期には存在しなかった、私生活および家庭生活を中心とするエチケットが、十九世紀後半には、重要視されるようになったと言える。エチケットがドメスティックな性質をもつものに変容している。

多くの女性たちが、日々の生活の営みの中でも、長い人生の道のりの中でも、したがうべき模範の道が、この時期の礼儀作法書には明確に示された。しかも、かつて、アンシャン・レジーム期の紳士の服装規範は、礼儀作法書のすべてに記されたわけではなく、限られた実用性重視の作法書にのみ記されたものだが、この時期の女性を対象にした作法書には、ほぼすべてに服装規範が詳細に記されていると言ってよい。それらは、たしかにささやかな、あるいは表面的な服装の規範にすぎないのかもしれないが、実際には服装という身体にじかに触れるものを通して、女性の生き方そのものをコントロールし、作法書が理想とする、ひとつの決められたレールの上を歩くよう導くものでもあった。このように、十九世紀後半から、女性の人生は、服装の規範によって、明らかに躾けられることとなったのである。そして、それらは、一面では、未来の夫、あるいは現実の夫が望むであろう姿であり、フランス近代社会が主婦に求める姿であったと思われる。

女性の規範は数多く存在したが、本節では、女性のライフステージのなかでも特に重視されたと思われる、結婚（結婚に至るまでと結婚そのもの）と死にまつわる服装規範を取り上げ、具体的に論じることにしよう。

結婚にまつわるエチケットの誕生

十八世紀までの作法書に、結婚にまつわるエチケットは、ほとんど記されることはなかった。もちろん、十八世紀にも婚礼衣装は存在していたし、当然結婚にまつわる儀礼もおこなわれてきたはずであるが、礼儀作法書に限って言うならば、十九世紀になってはじめて、結婚のエチケットが誕生した、あるいは明文化されたということができる。その詳細を以下に見ていくことにしたい。

たとえば、代表的な作法書類をいくつも刊行したスタッフ夫人の作法書の中から、『社交界の慣習』*Usages du monde*（一八九三年版、一八八九年初版）を見てみよう。『社交界の慣習』は、モンタンドンの書誌によれば、一八九九年までの十年間に実に一三一版を重ねているとされており、広く読み親しまれた大ベストセラー作法書である。

『社交界の慣習』における「結婚」の章は、次のような項目が並んでいる。まず「事前交渉について」「結婚の申し込み」「婚約」「（婚約時に男性が女性に贈る）、花籠《コルベイユ》、結婚の契約」「結婚の法的、宗教的手続きについて」「民法上の結婚式《マリアージュ・シヴィル》（社交界の慣習）」「宗教上の結婚式《マリアージュ・ルリジュー》（社交界の慣習）」「結婚披露宴」「新郎新婦の付き添いの役割」「結婚の際の男性の服装」「結婚後」「再婚」「年配女性の結婚」「銀婚式」「金婚式」という具合である。ここでは、後半の、再婚や年配女性の結婚などの項目については割愛して、若い男女が結婚式に至るまでの規範を中心に見ていくことにしよう。

まず、結婚に至るための若い男女の出会いは、多くの場合、社交界、つまり舞踏会《バル》や劇場などで、そのきっかけがつくられている。「結婚」の章では詳述されていないが、『社交界の慣習』の中ほどのページでは、「舞踏会」の章が設けられ、そこでは舞踏会について詳しい解説が記されている。[*47] その説明によると、さまざまな種類の舞踏会があり、「白い舞踏会」「バラ色の舞踏会」「サクラソウの舞踏会」「花の舞踏会」「仮装舞踏会」などがある。「バラ色の舞踏会」や、「サクラソウの舞踏会」、「花の舞踏会」などは、これらの花々を身につけたり、舞踏会の随所に花を用いたり、その花の色の衣裳を身につけておこなわれた舞踏会である。「仮装舞踏会」はアンシャン・レジーム期からおこなわれてきたものであるが、仮装用のマント《ドミノ》を身につけたり、仮面をつけたり、あるいはまた、まさしく仮装をおこなって踊る舞踏会である。そして、なかでも結婚に直接かかわる舞踏会は「白い舞踏会」で、これは、婚約している男女のみが参加するもので、女性は白いドレスを身につけ、男性はボタン穴に白い花を挿して参加するものと説明されている。この舞踏会の場合には、すでに婚約が交わされている男女に限られたものであるが、そのほかの舞踏会は、これから結婚する男女の新しい出会いの場になっていた。

とはいえ、男性が未来の花嫁候補を見つけ、結婚を申し込みたいと思った場合に、直接本人に申し込むことはできなかった。直接申し込むというのはきわめて不作法であり無粋であるとみなされており、年長者を介して、女性の父親や彼女の身内の男性の年長者の許しを得なければならない。そのような段階を経て、正式に結婚を申し込むことになる。無事婚約を交わす日取りが決まると、その日の朝、男性は婚約者の家に、「最初の」花束を贈り届ける。これは、白い花が中心で、中に未来の花嫁が好きな色の花を混ぜこみ美しく整えた花束である。そして、この日から、結婚の日まで、彼は毎日、花束を女性宅に届けることになるのである。花束以上に重要なのは、当然のことながら、婚約指輪である。婚約指輪は男性から女性に贈られるのだが、その指輪について、スタッフ夫人は次のように説明している。

男性が自分で指輪を持参しなければならない。彼はそれとなく未来の花嫁の好きな宝石について調べておく必要がある。というのは、決して行きあたりばったりに、この指輪を買ってはならないからだ。婚約者の中には真珠の指輪を恐れる者もいる。なぜなら、真珠は女性の涙を予兆させるものであるからだ。その優しい色と意味のおかげで、トルコ石を好む者は多い。つまりこの宝石は「不変」と「真実」を意味している。オパールは非常にきれいでありきたりなものではないが、心変りがしやすくなると言われている。オパールは、身につける人の気持ちしだいで、赤くなったり、火の色が消えたりというように、色が変わるからである。同じように、決してエメラルドを贈ることはない。では、なぜ処女の宝石と呼ぶのだろう？　色が変わるアクアマリンは、その美しさにもかかわらず、まったく選ばれることはない。この宝石は悪をもたらすと考えられており、婚約の縁起担ぎを真っ向から妨害するようなことは、このような日にすべきではないからだろう。*48

このように、婚約指輪に選ぶ宝石については細心の注意が必要である。まず婚約者である女性の好みの色の宝石を調べておくのが肝要であるとされているが、それ以上に、結婚の縁起を担ぐような意味を持つ宝石である必要があった。スタッフ夫人がそれぞれの宝石についておこなった説明は、中世来の宝石の意味や色の意味に由来しているように思われる。まるでかつての『鉱物誌《ラピデール》』に書かれた宝石の説明のようである。特に、真珠が涙の意味をあらわすのは、中世来の伝統にほかならないのだろう。[*49]

婚約式の服装は次のとおりである。

女性は明るい色のドレスを身につける。つまり、やわらかなバラ色か、天上の青色、オーロラ色のリボンをつけた白い色のドレスである。［中略］男性はほかの男性と同様に、イブニング、つまりアビを身につける。[*50]

男性については色の指定はないが、女性は明るい色の衣裳と指定されている。スタッフ夫人の作法書にみる限り、結婚にはバラの花は似つかわしいようである。ここでも婚約する娘にふさわしい色は、バラ色、天上の青色、オーロラ（曙）色、そして白と決まっている。このようにして、無事に婚約が済むと、この日から、先述のように、男性は毎日、花束を送り届け、婚約した娘は、それで室内の調度品などを飾るようになるのである。

さらに結婚の段取りが進んで、結婚契約を結ぶ日には、男性から女性へ結婚の贈り物、つまり花籠《コルベイユ》が贈られる。花籠に盛られているものは次のようであった。

花籠は結婚契約にサインをする日の朝、届けられる。その中には、サテンやビロードなどのドレスが入っている。黒と白のレースや、もし男性の先祖が持っていたものがあるのであれば、先祖代々伝わるレースや、現代の宝飾品や、家族が持っている宝飾品、カワウソのマント、ニジキジ［鳥の羽］の帯や、ドレスや衣服のための独創的な装飾品も入っている。それらの確かな質の高さは、その驚くべき美しさとともに、特別の好意のしるしであることを明かしている。そして、これらの衣装の下には、金貨（新貨）が詰まった小袋《オーモニエール》が隠されており、複数の扇や、中世の傑作を模した時禱書も入っているのである。*[51]

男性から贈られる花籠は、新しいものだけでなく、家族の一員になる女性に対し、自分の家族の歴史を語るような美しく高価な服飾品を送り届けるのである。自らの血筋の由緒正しさを示すものでもあるし、その家族として女性を迎え入れることを示すものでもあったのであろう。もちろん、本人およびその家族の財力を示すものでもある。また、この花籠の箱は白く美しい箱であった。そして、このような花籠の贈り物と、花嫁衣装、および、白い下着類は、多くの場合公開されたものであるが、特に下着類の陳列は、婚約者のふたりにとって、恥ずかしく耐えがたいものでもあった。

そして結婚契約を結ぶ際には、女性は、娘として身につける最後の衣装である、簡素で明るいきれいな衣装を身につけた。*[52]このとき、未来の夫からもらったばかりの宝飾品は、まだいっさい身につけてはならなかった。

このような婚約の儀式がおこなわれたのちに何日かたってから、結婚式がおこなわれる。それは、いわゆる役場などで執りおこなう「民法上の結婚式」と、教会で執りおこなう「宗教上の結婚式」であった。スタッフ夫人によれば、まず「民法上の結婚式」をおこない、その二、三日後に「宗教上の結婚式」をおこなうのが常識的であるという。この二種類の結婚式それぞれの服装規範が示されているが、「民法上の結婚式」のほうが簡素なものであったようだ。これは、現在も変わらないと思われる。「民法上の結婚式」では、女性は「エレガントではあるが、彼女の婚礼衣装のうちの、簡素な町着を身につける」と説明されており、男性は単に「アビを身につける」とのみ記されている。*53

いっぽう、「宗教上の結婚式」は次のような装いである。

新婦は比較的簡素な衣装を身につける。われわれの浅見では、ダイアモンドを身につけるのはやりすぎであり、同様に、豊かで重みのあるレースも避けたほうがよいだろう。新婦の装いは処女らしく、豪華であってはならない。冬季は長い襞のついたサテンのドレス。夏季には、やわらかで光沢のあるインド・モスリンの軽やかな毛織物。オレンジの花が芳香を放っている花冠には、ミルテの花と白いバラの花を加えるのがよい。これこそヴェールの雲の下にある、もっとも愛らしい飾りではないか？　さらに、花嫁の首もとには一本の真珠の首飾りを加えよう。アランソン・レースとイギリス・レースと同様に、きらめく白い宝石がしばしば新郎新婦を飾り、夫の紋章と新婦の紋章が結ばれてヴェールの隅に刺繍されていることがあるが、私たちの感覚では、これは正しいエレガンスではないと思う。新郎はアビか、もし軍人であるなら上等の軍服を身につけるのがよい。*54

「民法上の結婚式」よりいくぶん華やいだものではあるが、あまりに華美なものは結婚式にはふさわしくない、と考えられたようである。それは、処女らしい素朴な美しさが求められたからなのであろう。そして、婚礼衣装は、白色と決まっているわけでもなく、基本は娘らしい簡素な優雅さが求められた。また新郎は、軍人であるならば、軍服が婚礼衣装にふさわしいと考えられていた。軍服が正式な礼服であったということであろう。別の項目のなかでも、結婚式での男性の衣装について説明が記されており、それは次のようである。

婚礼の行列に参列する男性は、アビを身につけ、白いクラヴァットをし、明るいベージュ色の手袋をはめる。新郎と男性の付添のみが、白い手袋をはめる。*55

つまり、新郎は特別な衣装を身につけたわけではないが、ほかの男性とは、白い手袋をはめていることで区別されていた。

結婚披露宴の衣装については、特に礼儀作法において守らなければならない事項は記されていないが、地方や城館でおこなう結婚披露宴のなかには、新婦が白いドレスを身につけて参列する場合があると述べている。*56

以上が、十九世紀の社交界における結婚をめぐる服装規範である。服飾にまつわる規範のなかで特に重視された部分は、婚約指輪のエチケットと、「宗教上の結婚式」における女性の衣装における処女性の表現であった。結婚に至るまでの段階がいくつも設けられることで、結婚までの敷居を高くしているようにも思えるが、結婚にまつわるセレモニー自体は、女性の結婚後の幸せを願い、女性の純潔を表象し演出することが求められたのであろう。このようなことが明文化されたのは、十九世紀になってからのことである。結婚に明確な規範が入り込んできたとも言えるし、あるいは、結婚までの道のりをみごとに物語化させたと言ってもよいだろう。社会的に認められ経済的にも豊かなパートナーを得る結婚は、当時の女性にとって成功物語でもあったろう。それゆえに、二重三重に、サクセスストーリーとしての演出がなされ、まさしくシンデレラ・ストーリーに重なるような、結婚までの物語を、女性はひとりひとりが演じることになったとも言えるのではないか。

死にまつわるエチケットの一般化

いっぽうで、死にまつわるエチケットはどのようなものであったろうか。喪服のエチケットを見てみることにしよう。先に述べたように、アンシャン・レジーム期には喪服の規定は、公的機関から発布される年鑑を通じて通知されたものであった。しかし、十九世紀になって、喪服のエチケットは作法書に記されるように変化した。たとえば、一八二八年発行の『市民の規範』*Code civile* には、男女の喪服に関するエチケットが記されている。[*57] その内容は、アンシャン・レジーム期さながらの喪服の規定が作法書に掲載されている。アンシャン・レジーム期においてはもちろんのこと、アンシャン・レジーム期の喪服の規範を踏襲した十九世紀初期の喪服のエチケットにおいても、寡婦の喪服は際立って厳密であった。しかし、寡婦だけのことが述べられていたのではなく、両親や祖父母、兄弟姉妹など、近親者に対する喪服についても、すべて同等に記されていたものであった。ここでは詳述はしないが、[*58]『市民の規範』の内容を見ると、十八世紀の喪服規定と寸分違わない内容が再録されている。

これが、十九世紀後半になると女性向けの作法書が増加するということもあり、女性の喪服規範ばかりが目立つようになるのである。

先に引用したスタッフ夫人の『社交界の慣習』（一八八九年）では、寡婦の喪服の規範についてひとつの項目を設けて、詳しく記されている。つまり、十九世紀後半には、寡婦の喪服のみが別項目にして特別に取り上げるべき対象となってきたかのようであった。その内容を見てみよう。

寡婦の服喪期間はもっとも長い期間におよび、二年間続く。厳格な大喪服《グラン・ドゥイユ》は、丸一年間続く。つまり、無地の毛織物のローブに、イギリス製の縮緬で覆う。帽子には、顔に覆いかぶさる長いヴェールをつけ、三角形のショールを羽織る。靴下は黒く、麻糸か毛糸のものにする。手袋も同様である。家のなかでは、ボネ［縁なし帽］かあるいは寡婦用のかぶりものをかぶる（髪の毛は覆い隠さねばならない）。そして、宝飾品は禁じられている。固い木製のものでさえそうである。服喪期間の第二期の最初の六ヶ月間は、縮緬はガーゼに替わり、メリノはあまり地味ではない布に替わる。無地のグレナディンシルクや、ヴェールや、軽い毛織物である。装飾品はまだ簡素なものを用いる。絹か革製の手袋をはめる。ショールの代わりには、ジャケットや、ローブと同じ布地のマントレを羽織る。ジェットの宝飾品を身につけてもよい。最後の六ヶ月は次のような時期に分かれる。三ヶ月間は、黒いレース、絹、ルーシュ、ジェット刺繍の時期である。次の六週間は、白と黒の布地、白いレースの時期である。そして、それ以後の期間満了までは、灰色、濃い紫色《プルーン》、三色菫色、藤色《ライラック》（色彩のグラデーションをしっかり守らなければならない）を使ってよい。

そして、最後の二週間は花が許される。マツムシソウ、菫、三色菫、ツルニチニチソウである。そして宝飾品に関しては、真珠とアメジストを用いてよい。[*59]

スタッフ夫人によれば、十九世紀後期には、アンシャン・レジーム期の一年半とされた寡婦の喪服期間よりもさらに延長され、二年間、喪に服さなければならなかったことになる。その期間は、最初の一年、次の六ヶ月、その次の三ヶ月、その次の六週間、そして、その後の期間、最後の二週間というように、過去の時代よりも区分が細分化している。喪服の布地に関しては、毛織物から始まり、絹へ、そして、黒、白を含む時期、と推移する。このことは十八世紀と変わらない。[*60]十九世紀後半になって新しく加わっているのは、紫系統の色調である。色名が花の名前で表わされ、最後の時期に現れてくる。大事なことはグラデーションを考慮することと記されている。同様に許される花そのものも、紫系統の花であり、アメジストも紫色の宝石である。

このように厳密な二年間の服喪期間があるのだが、しかし、この期間が過ぎた後も、すぐに、一般的な服装に戻れるのかというと、そうではなかった。次のような、弾力的な移行期間が存在した。

服喪が終わっても、ほかの人びとと同じような服装をする前に、さらに軽い移行期が存在する。寡婦は、控えめで、特徴がなくくすんだ色合いを身につけることから始めなければならない。ジルコンやダイアモンドを宝石箱から出し、寡婦は、髪の毛にキクの花（何色でも良い）を飾る。なぜならこの花は寡婦のための花であるからだ。[*61]

寡婦は二年間の服喪期間を終えても、すぐに通常の女性の服装に戻れるわけではなく、少しずつ時間をかけて喪が明けていくのである。服装で未亡人であることが明らかにされるばかりではない。名前が呼ばれるときにも「未亡人になられた、○○夫人」という呼び方がおこなわれていた。

以上のような、非常に繊細な配慮が必要とされる喪服の規範は、寡婦に限られたものである。夫を亡くすことは非常に重いことと考えられていたのであり、そのことを、夫を亡くした女性は、しばらく喪服を身につけることで背負い続けるのである。あるいは、喪服を通して、心と体に刻み続けていなければならなかった。それを本人が望んでいるのであれば、悲しくも美しい服喪姿として本人も受け入れたかもしれないが、望んでいない場合、あるいは、すでに次なる新しい夫候補者がいる場合には、息苦しく、押し付けられた規範と思われることもあったかもしれない。実際、妻を亡くした夫の場合にも、同じ二年間の服喪期間が設けられているのだが、この寡夫の二年間は、多くの場合、次なる新たな結婚によって終わりを告げるものだ、とスタッフ夫人は皮肉にも記している。[*62] いずれにしても、寡婦の喪服にはきわめてデリケートなエチケットが存在し、期間も長く、決まり事も多かった。理想的な妻は、夫の死後も、夫にしたがう存在として期待され、このこともまた礼儀作法によって演出されていたと考えられるのである。

5　服装規範の意味の変容とジェンダー

このように見てくると、十七世紀から十九世紀という長い時間的スパンのなかで、ひとつの変容と共通点が見えてくる。アンシャン・レジーム期の服装規範は、宮廷社会でのルールであるがゆえに、いわば社会的なものであり公的な色合いが強かったと思われる。そしてそれがモードと連動あるいは同一であったことを考えると、モードもきわめて公的なものとして機能していた。

いっぽう、十九世紀後半になると、服装規範は、家庭内部での事柄に重点が移ってきている。規範が、より私的な世界に侵入していったということになるのかもしれない。あるいは規範が、家庭生活を支配するようになったとも言えるだろう。これを、家庭生活の社会化あるいは社交生活化と呼ぶこともできようか。あるいはまたくり返すが、公的に権威づけられている規範を家庭生活に取り入れることは、自らの家庭がエリート社会の一員であることを証明するもの、裏づけてくれるものとしても機能していたと言うこともできるだろう。その結果、社会規範として機能していた服装規範が、家庭内の私的な規範に変容していったと考えられる。

さらに、十七世紀から十九世紀という世紀を超えた長い期間のなかで、あえて共通する部分をあげるとするならば、それは、いずれの時代も、男性が中心の服装規範であれ、女性が中心の服装規範であれ、礼儀作法とは、平たく言うならば、その社会で重視されている誰かに「気に入られる」plaireためにおこなわれてきたものであるということである。

十七世紀初頭に現れた美意識ギャラントリーは、一言で言えば、社交界、つまり貴婦人たちのサロンで、女主人である貴婦人に「気に入られる」ことを眼目としている礼儀作法であった。[*63]これはシャルル・ソレルの『ギャラントリーの法則』を繙けば、よく理解できる。いわば十七世紀初頭の男性たちは、女性に気に入られるために、装いをこらし、作法を身につけられるように腐心していた。貴婦人たちのサロンで認められること、それが、彼らの処世術として重要であったからである。

さらに、ニコラ・ファレの作法書は、その書名『オネットム、すなわち宮廷で気に入られる術』から明らかであるように、宮廷で「気に入られる」人物になれるよう、教導する内容になっている。宮廷で気に入られるということは、当然、宮廷の主である王に好かれるための作法であると言ってよい。宮廷で気に入られるということは、当然、宮廷の主である王に好かれるための作法であると言ってよい。アントワーヌ・ド・クルタンの作法書も同様に、宮廷で立身出世するために必要な、王の寵愛を得るためには、どのようなふるまいと服装に考慮しなければならないか、示しているものであると言える。

十七世紀の男性たちは、社交サロンの主人である貴婦人、あるいは宮廷の主人である王にそれぞれ気に入られることによって、出世の道を歩むことができたのであった。このことを、作法書ははっきりと示しているように思う。

いっぽうで、十九世紀後半に現れた女性の作法書は、いわば女性教育のための書物になっている。良き娘は、未来の良き伴侶を得るために、作法を身につける必要がある。良き妻は、良き夫に守られ、「幸せな」暮らしを実現し営んでいくために、妻としての作法をわきまえている必要がある。そして、当然、子どもに対しては、良き母にならねばならぬ。このように、一貫して、十九世紀後半の女性の作法書が説いているのは、女性が、どうすれば男性に「気に入られる」か、ということであり、男性に終生大事に保護してもらうための、人生の折にふれた服装規範が存在していたかのように思われるのである。

しかしこれは、逆に言えば、当時の女性にとっては、良き伴侶を見つけることのみが、人生の成功につながる道であったからであるとも言えるのであり、作法書に記された規範の数々は、その一つひとつが、より良い結婚、つまりより良い人生を歩んでいくための指南になっていたとも言えるだろう。そのような意味で、これらの女子教育書とも言える作法書群も、やはり、女性の処世術書であったとも言えるのではないか。特に、このことは、結婚にまつわる規範の内容を検討してみると、理解できるように思う。結婚の規範は、たしかに結婚そのものを規律立てたものにしていったのであろうが、いっぽうで、女性の人生の門出を、きらびやかにお膳立てし、盛り立てていくものでもあった。

作法書を見る限り、結婚の主人公は、明らかに男性ではなく女性であり、女性は男性に守られながら、「お姫様」のような結婚物語を、演じていくことになった。結婚式の中で、新郎の役割は添え物にすぎないと言ってもよく、新婦である女性は、結婚式を経ていくうちに、社会的にも「○○夫人」という名の地位を獲得することができるのである。結婚式の物語化と、結婚における女性の主人公化は、現代の結婚式を見てもうかがえるような状況である。そして、それらは、礼儀作法という規範によって、作り出されたものでもあった。

このように礼儀作法書とは、ひとつの守るべき規範を教え、いっぽうで読者を規範のなかに拘束するものでありながら、他方で、読者に対して、規範に裏づけられた社会に生きる、社会的エリートとして出世していくための道筋を教えるものでもあったと思われる。

6　処世術としてのモード

冒頭で述べたように、礼儀作法つまり規範は、ファッションすなわちモードと連動することによって、大きな影響力を持ってきたと考えられる。十七世紀には、モードはまさしく宮廷作法を指しており、多くの作法書に見ることができるように、宮廷作法であるがゆえにモードは、作法書において、常に強く推奨されてきた。そして、当時、宮廷作法は主に男性のものであったために、モードも男性を中心とした服装規範として広まることになった。十七世紀の作法はモードと結んでいたばかりか、同義であったとさえ言える。それゆえに、大きな力を発揮していた。

しかし、十八世紀の初頭頃から、モードは礼儀作法から離れていく。礼儀作法という規範秩序から逸脱していくことによって、モードは、女性のきまぐれに支配された服飾の流行、つまりは、今日的な意味をもつファッションへと変貌をとげていった。その結果、モードは作法書のなかで批判されていくものに相成った。

ところが、作法書をつぶさに検討する限りにおいて、十九世紀になると、モードは今一度、礼儀作法の意味を獲得したと言える。もちろん、それは、女性中心の作法であるために、アンシャン・レジーム期、つまり十七世紀のものとは異なっている。宮廷という公的社会とは異なり、家庭の内部あるいは家庭を基盤とする限られた社交の世界での規範になるのだが、女性の生活全般を支配するものになっている。そして作法書とは、それ自体がひとつのモード指南書にもなっていたと言えよう。

このことを、確認するために、あらためて、modeの意味を検討したい。十九世紀のモードとはどのような概念を担っていたのだろうか。十九世紀の辞書を代表するラルースのフランス語辞書に探ってみると、次のように記されている。*64

まず第一に、モードとは「とりわけ家具や衣服や装飾品の形態を規定する一時的な慣例《ユザージュ》・作法」を指している。第二には「流行《ヴォーグ》、一時的な熱狂」と説明され、第三に「一般的に広まっている慣例《ユザージュ》・作法、やりかた」と説明される。ここで説明に用いられる言葉を見ると、「慣例、ならわし、作法、礼儀」を意味するusageという語が頻出している。これはまさに十七世紀の意味内容と完全に同一である。つまり、モードとは、流行のような一時的なものであるにせよ、一般的に社会で通用している礼儀作法に裏打ちされた慣例、と言うことができる。さらにモードという語は、複数形で「女性と子どもの衣服や服装」を指しており、男性の服装にはかかわらない言葉であった。つまり、すでに推論したように、十九世紀のモードは、一時的な流行であるかもしれないが、社会で容認された作法や慣例にもとづいた生活様式や生活空間を彩る事物、そして、とりわけ女性と子どもの服装を指していることになる。十八世紀に語られていたような気まぐれな流行という性質は薄れ、十九世紀のモードの概念には、生活全般にわたった慣例や作法の意味が強まることに注目したい。したがって、十九世紀後半のモードは、やはり女性の礼儀作法と緊密なものであったのである。

さらにもうひとつ、十九世紀の女性のモードと礼儀作法書との関係の深さを明かす事例がある。じつは、当時のパリでは、女性向けのモード雑誌も大量出版されていた。これらには、文章による記事と、いわゆる視覚情報としてのファッション・プレート（流行の服装を伝える版画）、さらに流行の衣服を家庭で作るための型紙がいっしょに綴じられていることが多かった。出版についても、多い場合には、毎週のように刊行されている雑誌もあり、その大変な人気ぶりがうかがえる。これらの雑誌の中には、やはり毎週のようにモード論が展開されていることもあり、その内容分析自体、たいへん興味深いものがあるのだが、それらをすこし繙いてみると、なかには、作法書に記されているのと同じような文面が見受けられることがある。たとえば、本章で特に詳述した結婚や服喪に関するそれぞれの服装規範は、そのままそっくりモード雑誌にも記されており、さらに、規範にふさわしいデザインの服装の実例が、ファッション・プレートとして美しく描かれているのである。[*65] おそらく、当時の女性たちは、作法書によってモラルとしての服装規範を学び、同じものをモード雑誌からは、まさしく憧れのモードとして女性は目にすることができた。このようにして、モード雑誌と礼儀作法書は、双方向から相乗効果を発揮させて、女性の生活に影響力を持っていたものと思われるのである。

フランスの近世から近代にかけて、モードは礼儀作法と結びつくことによって、強い力を発揮してきたと言えるだろう。その逆もしかりで、礼儀作法はモードと結びついたからこそ、力を持った。礼儀作法という規範秩序を背景にして、モードは権威的な力を内側に満たしていく。それが、十七世紀の男性のモードであり、十九世紀の女性のモードも、やはり同様であった。このように強制力を秘めたモードは、その対象である男女を、礼儀作法に裏打ちされた世界に生きるエリートとして、ワンランクもツーランクも階梯を登らせる機会を保証するものでさえあった。それゆえに、礼儀作法も、モードも、いずれも処世のための術として機能してきたと考えられるのである。

付記・本稿は日本学術振興会科学研究費による研究課題「近世・近代フランスの服装規範に見られるジェンダー観」（平成二十四年度〜平成二十七年度）の研究成果の一部である。

第5章 祝祭に演じる
――十五世紀フランスの仮装舞踏会「モーリスク」

原口　碧

フランス・モード史は、異文化の影響なくして語れない。異国の風俗との出会いは、フランスに未知の素材や意匠をもたらし、そしてそれらが既存のモードと融合することで、新たな服飾文化として展開してきた。しかし、異文化の影響はそれだけではなかった。異国の風俗を知った人びとは、非日常という空間においてその装いを真似て楽しみたいと考えたのである。すなわち、異国風の仮装舞踏会の開催である。

そもそもヨーロッパにおいて仮装という行為は、カーニバル期間をはじめとする祝祭の場では慣習的におこなわれるものである。仮装は、本来の身分や地位、性別、職業などにかかわる「あるべき」姿から逸脱した装いであり、そのバリエーションには多様な可能性があった。異国の風俗がそのひとつとして定着していったのも、異国というテーマが非日常の演出に格好の要素となり得たからであろう。とりわけ人気を博したのは、中世以来、ヨーロッパの人びとの憧憬と好奇心の対象であった「東洋《オリエント》」の風俗である。後世に語り継がれるほど、盛大にして奇抜なオリエント風仮装舞踏会は、歴史上いくつも挙げることができるだろう。たとえば、一九六九年にパリのランベール館にて、四〇〇人もの著名人や富豪たちが招待された「オリエントの舞踏会」や、一九一一年、クチュリエのポール・ポワレ主催による仮装パーティー「千夜二夜」では、その名のとおり、オリエント風の贅を尽くした装いであふれていた。また、本書の序章でも述べられているように、十九世紀のロマン主義者たちが、懐古趣味と異国趣味の混淆する仮装舞踏会を夜な夜な楽しんだことも伝えられている。さらに時代をさかのぼっていくと、絶対王政期《アンシャン・レジーム》でも枚挙に遑がないが、ルイ十五世の公式愛妾ポンパドゥール夫人が、その地位に就く契機となった一七四五年の「イチイの木の舞踏会」もそのひとつで、トルコ風の仮装を含む奇妙な仮装舞踏会であった。そして、フランス史上初めてオスマン帝国のスルタンと同盟を結んだフランス・ルネサンスの王フランソワ一世も、一五四一年のとある婚礼舞踏会では、トルコ風の装いに身をつつみ仮面姿で登場したという。

ここに挙げた多彩な例に見るように、私的・公的な宴を問わず、いつの時代にもオリエントというテーマは、仮装好きの人びとを魅了してやまなかった。こうしたオリエント風仮装舞踏会の起源は、本章で論じる十五世紀の仮装舞踏会「モーリスク」morisque にさかのぼる。モーリスクという名称は、中世のキリスト教徒たちが用いたイスラム教徒の呼称「ムーア人」Maure に由来するもので、仮装の題材に選ばれたのは主にイスラム教徒たちの風俗である。十六世紀以降の仮装舞踏会とは違って、イスラム諸国との国交が存在しなかった時代に、ムーア風仮装舞踏会を開催することにはどのような意味があったのだろうか。十四〜十五世紀、中世末期フランスの宮廷文化では、とりわけ祝祭・儀礼のなかで、イスラムをはじめとする東方世界が表象されることがしばしばあったが、本論では、ムーア風の仮装舞踏会をこうした表象のひとつと捉え、その意味を考えてみたい。

1　祝祭・儀礼のなかの服飾

まずは、中世末期におこなわれた仮装舞踏会の様子について、年代記の記述を通して見てみたい。一四三四年、フランス東部の都市シャンベリーにおいて執りおこなわれた、サヴォワ公アメデ八世の二男ルイとキプロス王の娘アンヌ・ド・リュジニャンの結婚式でのことである。二月七日の日曜日に始まった祝宴では、晩餐会や余興とともに仮装舞踏会が連日のようにくり広げられていた。この祝宴の記録を残した年代記作家ジャン・ルフェーヴル・ド・サン＝レミの証言によると、参加者たちの仮装の様子は以下に述べる通りであった。*1 三〇〜四〇人ほどの騎士や貴婦人たちがペアになって踊っていたが、彼ら全員が揃いの仮装をしていて、その衣装は金や銀に輝く装飾がほどこされた豪華なものであったという。そして、日曜日は深紅、月曜日は白、火曜日は黒、水曜日は黄と、毎回その色を変えていった。きらびやかな揃いの色彩だけではなく、さらに細部に注目すると、袖は先端に向けて長く尖り、たくさんの鈴飾りや大きな羽飾りがついたベルトや被り物をたずさえるなど、派手な意匠であったことが想像される。その奇抜さは徐々にエスカレートされていったようで、火曜日の黒衣の騎士たちは仮面をつけ、水曜日の黄衣の騎士たちは、全身を鈴で飾ったうえに、被り物には道化のような大きな耳がついていたという。

この祝宴に参集したのは、十五世紀の名だたる貴族たちであった。そのなかには、当時フランスやネーデルラントにまたがる強大な公国を治めていたブルゴーニュ公フィリップ・ル・ボン（一三九六〜一四六七）や、同じくフランス国内外に広大な領地を持つアンジュー家の子息で、後にアンジュー公となるバル公ルネ・ダンジュー（一四〇九〜一四八〇）がいた。ブルゴーニュ家とアンジュー家は、ともに十四世紀にヴァロワ朝フランス国王の弟たちによってそれぞれ興された一族である。十五世紀には国王に比肩するほどの権勢を誇った大諸侯として、英仏百年戦争のただ中で激動のフランス史に名を残している。また両家の当主は、豊かな財力を背景に華麗な宮廷文化を展開させ、衣生活の上でも、十五世紀の宮廷モードを牽引した存在として知られている。*2

現代に残された絵画や写本挿絵のなかの肖像には、当時の最高級品であった重厚な絹織物や毛織物をまとう彼らの装いを見ることができるだろう。肖像画が一種のプロパガンダとして機能する時代に、おかかえの宮廷画家たちによって描かれるのは、威厳と敬虔さを兼ねそなえた権力者像や、武勲詩の英雄然とした騎士姿である。そのため、これらの図像からは、前述のような舞踏会での仮面や道化姿など想像もつかない。しかし、祝祭・儀礼の様子をつづった年代記や、衣装への支払いが記録される会計帳簿などを繙けば、時にこのような羽目を外した彼らの姿が垣間見える。それらによると、この種の仮装の踊りや舞踏会は「モーリスク」*3あるいは「モムリー」mommerie と呼ばれ、ブルゴーニュ

図5-1　作者不詳（15世紀前半の作品の模写）『ブルゴーニュ公フィリップ・ル・ボンの愛の園』
16世紀，ヴェルサイユ宮殿美術館
Anonyme, *Jardin d'amour à la cour de Philippe III le Bon, duc de Bourgogne*, XVIe siècle, Châteaux de Versailles

家やアンジュー家をはじめとして、十五世紀に広く流行したことがわかっている。

一方、あくまで優雅な祝宴の様子ではあるが、揃いの色をまとって集う宮廷人たちの情景を描いた図像［図5-1］が残されている。[*4] 現在、ヴェルサイユ宮殿に所蔵されているこの作品は、十五世紀前半に描かれた作品を模写した十六世紀の板絵である。元の作品はすでに失われていて正確な制作年や画家はわかっていないが、描かれた紋章や風俗描写、そして中央のテーブルによりかかる人物の人相がフィリップ・ル・ボンに似ていることから、一四三〇年頃のブルゴーニュ宮廷の祝宴を描いたものとされている。さらに公の宮廷に仕えた貴族同士の婚礼の様子であるとも推測されており、その際の祝宴であるとするならば、前述のサヴォワ宮廷でのシチュエーションと類似している。そして大勢の宮廷人たちの装いは、被り物から長衣に脚衣、履物にいたるまで、すべて灰色がかった白で統一されている。それは、先のサン＝レミの『年代記』の証言のような貴族たちの揃いの色による仮装を彷彿とさせるとともに、祝祭にあたって公が参加者の貴族や従者たちに揃いの衣装を与えるという、衣服の下賜や仕着せの慣習を想起させる描写である。[*5]

年代記と板絵の二つの記録を通して、揃いの衣装が印象的な宮廷祝祭の情景を紹介したが、それぞれ衣装の様子が丹念に描写されていたことにも改めて気づかされることだろう。それは中世末期の祝祭において、服飾の持つ意味がいかに大きかったかということを示している。このことは、モーリスクを祝祭空間での仮装として捉える上で重要な点である。そこでまずは、当時の祝祭・儀礼空間における服飾の役割について確認しておきたい。

中世ヨーロッパの王侯たちの宮廷生活は、一年を通してさまざまな祝祭にあふれるものであった。

たとえばキリスト教の暦に従った年中行事や、冠婚葬祭、あるいは政治・外交上の行事にともなう行列行進、武芸試合、祝宴、芝居などが挙げられる。これらの催事は、王侯たちにとって権力や地位の実在を示す絶好の機会であったため、莫大な費用が注ぎこまれ、豪奢をきわめる壮麗なスペクタクルとなることが常であった。開催期間は、一日限りの例から数ヶ月も続けられる長期の例、あるいは数年にわたって断続的におこなわれる例もあり、規模に応じて、構想や準備にも多くの時間と労働力が費やされる。祝祭の形態は多種多様で、主催する君主と宮廷人たちが集う内々の催しや、異なる宮廷同士の共同開催、そして公衆の前で披露される催しなどもあった。それに応じて開催場所も、領地に点在する城館の大広間から、近隣の草原や森、都市の通りや広場などにいたるまで多岐にわたってい る。こうして組織される催しは、綿密にプログラムが組まれた、多分に演劇的なものであった。装飾や舞台設定にも細部にわたって、催しの目的や主題にあわせた象徴が散りばめられる。そして主催者や参加者たちの衣装も例外ではなく、コード化され、ある種のメッセージを発する媒体となった。

現代においても、衣服のコードや衣服が発信するメッセージ機能が、身近な場面で効力を発揮することは少なくないだろう。しかし、絶対的な身分制度にもとづく中世社会において、その機能はより厳格であり、衣服とは何よりもまず着用者の身分と地位の表明となるものであった。*6 高貴な身分の者が質素な身なりをすることや、反対に、賎しい身分の者が豪華に着飾ることのように、身分不相応の装いとは神の定めた秩序に逆らう行為であり、罪とみなされた。そのため、身分を逸脱した装いに対する禁令や、特殊な身分や職業にある者に対するしるしの着用の義務づけなど、衣服に関する法令も数多く発布されている。こうした衣服のコードは、祝祭・儀礼の場になるとよりいっそう強調された。

素材から色、模様、形態、装飾品にいたるまですべてに意味が与えられるのである。それらが表象するものは、身分や地位、家柄に加えて、社会的集団への帰属、またときには政治的・私的な主義主張も含まれた。

具体的な事例を二つ挙げてみよう。ひとつは、中世祝祭の特色を強く反映する馬上槍試合や武芸試合の騎士道祝祭である。[*7] 試合での騎士たちの装いとは、実用的であると同時に象徴的なものであった。[*8] 全身をおおう甲冑が、槍や剣の攻撃から身を護るものとして機能することは言うまでもないが、さらに楯や馬衣、甲冑に重ねた衣服に配された紋章の色柄が重要な意味を持っている。紋章とは、所有者の家柄や地位を示すもので、戦や試合では、個人を特定しにくい甲冑姿の騎士の識別に役立ち、また仕着せとして従者に揃いの紋章衣を着用させることで、主君の威信を高める役割をも果たしていた。もうひとつの例として、王侯や聖職者など権力者の都市への訪問に際しておこなわれる「入市式」を挙げるが、これもまた騎士道祝祭と同様に中世末期に慣例化した盛大な儀礼である。市門から入場した訪問者は、市民たちの歓迎を受けながら、行列を組んで都市の主要な通りを練り歩く。訪問者にとって、都市に対する自らの権威を示す場であった入市式では、限られた身分の者にのみ許された豪華で色鮮やかなビロードの織物に、毛皮や宝石で装飾をほどこし、贅を尽くした装いによってその地位を可視化させた。一方、訪問者を迎える都市側は、権威に対する都市の従属・忠誠の意を示すために、訪問者の紋章の色を着用して歓迎し、ときには都市の紋章の色を着用して、都市の団結や自治を主張する意志の表明とすることもあった。[*9]

こうした祝祭・儀礼空間における象徴的な事物や行為を介したコミュニケーションの重要性につい

ては、多くの研究者によって議論されてきた長い研究史がある。早くも二〇世紀前半には、歴史家・J・ホイジンガが十五世紀のブルゴーニュ公国の騎士道文化をつづった『中世の秋』のなかで、祝祭・儀礼の政治的機能について強調するとともに、衣服や身ぶり、色彩の象徴性に対する当時の人びとの敏感な精神性を示した。[*10] その後、祝祭・儀礼や衣服の機能というテーマは、一九七〇年代後半以降の社会史をめぐる議論のなかで歴史研究の対象となり、文化人類学や社会学の影響を受けながら活発に論じられるようになった。[*11] 近年でもフランス王家やブルゴーニュ家、アンジュー家など、十五世紀に華やかな祝祭文化が繁栄した宮廷を中心に、騎士道祝祭や入市儀礼などの個別事例への研究が進展している。[*12] しかし本章で取り上げる仮装舞踏会については、娯楽性ばかりが注目され、政治的意味合いの希薄な催しと考えられ、そこに込められた意図や背景について論じられることは少なかった。筆者はこれまで、十五世紀の宮廷文化における東方世界の表象の意味について研究を進めてきたが、祝祭空間におけるあらゆる表象のなかに、当時の対外情勢が反映されていたことを明らかにした。[*13] そこで本論では、同じ文脈において仮装舞踏会の異国的要素に注目し、娯楽だけでは片づけられないモーリスクの側面について論じていく。

2　仮装の踊りの一幕

歌や楽器の演奏は祝祭につきものであるが、それに合わせてくり広げられる踊りもまた、祝祭の陽気な雰囲気を作り出すためには欠かせない要素である。中世における宮廷の踊りは、グループで手をとり、または男女が一組になって、円状に踊る輪舞や、縦や横に連なる列舞踏を中心に、十二世紀から十五世紀にかけて発展した。特に十五世紀には、ペアで足を床にすべらせるようにゆるやかに踊るバス・ダンスや、同じくペアで円状・列状に踊るブランルが流行している。これらの踊りは、ときに軽快なリズムとともに活発な動きを見せるものの、貴族らしい優雅な雰囲気をかもし出すものであった。しかしその一方で、仮面や奇妙な衣装を身にまとった者たちによる踊りが存在している。多くの場合こうした仮装の踊りは、宮廷で雇われた踊り子や曲芸師、道化など芸を生業とする者たちによって披露されるもので、寸劇や曲芸などと同様に、奇妙でおどけた動きや時には下品な身ぶりも交えながら、中世の人びとを楽しませてきた。

中世末期になると、こうした仮装の踊りにもしばしば王や貴族たち自身が加わって、戯れに興じることがあった。もっとも有名な例は、陽気な祝宴が悲劇に終わった一三九三年の「燃える舞踏会」Bal des Ardents であろう。年代記作家ジャン・フロワサールの証言によると、ある舞踏会でのこと、フランス国王シャルル六世と四人の貴族たちが全身を毛皮に包み、野生の男に扮して踊りを楽しんでいた。ところがその毛皮の服に松明の火が燃え移り、王はかろうじて難を逃れたものの、数人の死者が出る騒ぎになったのであった。*14 しかしこの不幸な事件にもかかわらず、十五世紀に入っても仮装の踊

図5-2　作者不詳（模写）『雉の誓い』16世紀, アムステルダム国立美術館
Anonyme, *Le vœu du faisan*, XVIe siècle, Rijksmuseum Amsterdam

りが貴族たちの間で広く人気を博していたことは、冒頭に紹介したサヴォワ宮廷での舞踏会に見たとおりである。

年代記作家サン＝レミは、サヴォワ宮廷での舞踏会について「仮装」déguisement がおこなわれたと説明するのみであったが[15]、十五世紀の年代記や会計帳簿では、しばしばこの種の踊りや舞踏会を示して「モムリー」や「モーリスク」という呼称が用いられるようになる。モムリーとモーリスクということばの相違は十分に検証されておらず、両者を同義のものと捉えて区別しない場合もある[16]。だが、たしかにブルゴーニュ家とアンジュー家の両方の記録に、二つの名称は同時期に登場している。記録者によっては二つを使い分けているように思われる場合もあるので、モーリスクを中心に論じる本章でも、各史料での呼称には注意を払いたい。

まずはモムリーの事例を確認しておこう。モムリーとは、動詞「仮装する」momer や、名詞「仮面」momon という語があるように、広義には、仮装や仮面を伴った娯楽や遊戯を示す[17]。ブルゴーニュ宮廷で開催された有名なモムリーのひとつが、一四五四年にフィリップ・ル・ボン主導のもと、オスマン帝国への十字軍遠征の宣誓がおこなわれた「雉の祝宴」Banquet du faisanにおける例である。[*18] この祝宴の趣旨については後述するが、盛大に執りおこなわれた祝宴の余興のフィナーレを飾ったのが、〈十二の美徳〉の擬人化人物に扮したブルゴーニュ宮廷の男女によるモムリーであった。[*19] 図5-2は、十六世紀に制作された無名画家による板絵で、このときの光景を描いた貴重な記録である。楽器の演奏にあわせて、豪華に着飾った男女が輪になって踊り、なかには松明を手にした者や、口元を黒い布地でおおった男女もいる。後世の記録であるためか、年代記の説明とは多少の違いも見られるものの、明け方まで続いたというモムリーの独特の雰囲気が十分に伝わってくるだろう。一方、アンジュー家の記録では、公家に血縁のあるボーヴォー嬢、ラ・ジャイユ嬢、ダングリュール嬢たちが、アンジュー公ルネの前でモムリーを踊ったことが一四七八年の会計帳簿からわかる。[*20] しかし、年代記や会計帳簿のこうした複数の証言にもかかわらず、モムリーが仮装や仮面の踊りであったことを示す以外、具体的にどのような動きや音楽をともなう踊りであったのか教えてくれる記録は乏しい。とはいえ、騎士にエスコートされた貴婦人や貴族の乙女たちが踊るような上述の例をみる限り、プロの芸人や道化たちの激しくアクロバティックな動きや、笑いを誘うこっけいな身ぶりの踊りとは一線を画す例もあったことは確かである。つまりモムリーとは、仮装や仮面がともなうのであれば、踊りの雰囲気はどうあれ、あらゆる種類の踊りに用いられた総称と捉えてよいだろう。

では、一方のモーリスクとはどのような特徴を持っていたのだろうか。すでに言及したように、モーリスクは「ムーア人（ムーア風）の」という語から生じた名称であるため、ただちにこの踊りの異国的な性格が想起されることだろう。ムーア人とは、キリスト教徒がイスラム教徒に対して用いたひとつの呼称で、なかでもイベリア半島や北アフリカのイスラム教徒を指すことが多い。*21 ヨーロッパのキリスト教徒がはじめてイスラム教徒に出会ったのは、北アフリカからイベリア半島へ渡来してきた八世紀である。十一世紀末以降には十字軍遠征や商業活動を通して、東方のイスラム教徒たちと対面する機会も増えていき、モーリスクが流行する中世末期には、すでに彼らは「ムーア人」たちと多くの接触を経験していた。しかし、この異教徒の名を冠する踊りが記録に現れるのは十四世紀末以降であるが、その起源や由来については不明な点が多い。キリスト教徒とイスラム教徒の戦いを表現する踊りに由来するとして、双方の交流の歴史が古いイベリア半島を発祥とする説も唱えられているが定かではない。*22 少なくとも明らかなことは、この踊りが、十五世紀にはヨーロッパ中に広まったということであり、イベリア半島やイタリア、フランス、ドイツなど各地の証言がその流行の様子を伝えている。*23 さらに十六世紀に入ると、モーリスクは幅広い展開を見せるが、以下では、この踊りへの愛好が目立つブルゴーニュ宮廷とアンジュー宮廷を対象とし、十五世紀の背景のなかで論じていきたい。

シャロレ伯殿の命により［…］伯の前でモーリスクを演じたガレー船の二人の船員たちへ、二一スー*24

引用は、ブルゴーニュ公の会計帳簿からの抜粋である。ヴェネツィアのガレー船に乗船していた船長や楽師たちへの支払いについて述べた項目のなかに、モーリスクを踊ってシャロレ伯を喜ばせた者たちがいたことが記されている。これは、ブルゴーニュ公二代目当主ジャン・サン・プール［在位一四〇四〜一四一九］が存命中の一四一二年の記録で、シャロレ伯とは後のフィリップ・ル・ボン［在位一四一九〜一四六七］、すなわちブルゴーニュ公三代目当主である。したがって、彼が青年の頃からすでにモーリスクに親しんでいたことがうかがえるだろう。フィリップの公位継承の後、一四二〇年代から三〇年代にかけての会計帳簿にもモーリスクにかかわる支出が多数見つけられる。たとえば一四二七〜二八年には「モーリスクの踊り子」への生活援助としての支払いがあり、[25] 一四三九年〜四〇年にはブリュッセルにてモーリスクを踊った六人の踊り子に報酬が与えられている。[26] これらの例が示すように、モーリスクは第一に、踊り子や曲芸師によって公たちの前で披露されるものであった。アンジュー家においても、一四七六年にルネのためにモーリスクを踊った道化への支払いがあり、同様のことが言えよう。[27]

しかしモムリーがそうであったように、モーリスクの踊り手もまた必ずしも身分の低い者たちばかりではなかった。アンジュー公ルネの宮廷では、一四七八年のモムリーの記録に続く翌年に、カラブリア公妃やロレーヌ嬢という、公家に血縁のある婦人たちがルネの前でモーリスクを披露しているのである。[28] また、宮廷で活躍する芸人や宮廷の貴族たちばかりではなく、都市民たちが都市での祝祭にあたってモーリスクを踊った記録もある。トゥーロンでは、一四八四年に都市を訪れたアンジュー公ルネの二番目の妃ジャンヌ・ド・ラヴァルのために、市民がモーリスクで迎えており、アンジュー家とかかわりの強い都市アヴィニョンでも、一四五三年や一四九六年のカーニバル（謝肉祭）の際にモーリスクがおこなわれたという。[29]

そして宮廷でも都市でも、モーリスクが披露される機会には、とりわけ陽気で喜ばしい祝祭の場が選ばれる傾向がある。たとえば、前述のアヴィニョンの例に見るように、断食や苦行を課す四旬節の直前におこなわれるカーニバルや、四旬節中に許された日曜日のお祭り騒ぎでの開催である。[*30] 民衆から王侯にいたるまで広く仮装がおこなわれるカーニバルであれば、その際に仮装の踊りがくり広げられることも自然なことであろう。さらに、入市式のプログラムや結婚式の祝宴などの余興や娯楽のなかに挿入されることも多い。なかでも、一四六八年にブルッヘで開催されたシャルル・ル・テメレールとマルグリット・ド・ヨークの結婚式の例が、モーリスクにふさわしい空間がどのような雰囲気なのかを教えてくれる。それはフィリップ・ル・ボンの死去により、シャルルが公位を継承した翌年に執りおこなわれた婚礼で、十二日間続いた盛大な祝宴は、人びとを驚かせるような奇抜な余興であふれていたという。詳細な記録を残した年代記作家オリヴィエ・ド・ラ・マルシュによると、祝宴では少なくとも二度のモーリスクが演出されている。まず祝祭三日目の余興では、宴会場の大きなメインテーブルの上には塔がしつらえられ、その中から、猪、山羊、狼、驢馬などの音楽隊が登場する。その後、猿に変装した者たちが、タンブラン[*31]と笛を奏でながらモーリスクを踊った。

タンブランを持った猿がモーリスクを演じはじめ、［…］踊りながら塔の周囲をまわり、その後、複数の猿の仮装をした者たちが往来し、テーブルを撤去しなければならないほどに「盛り上がり」踊りが始まった。[*32]

また九日目の祝宴で披露された余興では、口や尾びれが動く巨大な張りぼての鯨の中から、ギリシア神話の半人半魚（半鳥）の海の女の怪物セイレーンが二人出てきて、奇妙な歌を歌い出した。続いて十二人の海の騎士が次々に登場して、セイレーンの歌にあわせてモーリスクを踊ったという。

この歌の音にあわせて、十二人の海の騎士がモーリスクを踊りながら次々に飛び出し、片方の手に楯を、もう片方の手には棍棒を持っていた。鯨の腹のなかでタンブラン奏者が演奏しはじめると、セイレーンは歌をやめ、海の騎士たちとともに踊りはじめた。*33

これらの描写からは、賑やかな音楽の雰囲気を感じとることもできるだろう。タンブランや奇妙な歌にあわせた踊りは、祝いの席でのどんちゃん騒ぎにふさわしく、愉快でおどけた様子であったことは想像に難くない。

3　モーリスクの衣装

次に、モーリスクの大きな特徴である仮装について注目してみたい。以下の一四二七～二八年のブルゴーニュ家の会計帳簿からの引用は、フィリップ・ル・ボンが注文したモーリスクのための衣装に関する記録で、素材や装飾について詳しく説明された貴重な証言である。

殿下の部屋付き侍従にして画家ユ・ド・ブローニュへ、［以下の仕事に関する支払い］［…］モーリスクのダンスに適した、複数の色彩で異国風の絹地の衣装七着の制作、衣装の表面は、ブラジル木*34や金糸銀糸の装飾、サラセン文字の模様で飾り付けられ、またターバンは金糸の織物で作られて、布の縁や袖には、黄金に輝く三層に重なった細かい房で装飾される［…］各々が絹のような布地で作られた帽子を着用し、そのうちのいくつかは蛇のように膨らんで、獣のように長い襟には、たくさんの細かい切れ地や金細工が揺れていた［…］各々、異国風の髭や髪型をして、モーリスクを踊るために、靴やすべての衣服に鈴がつけられる*35

注文を請負ったのは、フィリップ・ル・ボンに長年仕えた部屋付き侍従のユ・ド・ブローニュという人物である。画家と紹介されているが、会計帳簿にたびたび登場する彼の仕事は、引用のように衣服を制作し、軍旗や武具、馬具などに紋章を描き、彩色や装飾をほどこすなどと活躍の幅は広い。さてこのモーリスクのために制作された衣装は、非常に風変わりであった。その特徴を挙げてみよう。まずは色とりどりの織物に金・銀色に輝く装飾が用いられて派手な色合いである。そして、アラビア語を意味するサラセン文字やターバン、髭や髪型などによって異国風の雰囲気が加えられる。衣服の各所には、房飾りや細かい装飾がほどこされて、さらに鈴が全身につけられている。また蛇や獣に喩えられることや、異国風に生やした髭や髪型が、奇妙で野蛮な容貌であることを印象づけている。

一方、アンジュー家の会計帳簿にもこれほど詳細ではないが、一四七八年におこなわれたモーリス

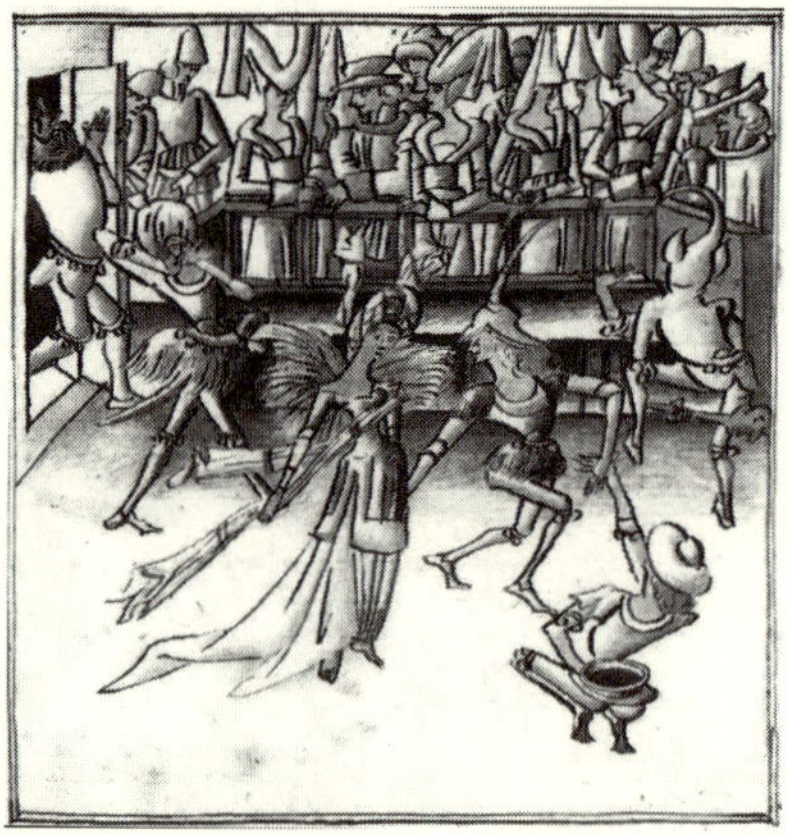

図5-3　ジャン・ド・ワヴランの画家
『アポロニウス・ド・ティール』
15世紀, ブリュッセル, ベルギー王立図書館, 9632-9633番写本, 168葉
Maître de Wavrin, *Le Roman d'Apollonius de Tyr*
XVe siècle, Bruxelles, Bibliothèque royale de Belgique, B.R. 9632-9633, fol. 168

クの衣装にかかわる記述を見つけることができる。

商人アルフォンス・トニユへ、次の日曜日に殿下が踊らせたアドラスト王のモーレスクに用いるため、［…］深紅色のビロードの購入についての支払い[*36]

続いて「そのモーレスクの衣装のため、赤と黒の布地」、「金属片を、モーレスクの衣装に用いるため」、「ライオンの頭を作るための毛皮」、「鷹や鷲の羽」、「アポロン神のため、金糸で刺繍された頭部の制作」、「太陽と王冠と王笏の制作、アポロン神と二つの偶像の顔を黄金で彩色」などへの支払いが記録されている。[*37] これらはすべて「アドラストス王のモーレスク」と名づけられた催しのために用意された一連の衣装や小道具であった。アドラストス王とは、古代ギリシアの都市国家アルゴスの王である。おそらく、古代ギリシアの演劇的な催しのなかにモーリスクが挿入されたか、あるいはこうしたテーマが設定されたモーリスクであったのだろう。このモーリスクについては断片的な支払い記録が残されるのみで、残念ながらそれ以上の詳細は不明だが、衣装や小道具からは多少なりともこの踊りの雰囲気が伝わってくる。金属片や金属糸を用いた装飾、鮮やかな色の織物を用いた衣装、仮面や被り物としての利用が想像されるライオンの頭部、鳥の羽を用いた装飾、これらは古代ギリシア王アドラストスや、太陽神アポロンなど異教の神々を表現するためのきらびやかで派手な衣装である。異教的な雰囲気をかもし出す、多分に演劇的なモーリスクであったことが想像される。

会計帳簿に加えて、モーリスクの衣装についての詳しい情報を教えてくれるのが写本挿絵のような図像である。なかでも一風変わった踊りと衣装で目を引く作品が、図5－3に挙げる図像である。現在、ベルギー王立図書館に所蔵される騎士道物語『アポロニウス・ド・ティール』の写本挿絵の一枚で、十五世紀中葉に北フランスで制作されたものである。写本は、フィリップ・ル・ボンの宮廷人で、愛書家であったジャン・ド・ワヴランの蔵書に由来するもので、すなわち挿絵には、ブルゴーニュの宮廷文化の反映を見ることができる。挿絵画家の名は知られていないが、ワヴランが所有する多くの写本に挿絵を描いていることから「ワヴランの画家」と呼ばれている。

挿絵は、観客の宮廷人たちを前にくり広げられる舞踏の場面を描いている。腕や足を大きく動かして踊る三人の若い男と、その中心で直立する女、そして舞台に向かって右には、道化が三人の男たちに混ざって激しく体を動かし、左には、仮面を被った大男が踊りに加わろうと入場する。ひと目でわかるように、優雅な宮廷の踊りとは異なり、各人の自由で激しい動きをともなった踊りである。物語のテクストによれば、それは結婚式の祝宴での余興の場面であったが、舞踏や娯楽がくり広げられたと説明されるだけで、モーリスクがおこなわれたとは記されていない。しかし、挿絵画家が当時ブルゴーニュ宮廷で流行していたモーリスクを描いたことは一目瞭然である。なぜなら踊り手たちの装いには、前述のユ・ド・ブローニュへの支払記録をはじめ、実際にモーリスクのために用意された衣装と類似する要素が見られるためである。

まず三人の男の踊り手に注目すると、皆、短衣の下にショースと呼ばれるタイツ状の脚衣を履いて脚を露わにする当時の流行スタイルで、そのうちの二人は、動きに揺れる袖や裾飾りが特徴的である。同時に、ターバン型や長く反り立つ飾りのついた奇妙な被り物が目立っている。そして残りのふたりは、そのお決まりの装いから中世の祝祭空間におなじみの登場人物であることがわかる。すなわち、ロバ耳つき頭巾に棍棒を備えた道化と、毛で覆われた仮面姿の大男もしくは野人である。そして、女性をのぞく踊り手全員が、腰や膝、腕のまわりに鈴飾りをつけていて、多数の鈴の音が、モーリスクの激しい動きにあわせてリズムをとるように鳴り響いたことが想像される。一方、房状の袖や裾飾りは、おそらく会計帳簿でたびたび言及されていたような金属片や紙でできた細かい装飾と思われるが、これらもまた踊りとともに動きや輝きを生み出すものであった。そして男たちの踊り手に劣らず、特異な雰囲気をかもし出しているのが中央の女であろう。その装いは、胸元の開いたチュニックに、下から引き裾のように長い布が伸びているが、彼女が着用しているのはスカートではなく、おそらくハーレム・パンツとおぼしき幅の広いズボンであり、さらには素足が見えている。頭には縞模様のターバンを巻き、肩から縞模様のヴェールが長くたなびいている。また背中から鳥の羽のような房飾りが大きく広がり、なんとも不思議な出で立ちであるが、ターバンや脚衣、素足の様子から、イスラム文化圏やオリエントの風俗を意識していることがわかる。

このほかにも、踊り手の装いや構図において類似した舞踏光景の図像は複数残されている。たとえば、十五世紀後半に制作されたイスラエル・ファン・メッケネムの銅版画がそのひとつである。[*38]「ワヴランの画家」の挿絵と同じく、観客を前にして女性を囲む五人によって踊りがくり広げられている。メッケネム作品のヴェールをまとう中央の女は、ヨーロッパ風の長衣姿であり異国的な様子は見られない。しかし脚や腕を大きく広げ、体を反り返らせて踊る三人の若い男たちのなかには、やはり異国風のターバンを巻いて長くたなびかせる者がいて、また彼らに道化が加わる点も共通している。その一方で、メッケネムはもうひとりの登場人物に野人ではなく楽師を描いている。このほか、一四八〇年にエラスムス・グラッサーによって制作された木彫作品『モーリスクの踊り子』も、鈴飾りのついた衣装やアクロバティックな身ぶりが「ワヴランの画家」の挿絵と類似している。[*39]そして踊り手には、ムーア風の仮装ばかりでなく、黒い肌やカールした髪を持つ本物のムーア人もいる。

このように類似した図像群を見れば、踊り手の構成には、バリエーションはあるものの一定の規則があることがわかる。一人の不動の女と数人の男の踊り手、そこに道化やムーア人風の人物、野人、楽師が加わって構成されている例が最も多い。実際に演じられたモーリスクのなかには、動物たちのモーリスクや古代ギリシアをテーマとしたモーリスクなどもあり、さらに多様性を見せている。とはいえ、特に衣装に関しては、記述と図像に共通して頻出するいくつかの要素が存在することは確かである。それらをまとめてみると、以下の三つに分類することができる。

第一に、ムーア風すなわちイスラム風や、古代の異教世界を想定した異国の要素である。それは、ターバン、ヴェール、サラセン文字、多色の織物、縞模様、髭、異国風の髪型、裸足、女性のズボンなどであった。第二に、道化や芸人の遊戯的で派手な装飾として、細かい金属片や木片の飾り、鈴飾り、房飾り、ロバ耳頭巾、棍棒、仮面、金属装飾、多色の織物、縞模様が挙げられる。第三に、動物や野人の獣性・野性的な要素として、髭、体毛、仮面、動物、獣、獣の皮、鳥の羽である。これらがアクロバティックな動きと組み合わされて、モーリスクの独特の雰囲気をかもし出していると言えよう。

4　異国趣味と敵対意識のはざまで

では十五世紀の宮廷文化において、モーリスクとはどのような意味をもっていたのだろうか。まずは、先行研究で指摘されている二つの性格を挙げてみたい。第一に、カーニバルの踊りとしてのモーリスクの性格である。[*40] それは、前節までに述べてきたモーリスクの開催の場、身ぶり、衣装の特徴を考えれば明らかで、特に異国・遊戯・野蛮という衣装にみられる三つの要素から連想されるのが、このカーニバル空間である。カーニバルにおける仮装や仮面着用の慣習は、すでに多くの研究で明らかにされているように、さかさまの世界を表現する行為であった。[*41] ふだんは厳しく禁じられている暴飲暴食をはじめ、あらゆる愚行が許されるカーニバル期間には、あえて日常の規範や秩序が転覆させられる。しかしカーニバルも終盤にいたると、さかさまは必ず元に戻される。こうした行為は民衆にとって日頃の鬱憤の発散となりうるとともに、転覆と回帰をくり返すことにより既存の秩序は再確認させられ、結果として社会秩序の維持に役立っているのである。

さかさまを表現する仮装には、いくつかの定番のパターンがあり、道化・愚者が王や聖職者に、人間が動物や野人に、そして男と女の逆転などが挙げられるが、すなわち、身分や地位、キリスト教と非キリスト教、文明と未開、性別などといった価値の逆転や逸脱を意味する。これらは、日常生活においてはそれぞれの価値の間に明白な境界線が引かれていて、それを逸脱する行為は教会によって厳しく抑圧されていた。カーニバルだからこそ許されるこうした非キリスト教的なモチーフこそ、モーリスクに見られる異教徒、道化、芸人、動物、野人の仮装なのである。したがってモーリスクもまた娯楽性の高い祝祭空間において、規範や秩序からの解放を楽しむ意図があったと言えるだろう。

一方、第二の性格として、モーリスクを描く図像の構図からわかるように、この踊りは男女でくり広げられる愛や誘惑の踊りとしての意味合いも強調されている。[*42] 多くの構図には、ひとりの女を囲む複数の男たちが自らをアピールするような身ぶりを展開させる様子があったが、これはすなわち女性の愛を獲得するための誘惑の踊りであるという解釈である。なかには、先に言及したメッケネムの作品をはじめ、踊りの中心でたたずむ女が指輪や薔薇、花輪などを手にしている図像も多く、彼女の愛のしるしと捉えられるこれらの象徴物は、争いに勝利し選ばれた者に捧げられるという。図像に限らず、愛を謳った詩歌などの文学作品に登場するモーリスクからも、同様の性格を見出すことができる。十五世紀の王侯詩人シャルル・ドルレアンによって書かれた『ロンドー』では、モーリスクを踊るのは擬人化人物としての〈美〉であり、貴婦人の美しさが恋愛においていかに問題となるかが語られている。[*43]

結婚の祝宴においてモーリスクの開催が多いこともまた、陽気なお祭り騒ぎとしての性格と同時に、愛の踊りとしての意味が含まれていたことを示しているだろう。先に引用したブルッヘの結婚式における動物やセイレーンと海の騎士のモーリスクがその例である。動物や古代ギリシアという野生性や非キリスト教のモチーフはカーニバルの要素でもあるが、それに加えてそれぞれのモーリスクでは、猿とセイレーンが、中世の図像学において誘惑の象徴とされる鏡と櫛を手にしている。[*44] セイレーンと海の騎士の例ではさらに、モーリスクを踊った後、嫉妬から争いが始まって騎士たちの戦いへと続く。このモーリスクが愛や誘惑を示唆するものであることに疑いはないだろう。[*45]

以上のとおりモーリスクには、カーニバルとしての性格と誘惑の踊りという二つの側面が強調されてきた。しかしながら、ムーア風と名づけられた踊りが、ブルゴーニュ公やアンジュー公の宮廷でなぜこれほど流行したかを理解するには、十五世紀のもうひとつの背景を把握する必要がある。それは、名称の由来として端的に示された「異国」や「異教」にかかわる背景である。すでに述べたように、モーリスクの発祥については不明な点が多いものの、この踊りの成立過程でイスラム教徒が影響を及ぼしていることは確かであり、この側面を取り上げずにモーリスクを語ることは不可能であろう。特に十五世紀のブルゴーニュ家やアンジュー家では、二つの理由からイスラム世界への強い関心を持っていて、それは宮廷文化のなかに頻繁に姿を現していた。二つの理由とは、第一に服飾・調度品など、「東方《レヴァント》産」とされたイスラム文化圏の文物への嗜好であり、第二にはイスラム世界をめぐる外交事情である。宮廷におけるイスラム文化の存在や、またそれに対して彼らがいかなる概念を抱いていたのか、それを把握することによって、モーリスクの流行や新たな意味が浮かび上がってくるだろう。

中世ヨーロッパのキリスト教徒にとって、イスラム教徒という存在は、何よりもまず異質な他者を意味していた。[*46] 八世紀以来、軍事遠征や商業交易を通して双方の接触がおこなわれてきたが、それによって当時のキリスト教徒たちは、彼らについてある程度の知識を持つようになっていった。十五世紀には、イスラム教徒は勢力範囲を中東から北アフリカ、イベリア半島に拡大させていたが、ブルゴーニュ家やアンジュー家の記録によると、彼らはこうしたオスマン朝、マムルーク朝、ナスル朝、ハフス朝支配下の多様なイスラム教徒たちについて、それぞれの存在を認識していることがわかる。とはいえ、正確な地理認識が形成されていない当時においては、しばしばイスラム文化圏に対して、すべてを「東方」の異教の地という漠然とした概念で捉えている例も少なくない。もともとギリシア語で「アラビア方面」を示す語であった「サラセン」という呼称は、各地のイスラム教徒を示すようになったばかりか、イスラム文化圏に由来するもの全般や、さらには自分たちの文化とは異なるもの、未知なるものに対してはすべて「東方もの《レヴァント》」「サラセンもの」として一括りにされるようになった。[*47]

こうした「東方もの」の蒐集にとりわけ力を注いでいたアンジュー公ルネの例を見てみよう。アンジェやエクス・アン・プロヴァンスを中心とした彼の宮廷では、中東や北アフリカからの舶来品を多数所有していた。彼の東方趣味において大きな役割を果たしていたのが、プロヴァンス伯領の海港都市マルセイユの存在である。マルセイユの港には、地中海を経由してもたらされた多様な商品があふれ、プロヴァンス伯でもあるアンジュー公にはそれらを手に入れるための好条件があった。こうしたアンジュー公の蒐集品についての情報を教えてくれるのが、会計帳簿の支払記録や財産目録である。これらの記録のなかで舶来品の説明には、イスラム文化圏を示すトルコ、サラセン、ムーア、バルバリア由来であることが記されている。服飾品や調度品、武具などの一部を挙げると以下の通りである。*48

・長衣を作るためのトルコの上質なカムロ［山羊やラクダの毛織物］の布地
・唐草模様のほどこされたトルコ産のダマスク織
・灰色がかった白、黄、緑など多色の大きなトルコ産のサージ［綾織の毛織物］
・ムーア文字装飾のあるムーア風チュニック
・大きなムーア風［ターバン用］薄布
・プールポワンを作るためのバルバリア産の縞模様の織物
・トルコ風、サラセン風、ムーア風の長衣や被り物
・ムーア風金糸装飾の円形クッション
・レヴァント産のつづれ織やその他、異国製品
銀のムーア文字が書かれたペルシア壺
・トルコ風の小さなフィンガーボール
・ペルシア・ブルー、赤、緑色の布地でできたトルコ風の箙《えびら》
・ムーア風の馬衣
・ムーア語またはトルコ語の書物

これらは、主にイタリアやフランス商人のガレー船から購入されたもので、そのほかチュニジアやア

ルジェリアを治める「異教徒の君主」からの贈り物も含まれていた。じつに多彩な品物を見つけることができるが、いずれも高価で貴重なものである。特に織物製品には、例に挙げた絹織物ダマスク織や、シリアや小アジアなどで広く生産される山羊やラクダの毛織物カムロ[*49]のほかにも、ビロードやタフタ、カモカ[*50]など、中世では東方産の高級品として名高い織物が見られる。また、多色使いの縞模様や、唐草模様、アラビア文字模様のように、装飾的で派手なものが多いことも特徴である。ただし記録には、上記の例のように素材や色彩、模様などの説明が常に記載されるわけではなく、ほとんどの場合が「トルコ風の長衣」や「ムーア風の帽子」など簡潔な説明にとどまり、残念ながら会計帳簿や財産目録の箇条書きからの情報では、形態や用途などについて不明な点が多い。そもそもトルコやムーアという表記自体が不確かなもので、それらが実際に記載通りの生産品であったかどうか曖昧なこともある。なぜなら東方地域の名を冠すればただちに高級品を意味するため、ヨーロッパで生産された模造品の可能性もあったからである。いずれにしても、こうした地域名がつけられた商品が多数購入されていたということは、イスラムや東方地域の文化への愛好を示すものである。さらにアンジュー公の関心は、文物にとどまることなかった。たとえば、ヨーロッパに生息しない異国の動物、つまりラクダやライオン、ヒョウ、めずらしい鳥類などの購入も多く、城の敷地内に動物園を設けて飼育させている。さらに、宮廷に連れてきたムーア人やトルコ人に、「サラセン風」や「ムーア風」の装いをさせては、廷臣として傍らに置くという様子も見られ、アンジュー公の徹底した東方趣味が窺える。

アンジュー公の事例は突出しているとはいえ、東方由来の文物に囲まれた宮廷生活は、彼に限られるわけではない。海を越えてもたらされる稀有な文物を所有すること、それは十五世紀ヨーロッパの権力者たちにとって、例外なくステータスとなり得ることであった。さらに、こうした物質的な豊さだけが人びとに憧れを抱かせたのではなく、東方には、もうひとつの揺るぎない魅力があった。すなわち、東方はすべての起源の地、聖地エルサレムの方角であり、エルサレムへの巡礼は中世の人びとの見果てぬ夢だったのである。*51 同様に東方のキリスト教国であるビザンツ帝国の首都コンスタンティノープルもまた、巡礼の対象として人びとを惹きつけた。もちろんこの都市は、東西交易の要衝として、またビザンツ文化の中心地としての繁栄も有名で、やはり物質面・精神面両方において魅力があった。

このように神聖にして富のあふれる魅惑的なイメージが相まって、権力者たちの異国趣味をかき立てていたのだが、しかしながら東方とは、同時にキリスト教徒にとっては相容れない異教世界でもあることも忘れてはならない。すなわち、そこはイスラム教徒に支配された聖地の奪回を目指して、十一世紀末からくり返される十字軍遠征の目的地である。十五世紀においては、当時、キリスト教世界を幾度も脅かしていたオスマン帝国やマムルーク朝に対する敵対心や恐怖心が、東方のイメージに重なっていた。それらの感情は、一見すると憧憬や異国趣味とは対極にあり、矛盾するようではあるが、こうした東方ゆえのもうひとつの側面について次に確認したい。

とりわけ西方へと勢力を拡大させるオスマン帝国の存在は、当時のヨーロッパ諸国に共通した懸案問題である。オスマン軍の侵攻に晒され、危機に瀕していた東のキリスト教国ビザンツ帝国からの救援要請を受けて、ローマ教皇やヨーロッパ君主たちの主導のもと、十字軍遠征の計画がたびたび浮上していた。一三九六年、後にブルゴーニュ家二代目当主となるヌヴェール伯ジャンは、フランスの騎士たちで組織された遠征の指揮をとったが、ブルガリアのニコポリスで衝突したオスマン軍に惨敗し、スルタンの捕虜となる。[*52] この苦々しい経験から復讐心を受継ぎ、自身の遠征への意欲をあからさまに見せたのが三代目のフィリップ・ル・ボンであった。ブルゴーニュ公の会計帳簿にも、アンジュー公の例と同様に多くの東方由来の文物を見つけることができるが、彼の場合はとりわけ、異教徒イスラム教徒を制圧するキリスト教君主という立場からの、東方文化との接触が目立っている。

一四三二〜三三年、フィリップ・ル・ボンは十字軍の可能性を探るために、オスマン領やマムルーク領に家臣ベルトランドン・ド・ラ・ブロキエールを派遣した。帰国後に彼は旅行記を執筆し、旅のなかで出会った東方文化を詳細に報告するとともに、持ち帰った衣服を主君に献上している。[*53] 一方、一四三九年にはビザンツ皇帝が訪欧してフィレンツェ公会議が開催され、対オスマン帝国の軍事協力を含む東西教会の共同宣言のための議論が試みられた。この流れを受けてブルゴーニュ公自身も、まもなくビザンツ皇帝からの外交使節団を迎え、キリスト教国でありながら東方の異国情緒あふれるビザンツ文化との交流をおこなったことがわかっている。しかし、ヨーロッパに向けたビザンツ皇帝の再三の救援喚起の声も虚しく、一四五三年に首都コンスタンティノープルは、メフメト二世率いるオスマン軍によって陥落する。この知らせは、現実の脅威としてヨーロッパ諸国を震撼させた。翌年、ブルゴーニュ公は後に「雉の祝宴」と呼ばれる盛大な宴を催し、そこで対オスマン帝国への十字軍計画への宣誓をおこなう。この際の祝宴では、余興として「トルコの巨人」に捕らえられた「聖なる教会」の擬人化人物が登場し、前年に起きた悲劇とブルゴーニュ公の十字軍への意欲が暗示された。[*54] 2

節で述べた通り、すべての出し物の後には、仮面や仮装の踊りのモムリーが始まった。ここで披露されたのは異国風のモーリスクではなかったが、余興で表象された「トルコ」とは、東方趣味の対象ではなく、宿敵の異教徒そのもの姿であった。

他方で、ブルゴーニュ公のもとに届いた救援要請は、オスマン帝国との戦いだけではなかった。かつて東方に築かれたキリスト教徒の重要拠点を脅かす、マムルーク朝支配下のイスラム教徒との戦いに対しても、同様に救援の声が届いていたのである。*55 十二世紀末、第三回十字軍によって建国されたキプロス王国は、十五世紀には残された最後の十字軍国家であった。しかし、そのキプロス王国もたび重なるマムルーク軍の侵略に悩まされ、一四二六年には、スルタンのバルスバイとのキロキティアの戦いで壊滅的な敗北を喫し、キプロス王ヤヌスは捕虜となる。この戦いへの参戦は叶わなかったものの、キプロス王の要請を受け、この頃ブルゴーニュの騎士たちの軍艦が帆を進めていた。それは、フィリップ・ル・ボンの義兄弟ギヨや侍従長ジャン・ド・ルベたちであったが、この遠征の途で、ギヨは無念にも命を落としている。前年に出発した彼らはエルサレムを巡礼し、さらにロードス島にも赴いているが、十四世紀初頭以来ロードス島を本拠地とする聖ヨハネ騎士団もまた、マムルーク軍の脅威にさらされ、ブルゴーニュ公への軍事支援を求めていた。一四四一年、再びロードス島へブルゴーニュ公が派遣した艦隊では、指揮にあたった側近ジェオフロワ・ド・トワジーが活躍をしている。

ブルゴーニュ公による外交や軍事行動を通した東方世界へのアプローチは、交易品からうかがわれる東方趣味とは異なる様相を見せる。そこでの東方とは、悪しき異教世界であり、キリスト教騎士として名誉を示す舞台でもあった。しかしこうした行為もまた、交易活動に並んで多くの接触の機会を作り、結果として、東方の習俗に関する知識の流入や、異文化の受容を促進したことも明らかである。したがって東方世界とは、彼らにとって敵対心と憧憬の念を同時に抱かせる存在であり、それは表裏一体であったと言えるだろう。こうした文脈においてこそ、モーリスクという異教徒を想起させる踊りが宮廷で流行したのである。それをふまえた上で、モーリスクに込められた意味を改めて考えてみたい。

5　外交問題のなかで共有されるモーリスク・モムリー

3節で引用した通り、ブルゴーニュ公の部屋付き侍従ユ・ド・ブローニュが、ターバンやヴェール、アラビア文字装飾、多色や縞模様の織物といった多分に異国的な衣装を制作したのは、一四二七～二八年に開催されたモーリスクのためであった。それはブルゴーニュ公が、キプロス王国やロードス島の聖ヨハネ騎士団の要請を受けて、マムルーク軍との戦いに援軍を派遣して間もない時期にあたる。つまり、宮廷での異国趣味の踊りの背景に、生死をかけた異教徒との戦いがくり広げられていたということである。一方で、宮廷の騎士たちが東方の地に赴き、異教徒との直接的な接触を経験してきたことが、より具体的なムーア風の雰囲気の演出に寄与した可能性もあるだろう。

これに似た事例は、じつはそれ以前にもあった。二代目当主ジャンが、ニコポリスで敗北した一三九六年の十字軍の後のことである。前述のように、スルタン・バヤズィット一世の捕虜となったジャンは、拘留されたままオスマン帝国領を連れ回され、身代金と引き換えに帰国した頃には、出発からすでに二年近くが経過していた。しかし、この若きブルゴーニュ家の跡継ぎであったジャンにとって不名誉きわまりない帰還から数年後の一四〇二年に、公家の邸館エダン城における余興の際に、彼は幼い息子フィリップ、すなわち後のフィリップ・ル・ボンをトルコの衣装で着飾らせたという記録が残されている。[*56] 残念ながらこの催しの詳細はそれ以上伝えられていないが、長期にわたる拘留の間、実際に見聞きしたオスマン帝国の習俗はジャンの記憶にも新しいはずで、余興に何らかの影響を与えたことも想像される。こうした異教徒に対する敵対心と異国趣味が同居する彼らの心性は、モーリスクの流行を理解する上で重要な点であろう。

他方で、冒頭に引用したサヴォワ宮廷での仮装舞踏会にも、一四二六年のキプロス王国のマムルーク軍に対する敗北が大いにかかわっていた。[*57] すなわち、キプロス王家とサヴォワ公家の結婚が執りおこなわれる経緯となったのが、前述のキロキティアの戦いで捕虜になったヤヌス王の身代金問題であり、支払いを肩代わりしたのがサヴォワ公アメデ八世であった。ヤヌス王は、結婚式がおこなわれた一四三四年にはすでに他界していたが、娘アンヌをサヴォワ家のルイに嫁がせることをもって、サヴォワ公への代償の解決策としたのである。すでに述べたように、この結婚式にブルゴーニュ公が参加しているのは、サヴォワ家とブルゴーニュ家が姻戚関係にあったためである。すなわち、アメデ八世は、ブルゴーニュ家初代当主フィリップ・ル・アルディの娘マリーを妻に迎えており、フィリップ・ル・ボンにとっては義理の叔父ということになる。しかしそればかりではなく、ともにキプロス王国へ対マムルーク支援をおこなった者同士であり、フィリップ・ル・ボンもこの婚姻に無関係ではなかった。キプロス側からは、新婦アンヌの叔父であり、結婚の交渉に尽力したキプロス枢機卿のユーグ・ド・リュジニャンが列席している。さらにもうひとりの注目すべき参列者がバル公ルネ・ダンジュー、すなわち後のアンジュー公であった。

アンジュー家もまた婚姻によるサヴォワ家との結びつきがあり、新郎ルイの姉マルグリット・ド・サヴォワは、ルネの兄で当時のアンジュー公ルイに嫁いでいた。アンジュー公ルイは、まもなく同年十一月に早世したために、次男であったルネがアンジュー公を後継するのである。したがってブルゴーニュ家同様、アンジュー家からこの結婚式への参加があったことは必然と言えるが、じつはこの当時ルネはフィリップ・ル・ボンの捕虜という身分にあった。[*58] ロレーヌ公領の継承問題をめぐって抗争していた両者は、一四三一年のビュルネヴィルの戦いにおけるフィリップ・ル・ボンの勝利のすえ、ルネはブルゴーニュ公国の首都ディジョンに幽閉された。一四三四年、彼は仮釈放中であったため、ブルゴーニュ公とともにサヴォワ宮廷の結婚式に参加したのであった。しかしその後ディジョンに戻り、最終的に釈放されるのは一四三七年のことである。

こうしたさまざまな外交事情が絡み合いながらおこなわれたのが両家の結婚式であり、それでいて、陽気で盛大な仮装舞踏会であった。この際の仮装では異国風のモチーフは見られないが、政敵や同盟者同士が集結し、国内外の政治問題に関する交渉の最中で、このような仮装舞踏会が開催されることは、現代的な考え方からすると奇妙なことのように思われる。また、ブルゴーニュ家、アンジュー家、そしてサヴォワ家は、十五世紀においてもっとも華やかな文化をくり広げた宮廷である。このような複数の宮廷が集結する結婚式や馬上試合、祝宴は、当時の文化的要素が凝縮された空間であり、それぞれの宮廷文化が伝達され、共有される場であった。なかでも、ブルゴーニュ公とアンジュー公の間でおこなわれた文化交流と双方の影響関係は著しい。

若かりし頃のアンジュー公が政敵ブルゴーニュ公に捕虜として監禁されていた期間は、仮釈放期間も含めて五年以上に及び、決して短いものではなかった。その間に彼は、兄を亡くしてアンジュー公位を後継し、同時にプロヴァンス伯やナポリ王という地位をも継承している。捕虜としてディジョンで過ごした日々は、アンジュー公にとってブルゴーニュの豊かな文化を吸収する格好の機会になった。それは、ブルゴーニュ公ジャンがオスマン帝国の捕虜となった例でも述べた通りである。なぜなら中世においては、捕虜といえども身分の高い重要人物である場合、莫大な身代金を獲得しうる貴重な存在となり、丁重な扱いを受けることが常であったからである。その好待遇は、公妃イザベル・ド・ロレーヌが幽閉中の夫ルネに会いにディジョンを訪れるたびに、ブルゴーニュ宮廷では宴が開催されていることや、[*59]一四三七年の釈放の際には、リールにおいて両者間の協定締結の後、ブルゴーニュ公がアンジュー公のために、盛大な馬上試合や祝宴を催していることからもうかがえる。

祝宴ではモムリーがおこなわれ、ブルゴーニュ公の会計帳簿によると、十四個の仮面とつけ髭の制作、そして十四着の長衣と被り物への金属装飾や彩色が依頼されている。[*60]踊り手は、十四人であったことと想像されるが、それは公たち自身のための仮装であったのだろうか。その点は不明だが、長年にわたる両者の領土抗争の和解は、モムリーによって締めくくられたのである。さらに後の一四四二年の記録からも、再びリールにアンジュー公らを招いたブルゴーニュ公がモムリーを開催していることがわかる。
ブルゴーニュ公やアンジュー公の宮廷では、政治・外交上の重要な場面において、モーリスクやモムリーの仮装舞踏会がたびたび開催されていた。交渉を円滑に進めるにあたって、互いに愛好する陽気な娯楽の共有が重視されていたということは確かだろう。しかしそのことは、仮装舞踏会自体に必ずしも政治的な意味合いが含まれていたことを示すわけではない。むしろ、現実世界での生死をかけた異教徒との戦いの一方で、異国趣味を楽しむ彼らの様子からは、現実と宮廷の遊戯をまったく別の次元で捉えていたという見方もあるだろう。しかしながら、明らかに外交問題を示唆しているモーリスクの例もあった。それは、時代は下って、ヴァロワ朝ブルゴーニュ家・アンジュー家ともに断絶を迎えた後の一四八六年に開催された催しだが、多分に暗示的なモーリスクであるため、以下に詳しく示したい。

一四七七年、ブルゴーニュ公国の最盛期を築いた四代目シャルル・ル・テメレールは、ナンシーにおいて、領土拡張政策の途半ばで戦死した。当主の突然の訃報に、男子相続人が不在であったブルゴーニュ家は、百年余り続いた輝かしい歴史に幕を閉じることとなる。一方、アンジュー公ルネも一四八〇年に没した。彼の晩年には息子や孫の死が相次ぎ、最終的に後継者となった甥もまたルネの死後、翌年に早世する。所領は王領に併合され、ヴァロワ朝アンジュー家は終焉を迎えた。ブルゴーニュ家所領も、かつて親王領としてフランス国王から与えられた土地は返還された。しかしそれ以外のネーデルラントに関しては、シャルルが遺した一人娘マリー・ド・ブルゴーニュが、虎視眈々と狙うフランス王ルイ十一世の手から必死に守り、父の生前に婚約を交わしていたハプスブルク家のマクシミリアン一世に助けを求めて危機を免れた。だが、マクシミリアンとの結婚後、マリーも一四八二年に乗馬中の事故で落命する。こうして、ブルゴーニュの財産はハプスブルク家へと相続されていくのだが、同時にマクシミリアンは、ブルゴーニュ文化の遺産をも受継ぐことになったのである。彼は、かつてブルゴーニュ公が追求した騎士道精神に倣い、古《いにしえ》の騎士たちの物語に傾倒し、華やかな馬上試合や祝宴を好んだ。そして、モーリスクやモムリーといった仮装舞踏会への愛好もまた然りであった。

そのようなマクシミリアンが、一四八六年にケルンにおいて開催された祝宴で、自らモーリスクを演じた。同年にマクシミリアンは、神聖ローマ皇帝の後継者を意味するローマ王に選出されたため、*61慣例にならってアーヘンにおいて戴冠式がおこなわれたが、問題のモーリスクは、その後に開催された祝宴において披露されたものであった。ブルゴーニュ公存命中からの宮廷付き年代記作家ジャン・モリネが、その様子を詳しく伝えている。ケルンに入市した新ローマ王マクシミリアンのために、歓迎の意をこめて都市の有力者たちが用意した宴には、マクシミリアンの選出に寄与した選帝侯会議のメンバーや、父皇帝フリードリヒ三世が出席していた。宴会場には、ブルゴーニュの紋章が刺繍された天蓋がしつらえられ、その下にマクシミリアンが座っている。例のごとく、晩餐の後に始まった仮装舞踏会は、以下のような演出であった。

二人のトルコ風の装いをした大男と大女は、〔…〕肩にはそれぞれ猿の格好をした幼い子どもを乗せて、風変わりで実に奇妙で、滑稽な表情や身ぶりを見せていた。

まず登場したのがこの奇妙な二人であった。彼らがしつらえられたパヴィリオンのなかに姿を消すと、続いて別のモーリスクが始まった。

このモーリスクは、世にも奇妙な装いの婦人たちを伴った王によっておこなわれた。［…］［その後、王は］フランス風のビロードを豪華にまとったもうひとりの婦人を連れてきた。婦人が、王の奇妙な長衣を脱がせると、金糸織りの短衣に金糸織りの小さなシャプロン、ショースが現われ、それは赤・白・青、複数の金糸織りの模様であった。［…］そして、彼らはフランス風に踊った。*62

トルコ風の巨人の仮装、猿の仮装におどけた身ぶり、そして奇妙な装いと、伝統的なモーリスクの要素はすべて含まれていることがわかる。しかしそれだけではなく、トルコ風の余興に続いて最初は奇妙な装いで登場した王が、再び登場したときには、フランス風の婦人によってフランス風の装いに着替えさせられるというパフォーマンスであった。

最初に王が着ていた「奇妙な長衣」とは、ヨーロッパの人びとが、東方衣装を語るときの当時の常套表現であり、特にイスラム教徒の描写によく用いられるものであった。すなわち、そのイスラム風の丈長の衣服が、短衣にタイツ状の脚衣ショース、シャプロンと呼ばれた被り物という、当時のフランスの流行スタイルと対比されているのであろう。さらに注目されるのが、赤・白・青に金の縞という色である。それは、マリーとの結婚後に用いられたマクシミリアンの紋章の配色と考えられる。その紋章は、ブルゴーニュ公家の紋章（赤・青・金）[*63]とハプスブルク家のオーストリア大公の紋章（赤・白）[*64]が組み合わされたものであった。つまりマクシミリアンは、このモーリスクのなかで「トルコ風」の衣装から紋章衣に着替えたことになる。そしてそれにあわせて、奇妙な異国風の踊りからフランス風の踊りに変化したというのである。ただし、年代記作家モリネが「ブルゴーニュ風」ではなく、あえて「フランス風」と表現していることには疑問が残る。マクシミリアンは、マリーとの結婚のため一四七七年に故郷を離れて以来、洗練されたブルゴーニュの宮廷文化を身につけていた。そしてこのたび神聖ローマ帝国の地に戻ってきたマクシミリアンに対して、「ドイツ」の宮廷文化との違いを強調した表現が「フランス風」とさせたのであろうか。一方で、トルコ風から紋章衣への変更については、当時の対外情勢を考慮すれば、大いに暗示的であるように思われる。

オスマン帝国の脅威は、ヨーロッパ東部のオーストリアに所領を持つハプスブルク家にとって、かつてのブルゴーニュ公たちに増して現実味があった。十五世紀末にかけてますます危機迫るオスマン軍の西方への侵攻に、神聖ローマ皇帝フリードリヒ三世は逃げ腰であったが、それに対して、その子マクシミリアンの武勇には、選定侯をはじめ帝国議会を構成する諸侯たちから期待が寄せられていた。[*65]というのも、その頃オーストリアでは、オスマン帝国への対策を講じないフリードリヒ三世に、不満を露わにしていた政敵ハンガリー王マティアス・コルヴィヌスの侵攻を招いていたのである。マクシミリアン戴冠の祝宴がおこなわれた前年の一四八五年には、ついに皇帝の都ウィーンはハンガリー軍に明け渡されるという事態に陥っていたのだが、このときフリードリヒ三世は、すでにウィーンを逃れて領土内を転々と移動していたという。

このようななかで、マクシミリアンのローマ王への戴冠とは、ハンガリー軍やオスマン帝国を駆逐するために意味を持つものであった。すなわち、神聖ローマ帝国内ではオーストリア大公にすぎなかったマクシミリアンが、帝国議会の支援を受け、正当な地位において十字軍の指揮をとるための措置であったのである。そのことは、逃亡しか手だてのなかったフリードリヒにとっての唯一の救いの手であり、またそのような皇帝に辟易していた帝国諸侯たちにとっても同じであった。こうした思惑から実現されたのがマクシミリアンのローマ王への戴冠であり、またその後の祝宴でマクシミリアン自らが演じたモーリスクであった。したがって、奇妙な装いのトルコ風の踊りから、ローマ王となったマクシミリアンの紋章衣と「フランス風」の踊りへの変更というパフォーマンスには、オスマン帝国の脅威を制圧するローマ王という期待がこめられているのではないだろうか。

まもなく十六世紀を迎え、最盛期に至るオスマン帝国は、いよいよ中央ヨーロッパにまで進出する勢いであった。十五世紀にはいまだ多くのフランスの君侯たちが、異教徒への対応を時代錯誤の騎士道理念にもとづいて考えていたものだったが、そこに大きな変化が現れはじめる。フランス国王フランソワ一世は、オスマン帝国のスルタン・スレイマン一世と通商条約を結び、それによってフランス国内にはより安定的に東方の情報と文物が流入するようになったのである。異国趣味と敵対心が混交するモーリスクは、未知の他者であったイスラム教徒との接触がようやく増えはじめた中世末期において誕生し、彼らに対する恐れや好奇心とともに流行を拡大させていった。しかし情報が格段に増える次の世紀には、より具体的な異国の表象をともなって、モーリスクの流行はなおも続いていく。

十六世紀に限らず、異文化との接触がある限り、名称や様相を変えながらもこの種の異国趣味の催しは、時代を越えて人びとを魅了していくのであろう。それは、冒頭に多くの例を挙げた通りである。そのようななかでも、本章では、十五世紀というモーリスクの初期の段階におけるきわめて素朴な異国趣味の表現を、この仮装の踊りに見ることができた。そして、祝祭・儀礼を通した外交が活発におこなわれた十五世紀においてこそ、騎士道祝祭や祝宴とともに、仮装舞踏会が外交の場に現れるという事例をも見た。そのことからは、モーリスクやモムリーが、単なる宮廷の娯楽にとどまるものではなかったと結論づけられる。そしてこの仮装の踊りとは、遊戯と政治・外交が同時進行する中世末期の宮廷社会の人びとの心性が如実に反映されたものであったとも言えるだろう。

第Ⅱ部　ファッションの歴史の道具箱

1 遺産目録

Inventaires après décès ——種別：手稿文書

ひとは死してなにを残すか。ときに名声や悪名を残し、長い時を経てもその名が人びとの口の端に上る。しかしヨーロッパでは、歴史書を繙いてもどこにも名など出てこないような人びとも、じつは意外と多くがその所持品の記録を残している。それが遺産目録である。

日本では一般にあまり接することがない職業だが、欧米では、公証人と呼ばれる職業の人びとが頻繁に生活にかかわる。なにかの契約をするとき、出生・婚姻・死亡などの大きなできごとがあったとき、公証人に書類を作ってもらって、公的に証立てる。ヨーロッパでは中世期からこの職業が存在し、現在に至るまで、人生の重要な局面で公証人が登場するのが当たり前のこととなっている。

「書き留める noter」という職名の語源の通り、書類を作るのが仕事である公証人notaireは、当然のことながら非常に多くの史料を残している。売買や貸借や雇用の契約書、土地などの権利証書、婚姻をめぐる書類などのほか、大きな部分を占めるのが、死者の所持品を記録した遺産目録である。公証人は書類作成のプロフェッショナルだから、地域と時期が近ければ形式はおおむね統一されており、綴りや書字も比較的整っていることが多い。とはいえ、空欄に書き込めばいいような書式があったわけではないから、紙のサイズもばらつきがあるし、一ページの行数はまちまち、余白が書き足しで埋まっていたり、それでも足りずメモの紙片が虫ピンや糸で留められていたりすることもある。

十八世紀パリのものなら、紙は現在でいうA4サイズより大きめな程度のものが多く、まずは左肩に「遺産目録」など書類の種類と、当事者の名、日付が記される。その横、紙の上部には百合の図案を伴う判が押されている。パリ納税区の収入印紙代わりの証印である。王政復古期には、これは武装したマリアンヌの図案を伴う国王証印に取って代わられている。そして本文が数ページか、長ければ数十ページにわたって続き、ところどころ判が押され、最後には当事者と公証人のサインが並ぶ。公証人のサインは手慣れた華麗なものだが、当事者のものはいかにも書き慣れないたどたどしい文字のことも多い。その程度にしか文字を書けない人びとも公証人文書を残したのである。本文を見てみれば、年月日が冒頭にあり、「〜の申請に基づいて」として依頼人の氏名、職業、住所などの身元が記される。遺産目録なら、その後に死亡者の情報が続く。そういった書類作成にかかわる情報が半ページから数ページほど記された後、遺産の詳細が列挙される。

一八二九年三月二五日に作成された、ナポレオン宮廷御用達商人だったルロワの遺産目録を見てみよう。まずは「地下室に」として、「三八〇の硬い粗ガラスの瓶、一部は星付き、四二フランと評価……四二」、「七六〇の小売されたブルゴーニュ赤ワイン、全体で四〇〇フランと評価……四〇〇」などとワインの記録がいくつか続く。どうやらルロワは相当な数のワインを集めていたようである。その後は部屋ごとに、スプーン一つに至るまで遺品の情報と評価額が書き留められている。そんな具合に、こと細かに所持していたものが記録される。

ルロワはモード商という服飾関係の手工業者／小売商だったから、彼の遺産目録全体がこうした服飾関係業にたずさわる人びとの記録として服飾

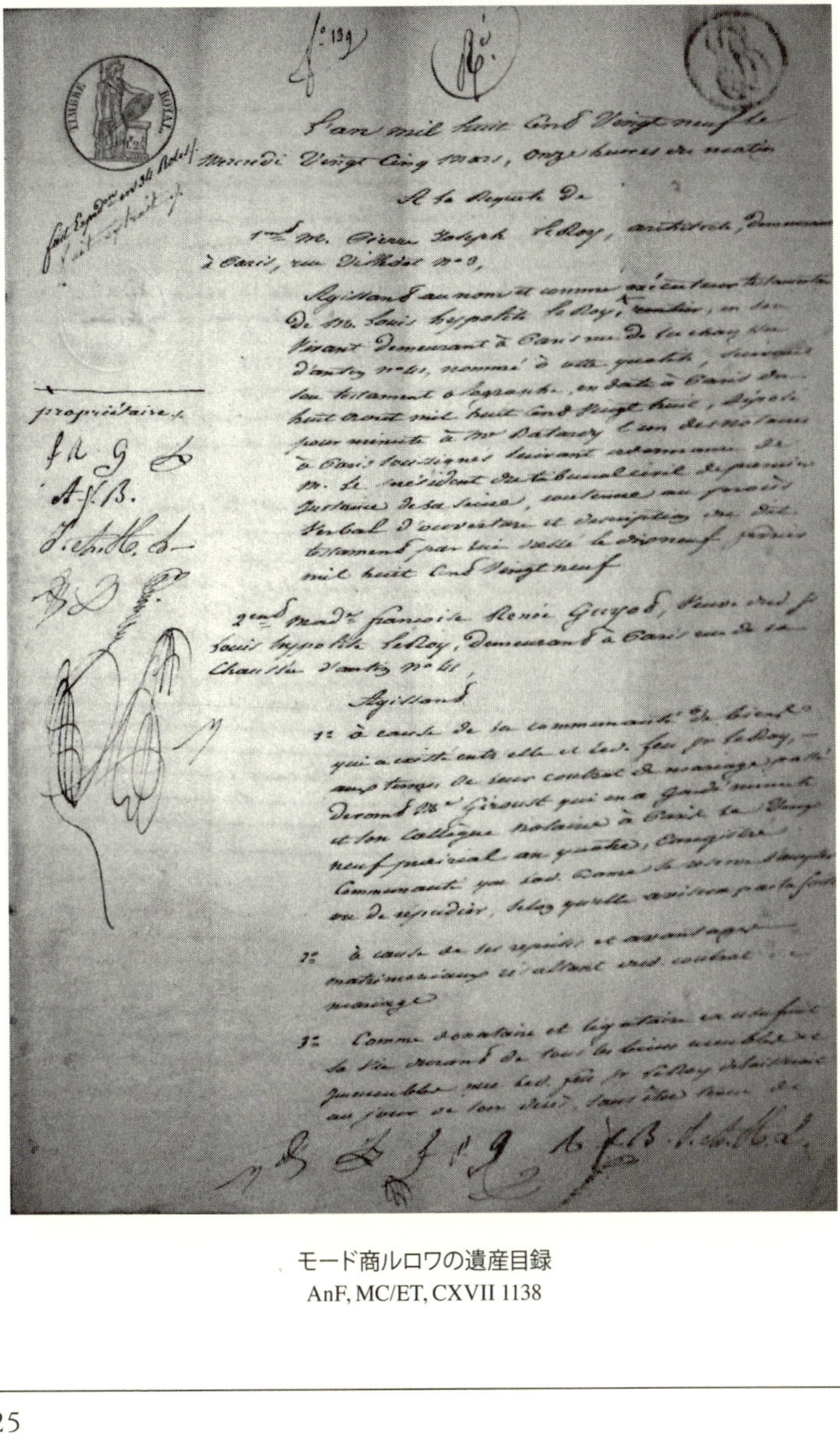
TIMBRE ROYAL

L'an mil huit cent vingt neuf le
Mercredi vingt cinq mars, onze heures du matin

A la requête de

propriétaire

モード商ルロワの遺産目録
AnF, MC/ET, CXVII 1138

史研究の題材となるが、そういった職業ではない人びとの遺産目録も重要な情報を提供する。故人が所持していた衣服の情報である。衣服の色、素材、新古の状態、評価額などが詳しく記されるため、これを読めば服飾について多くがわかる。フェルナン・ブローデルの弟子であり、中世服飾史のパイオニアであるフランソワーズ・ピポニエは、中世末期のブルゴーニュ地方の遺産目録を用いて、当時のリネン製品の種類や各社会層への普及度を考察している。それによれば、リネンは下着などの衣服のほか、テーブル掛け、手拭いなどにもよく使われており、またその使用は貧しい人びとの間にも広がっている。こうした研究は質的な分析と言えるだろう。

量的な手法としては、文化史家ダニエル・ロッシュが、十七〜十八世紀パリの遺産目録一〇〇を年代別に無作為抽出し、社会層別の服飾品所持状況を、種類、色、素材などといった項目に分けて統計を取って分析している。ロッシュの社会層の分類にはいくらか問題もあるが、たとえばキュロットという貴族層特有とされる衣服や、絹のような高級な布地が実際はどういった層に普及していたかも、遺産目録から見えてくるのである。

このように多くの情報をもたらす遺産目録だが、ピポニエはその問題点をいくつも指摘している。まず、史料としての保存状態が悪いものが多い。どんな手稿文書にも言えることだが、ネズミにかじられ、破け、ページがバラバラになった状態では、特に統計的処理をしたいならとても使うことはできない。また所持していた服飾品や布地を遺体埋葬時に使ってしまったり、書類作成前に遺贈してしまったりして、遺産目録には記されないこともある。貧民に属する人びとや、時代・地域によっては財産譲渡の権利を持たない私生児などは遺産目録を残さないことも多い。こうした問題を念頭に置いた上で扱うべきではあるが、その数の多さ、時代・地域・社会層上の広がりを考えれば、いくらでも掘り返しようがある史料と言える。

　こうした遺産目録は、公証人文書コレクションの一部として各地の県文書館に所蔵されている。パリについては、フランス国立文書館に膨大な公証人文書コレクションがあり、一部は同館公式ウェブサイトのデータベースから情報を検索できる。当事者情報検索用、公証人検索用などと分けていくつかのデータベースがあるが、オンラインで全体は網羅されておらず、詳しく調べたいなら同館備え付けの端末から検索する。もちろん実物は手稿文書だから、文書館を訪ねて、大きな紙箱を開いて一枚ずつボロボロの紙をめくりながら探すことになる。

　また、フランス服飾史上の重要人物のものとしては、ルイ十五世寵姫ポンパドゥール侯夫人の遺産目録が二〇世紀前半に刊行されている。これは彼女が所有していた十九の邸宅にあった遺品を記録したものので、量があまりにも多いため、作成には一年程度が費やされている。彼女はルイ十五世宮廷のファッション・リーダーであり、その遺品には数多くの服飾品が含まれ、当時の最先端のファッションがうかがえる。

　私たち歴史を学ぶ者が研究の糧とするのは、死後になにかを残してくれた人びとのモノと情報である。遺産目録は、死者が残したモノの記録としていまは亡き公証人が残した情報であり、歴史を過ぎ去っていった人びとの痕跡を、いわば二重に留めている。


（角田　奈歩）

史料・書誌情報

AnF, MC/ET, CXVII 1138

Jean Cordey, éd., *Inventaire des biens de Madame de Pompadour, rédigé après son décès*, Paris, F. Lefrançois, 1939

Daniel Roche, *La culture des apparences : une histoire du vêtement XVIIe-XVIIIe siècle*, Paris, Fayard, 1989

フランソワーズ・ピポニエ（徳井淑子訳）「生活の白布・身体の白布」、徳井淑子編訳『中世衣生活誌―日常風景から想像世界まで』勁草書房、二〇〇〇年、四七〜六五頁

2 遺体調書

Procès-verbaux de levée de cadavre ――種別：公文書

筆者と遺体調書という史料との出会いは、リヨン第二大学への留学が決まった時にはじまる。留学をするために、はじめて同大学の歴史学の教授でいらっしゃるジャン・ピエール・ギュトン先生にお手紙を差し上げた際、そのお返事にこの言葉が並んでいた。留学でリヨンに来た際には、この史料を調査するのが良いだろう、という内容のお返事であった。当時、十七世紀前期の社交界の流行現象について、シャルル・ソレルの作法書を用いて論文を書いたばかりの筆者の関心は、当然のことながら、きらびやかな社交界の世界に向けられていた。絹の町リヨンに留学したら、リヨン産の絹織物を用いた宮廷衣裳の調査や、あるいは作法書研究をさらに進められることになると勝手に思い描いていた。その矢先に、留学先でお世話になる先生から、変死体の衣服調査をしなさい、というお話である。すこし困惑したのが正直なところであった。

いざリヨンで先生にお会いしてみると、遺体調書は、リヨンの旧市街地にあるローヌ県立文書館に所蔵されています、まずは、手稿史料を読めるようにならないといけませんから、古文書学《パレオグラフィ》の授業を受けるとよいでしょう、遺体調書をもちいた論文では○○先生の論文があります、リヨン市立図書館で閲覧できますよ云々……と、あっという間に、この史料を用いて、筆者は研究を開始しなければならない状況に相成った。語学力に自信がないこともあって、自分の意思を伝えられないのは自分のせいでもあるし、とりあえずよくわからないけれど、古文書学なるものを受講することにした。そして、県立文書館、市立図書館、いずれもギュトン先生から紹介状をいただいてすぐに行くことにした。

古文書学の授業は朝八時から始まる。緯度の高いリヨンでは、冬の朝のまだ真っ暗な中を通学し、とにかく席に座っていた。くねくねした文字が並んでいる配布資料が毎回配布され、先生から当てられると、「これはA《セッタンアー》です。これはC《セッタンセー》です……」とたどたどしく声も小さく答えて、読んでいく。いかにも辛い、冬の朝の修行であった。

それでも、半年して、まがりなりにも古文書が読めるようになると、意を決し、県立文書館に通いはじめた。司書はやさしいおじさんで、こういう史料を探しています、と話すと、資料のカタログからすべて教えてくださった。ローヌ県立文書館は、リヨンのフルヴィエールの丘の上にあり、毎朝お弁当を作ってリュックサックに入れ、ローヌ川とソーヌ川を渡って、丘の階段をひとつひとつ登って通った。そこは、まさしく静謐な時間が流れる、小さな品のいい白い建物で、昔ながらの木の机と木の椅子が並んでおり、そこに、外国人は私ひとりで、静かに腰を下ろしていた。ここに毎日通っている人たちは、老人が半分くらいで、おそらくは自分の家系図を作っている人たち、そのほかの若い人たちはきっと大学院生、彼らはおそらく遺産目録やもっと複雑な史料を博士論文のために読み解いていると思われた。文書は、ひと箱ひと箱、出納してもらえる。筆者が出してもらっていた箱の中には、十七世紀から十八世紀の古びた紙片が大きな束になって入っていた。なかには、遺体調書だけをひとつにまとめているサン・マルタン・デネ聖堂参事会の史料のようなものもあったが、それ以外は、小裁判を扱っているB、G、Hそれぞれの請求番号の箱の中に、たいていの場合一、二通程度しか遺体調書はなかった。それらをひとつひとつ解読していくのが、筆者に課された作業であった。

たとえば、リヨンの遺体調書の典型的な服飾記述例は、一七六六年四月十日にローヌ河畔で発見された男性遺体の調書に見ることができる。

> 男性と思われる遺体、年齢は六〇歳程度、髪の毛はあご髭と同様に灰色、身長は五ピエ程度、栗色で使い古された国産毛織物の上着とヴェスト二着とキュロット、キュロットには飾りボタン一個、脚部には横縞のサージのゲートル、首には青と白の（縞模様の）木綿の襟巻き、足には綿ネルで裏打ちされた木靴、粗末な平織り布の下着には青いリモージュ糸でPとTの印がついており、頭には粗悪な帽子、そして体には飾りボタンのついたブフルと呼ばれる革ベルトが巻かれ、ポケットの中には粗悪な青い木綿のハンカチーフと木製のロザリオがあった。
>
> （ローヌ県立文書館所蔵、請求番号［2B188］、一七六六年四月十日の遺体調書より。訳文は筆者による）

このように、調書には遺体の身元の判断材料となるさまざまな情報が明記され、判明している場合には遺体の名前や職業等も書き加えられた。特に着用しているものについて、頭の上から足の爪先まで、さらにポケットの中身に至るまでの詳細な記述が遺体調書の特色である。つまり、実際に当時の人が身につけていた衣服が分かるのである。時おりみられる職業に関する記述や、その遺体の氏名や身体的特徴などからは、十八世紀のリヨンの市井の人びとと相対しているような臨場感を感じた。

調書は、たとえばリヨンの場合、次のように作成されている。まず不慮の溺死などによる遺体発見の連絡を受けた当局の裁判官補佐官あるいは都市守備隊長などが、現場へ検事と書記と外科医を派遣する。どの史料においても、検事と書記と外科医の三名は必ず登場し、この三名で遺体の発見現場におもむき、調書を作成する。調書にはまず、変死体の発見場所が正確に記され、発見者などの証言が記される時もある。そして遺体の状況が、性別、およその年齢、身長、髪の毛の色、目の色など克明に記された。そして、衣服がひとつひとつ記されていく。遺体に傷などがあるかどうかや死因などを外科医が確認し、場合によっては外科医のレポートが添付されることもある。身元が判明した場合はその旨を記載し、最後に遺体の額に赤い鑞で印を押して、墓地に埋葬するよう命じられる。

遺体調書に記される衣服は、まさしく身元判明のための重要な手がかりになっていた。身につけている下着類に、本人の名前のイニシャルが刺繡されていることがあるのもそのひとつである。また、たとえば、一七六七年六月三〇日発見の女性遺体は、発見から十日たった一七六七年十月七日に、その遺体は自分の娘だと名乗る男性が現れて、彼は検事や書記などと共に、十日前にすでに身元不明のまま娘が埋葬された墓地へおもむき、わざわざ墓を掘り起こし、娘の棺を開けて、遺体の衣服を見て、ようやく自分の娘であると確認するというような事例があるからだ。

従来の服飾史は、多くの場合、王侯貴族の服飾文化を物語るものであった。しかし、このような遺体調書の史料から、私たちは、十八世紀フランスの地方都市の、普通に生きていた普通の人びとの衣生活をうかがい知ることができる。絵画や多くの文献資料からは読み取ることのできない、実際に人が身に着けていた衣服のすべてを知ることができる。そのような意味で、遺体調書は、服飾文化史を研究する際の、きわめて異色で地味な史料ではあるが、他では得られない情報が記されている貴重な史料であると言えるだろう。

（内村理奈）

3　会計帳簿（宮廷）

Le Registre des Comptes ——種別：手稿文書

近代以前のフランスの宮廷について、またそこでの衣生活を想像するとき、多くの人が思い浮かべるのは、絵画や写本挿絵などの図像がもたらすイメージではないだろうか。確かに、宮廷でのワンシーンを切り取った図像は、宮廷人たちの装いや宮廷内部の装飾、その雰囲気までを端的に教えてくれるものである。しかし、服飾品の供給がどのようにおこなわれ、どのような人びとがそこにかかわったのかなど、図像からはわかりにくいことも多い。こうした宮廷の衣生活をめぐる人とものの動きについて、情報を与えてくれるのが会計帳簿である。

会計帳簿とは、収支状況が綴られた財政記録である。古代以来、簿記の慣習は貨幣経済とともに発展していくが、中世以降には、王侯の宮廷や都市政府、教会や修道会組織、商人や職人、同業組合など、さまざまな組織や個人によって帳簿が作成されるようになった。なかでも服飾史にとって有用となる史料には、別項目でとり上げた服飾品関連の商業文書がある。それに加えて、豊富な情報を提供してくれる宮廷（王侯）の会計帳簿を挙げたい。

なぜ宮廷の会計帳簿なのかというと、そこではおうおうにして服飾品への大量の消費がおこなわれるからである。宮廷は、君主を中心にその親族や彼らに奉仕する者、また一時的な訪問者など複数の人びとが集う場である。宮廷内に形成された厳格なヒエラルキーの頂点に立つ君主は、きわめて贅沢で華麗な衣装をまとう。宮廷で開催される祝祭・儀礼では、それぞれの場に見あった最高級の衣装がそのつど選ばれる。ただしそれは、君主の好みが単に派手であったという理由からではなく、臣下や競合する者たちに対して君主の威光を印象づける目的があった。そのため臣下への衣服の分配も頻繁におこなわれる。君主自身や親族、側近の豪華な衣装から、宮廷に出入りするあらゆる人びとにかかわる衣装を含め、大規模な奢侈と消費の舞台となる場が宮廷であった。

フランス王の場合、カロリング朝時代の八世紀末にはすでに会計記録が作成されていたというが、後世に残されているものはほとんど十二世紀以降の記録である。十三世紀後半に王権に属するパリ会計院Chambre des comptes de Parisが整備されると、その統制のもとに王家の会計帳簿は、家産管理のための欠かせない記録としてフランス革命まで継続して作成された。十七世紀には会計院の火災や革命期の混乱により、多くの文書が消失や分散の憂き目をみたが、一部の残された記録や失われる前の調査記録などが、現在フランス国立文書館（K, KKシリーズ）、フランス国立図書館（クレランボー・コレクション）、ルーアン市立図書館（ルベル・コレクション）に保管されている。また十四世紀後半に王家のモデルにならって、ベリー公、ブルゴーニュ公、アンジュー公、ブルボン公など大諸侯の宮廷でも同種の帳簿が作成されており、なかにはブルゴーニュ家のように初代から四代目当主まで百年以上にわたって、きわめて継続性と一貫性のある史料が残されている例もある。この記録については、かつてのブルゴーニュ公領で、会計院が置かれていたディジョンのコート=ドール県立文書館とリールのノール県立文書館、さらにブリュッセルのベルギー王立文書館に収められている。

十五世紀の帳簿について詳しく見ていこう。帳

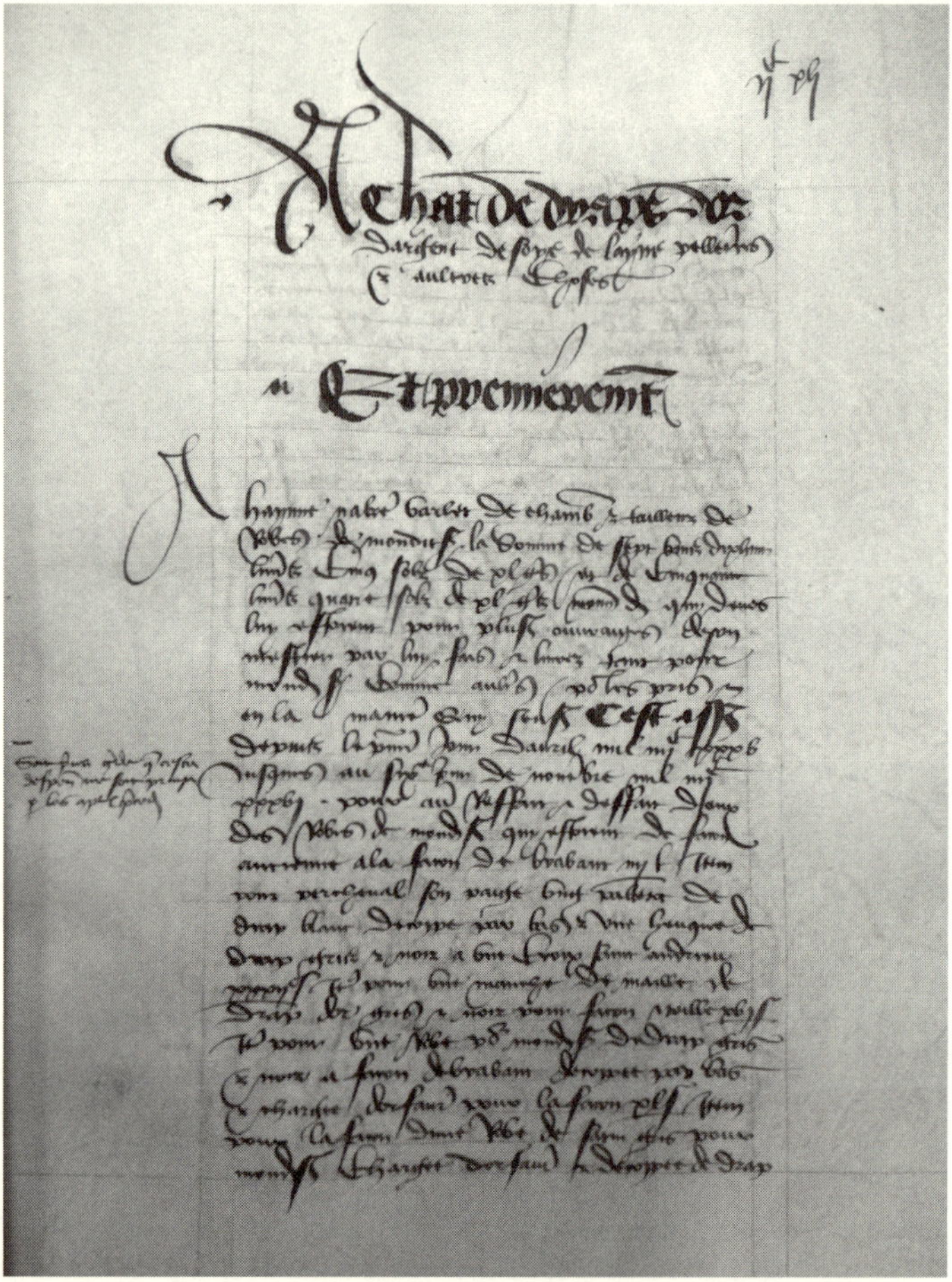

ブルゴーニュ公フィリップ・ル・ボンの会計帳簿
「金糸・銀糸織物, 絹織物, 毛織物, 毛皮などの購入」（1442年）
ADN Lille, B 1978 fol. 241r

簿は一般的に収入と支出の二部に分けられ、さらに支出部は、通常支出と特別支出の項目に大別されている。奉公人への給金や食料への出費を記録する通常支出に対して、服飾品など奢侈品購入に関する記録が含まれるのが特別支出である。具体的には、毛・絹織物、毛皮、金銀細工、宝飾品、家具調度品、食器類、刺繍製品の購入または制作のために支払われた記録がそこに見つけられるだろう。フランス王家の場合、これらの購入と管理の任務を負ったのが、財務管理部 argenterie である。出費がおこなわれた後、財務管理官 argentier によって帳簿が作成されると、会計院に提出され、監査・審問を経て保管された。

では、ここから服飾品について具体的に何がわかるだろうか。記載される最低限の情報は、君主の命を受けて購入・注文された日付、注文品の名称、数量または寸法、金額、支払いを受けた商人や職人の名前である。これに加えて、注文品の特徴（素材、色彩、形など）や、その目的（誰のためか、どのような機会のためか）、購入場所について記録される場合も多い。例を挙げてみよう。「一四四七年四月七日、復活祭用に王と王妃の長衣を作るため、アヴィニョンのミシェル・ド・パッシーから購入した黒のなめらかなビロード一〇六ポーム、一ポームにつき三フローリンで、合計三一八フローリン」これは、プロヴァンス伯領を治めるアンジュー公ルネの記録で、長さの単位に用いられているのは、当時プロヴァンス地方で用いられていたポーム（一ポーム＝約七・四センチメートル）で、また通貨はフローリン金貨である。

一方で前述のとおり、会計帳簿が示す服飾品の記録は君主のための奢侈品ばかりではない。君主は、一族の者や側近、上級・下級の奉公人たち、時には宮廷外の者に対して、寛大さを示す目的や何らかの褒美として、服飾品を贈与する習慣があった。その家臣のための服飾品が、特別な機会に際して支給される「仕着せ livrée」であった場合には、君主の権威の可視化や、着用者にとっての所属や忠誠の意志表明として政治的な意味合いを持つため、しばしばその桁違いの規模に驚かされることもある。たとえば一四三五年のアラスの和約の際、ブルゴーニュ公フィリップ・ル・ボンは、随行員への仕着せとして、自らを象徴する黒と灰色の刺繍入りの揃いの衣装を四七〇着も用意したという。贈与や仕着せに関する帳簿の証言は、衣服を媒介として、君主とそれを取り巻く人びとの間に特権的な関係が存在していたことを教えてくれるのである。

服飾史にとって貴重なこれらの記録は、まだ十分な分析がなされていないのが現状である。たしかに会計帳簿は、報告に値する事柄のみが記され、文章としては簡潔である。とはいえ、服飾にかかわるものだけでも膨大な量のデータを読み解き、体系的な調査をおこなうことは容易ではない。まず十五世紀の手稿文書を閲覧するためには、各史料が収められている文書館に出向く必要がある。なかには活字化された編纂集が刊行されているので、それらを有効に活用することができる。ただしそれらは断片的であり、誤写の可能性もあることは注意しなければならない。さらに調査の難しさにはさまざまな理由があるが、特に現代では用いられていない服飾用語の解読の問題がある。また単語の綴りが統一されていないことも考慮しなければならず、たとえば「縞模様の織物 drap rayé」のように縞模様を指す形容詞 rayéは、raye, royet, roie など複数の表現が見つけられるだろう。そして帳簿の簡潔な記述だけでは、服飾品の形態を特定できないこともある。一四三〇年代前半のブルゴーニュ公の会計帳簿に、時おり登場する「ドイツ風」に仕立てられた長衣がその例だが、説明が少ないために、具体的にどのような特徴を示すのか明らかでない場合も多い。このように服飾史の史料としての会計帳簿の利用には、困難や限界があることは否めない。とはいえ、図像や文学作品などその他の史料をあわせて活用しつつ、丹念な調査が実現すれば、会計帳簿は事実を語る史料として、服飾文化の理解のために大きな成果をもたらしてくれるだろう。

（原口　碧）

文献情報

Louis Douët d'Arcq, *Comptes de l'argenterie des rois de France au XIVe siècle*, Paris, 1851 (Société de l'histoire de France).

Louis Douët d'Arcq, *Nouveau recueil de comptes de l'argenterie des rois de France*, Paris, 1874 (Société de l'histoire de France).

Albert Lecoy de la Marche, *Extraits des comptes et mémoriaux du roi René pour servir à l'histoire des arts au XVe siècle*, Paris, Picard, 1873.

Gustave Arnaud d'Agnel, *Les comptes du roi René, publiés d'après les originaux inédits conservés aux archives des Bouches-du-Rhône*, Paris, Picard, 1908-1910, 3 vols.

Le comte Léon de Laborde, *Les Ducs de Bourgogne : études sur les lettres, les arts et l'industrie pendant le XVe siècle, et plus particulièrement dans les Pays-Bas et le duché de Bourgogne*, Paris, Plon frères, 1849-1852, 3 vols.

徳井淑子『服飾の中世』勁草書房、一九九五年

中村美幸『フランス中世の衣生活とひとびと—新しい社会経済史の試み』山川出版社、二〇〇〇年

4 会計帳簿（商業文書）

Livres de comptes

——種別：手稿文書。トランスクリプトの刊行史料も存在

私たちは、服を買ったら家計簿を付ける。売り手は、服を売ったら帳簿を付ける。家計簿にはなにを記すだろうか。日付に、「衣服」とか「被服費」とかいった分類、そして金額、で終わりだろうか。覚え書きとして、買った店の名前やメーカー、色や種類なども書く人もいるかも知れない。一方、売る側の帳簿となると、より詳しい情報を記さねばならない。なにを売ったかは在庫管理や売上管理に直結する重要情報だから、現在ならばバーコードで情報化され、売ると同時に記録される。手書きの値札しかないような個人商店でも、商品番号による管理くらいはしていることが多いだろう。

定価というものが存在せず、したがって値札もなかった時代にも、服飾品を売る人びとは帳簿を付けていた。原始的な簿記は古代から存在したといわれるが、複式簿記はルネサンス期にヴェネツィアの商人が発明したとされ、ゲーテは『ヴィルヘルム・マイスターの修業時代』の中でこれを「人知が産んだ最高の発明の一つ」とまで述べている。それほど簿記は重要であり、その発達は大事件だったのである。そして近世期になれば、鍋釜のような日用品の類を作り売る手工業者／小売商らまでも文字や計算を学び、日々、帳簿を付けた。

近世パリの手工業者／小売商らの会計帳簿にはいくつかの種類がある。まず、仕入と売上に分けて、二種の仕訳日記帳（リーヴル・ジュルナ

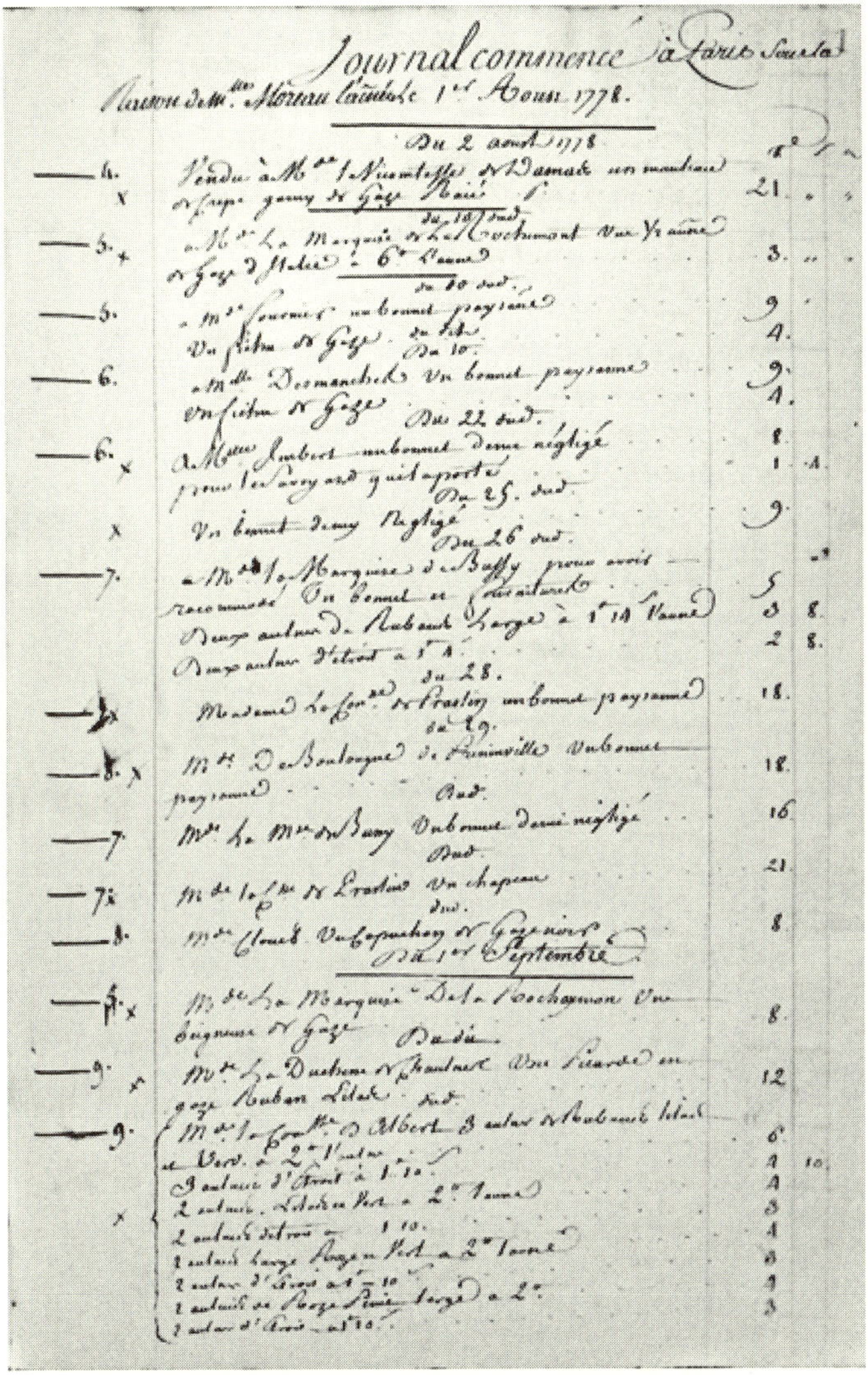
Journal commencé à Paris ...

... 1er Aoust 1778.

Du 2 aoust 1778

モード商モロ嬢ジャンヌ＝ヴィクトワールの仕訳日記帳
AD Paris, D5B6 1295

ル）が作られる。これは取引を時系列順に記したものである。たとえば仕訳日記帳の売上帳なら、まずは日付、続けて取引相手の名と取引内容が記される。「一月一日、A夫人、白いサテンのリボン、一オーヌにつき一リーヴルを二オーヌ、小計二リーヴル。青いフィレンツェ絹のドレス仕立、二〇リーヴル。合計二二リーヴル」などといった具合である。オーヌというのは当時の布の長さの単位で、地域差があるが、パリでは約一一九センチメートルである。リーヴルは貨幣単位だが、イギリス・ポンドがLに横線を引いた記号£で示されるのは、かつてのフランス・リーヴルと共通する原型である古代ローマの通貨リブラに由来する。仕訳日記帳の記録は小計ごとに改行され、小計部分は列を取って表の体裁にしてあったり、日別顧客別の合計列が取られたりしているものもある。また仕訳日記帳を作る前に下書き帳簿を作ることもある。そしてこの仕訳日記帳を元に各種の仕訳帳が作られる。

顧客別仕訳帳は通常、見開きで借方・貸方を分け、見開きページの上に顧客名、左手上に「借方」、右手上に「貸方」と記されている。ただし、ルネサンスから時を経たこの時期でも、彼らの簿記は複式簿記というには未熟なもので、一行ごとに左右の数字を一致させる形式にはなっておらず、左手・右手それぞれに日付と取引内容と金額が羅列され、かろうじて見開きページごとに額を一致させているだけである。現在の簿記とは左右や貸借の考え方が逆になっているものもある。なお、現在のフランス語では総勘定元帳など複式簿記で記された帳簿をグラン・リーヴルと呼ぶが、近世期には借方・貸方を分けた帳簿全般をグラン・リーヴルと呼んでいたため、顧客別仕訳帳がグラン・リーヴルと呼ばれることが多い。ほか、売掛帳、手形期限記録、貸借対照表など、商売の形態や規模に応じて、さまざまな帳簿や記録が作られる。なお、帳簿を指す「リーヴル」という語は、貨幣単位のリーヴルと綴りは同じだが無関係で、「本」という意味である。

　これらの帳簿は、会計の専門家ではない手工業者／小売商本人が記していることが多いため、簿記としてはかなりお粗末なものが大半で、ミミズがのたくったような文字で綴りもでたらめ、計算も合わない、などといったものも少なくない。しかし丹念に繙けば、これらのミミズ文字と数字の羅列は、非常に豊かな情報を提供してくれる。服飾関係の手工業者／小売商の帳簿には、各取引について、顧客名、品物や作業の内容、数量、価格が記されている。質的に扱うなら、そこに記された服飾品について、素材、色、形態などを詳しく見ていくことができる。商品や作業をどの程度詳しく書くかは書き手や機会によってまちまちで、グラン・リーヴルの類だと「商品」の一語で済ませられていることもあるものの、仕訳日記帳なら素材・色・大きさ・装飾などを数行にわたって細かく記している例も多い。品物の一つ一つが手作りで、多くは顧客の注文に応じて作られた一点物だから、商品番号による管理などはできない。覚え書きとして品物や注文の詳細を書き留めなくてはならなかったのだろう。おかげで帳簿を読めば一着の衣服を仕立てるのに必要な布地や装飾品の分量や費用もわかるし、著名な人物の名を探し、彼らが購入・注文した品物を調べることもできる。総体として扱うなら、帳簿を丸ごとデータ化し、顧客や商品を分類して、分類別の登場回数や売上高を計算し、ある手工業者／小売商の顧客層や取り扱い商品・作業全般の傾向を分析するといった手法が可能になる。この種の分析の実際については、第I部第1章「流行を商う」を参照されたい。

　こうした会計帳簿は、一部にはトランスクリプトが存在する。服飾関係の手工業者／小売商のものとしては、中世期についてはC・クデールの『十五世紀パリの大仕立工の会計』、近世期についてはドゥ・レゼ編『エロフ夫人の仕訳日記帳』がある。特に後者は、全二巻にもわたって、一七八七〜

一七九三年の六年間に及ぶモード商エロフの売上仕訳日記帳記録すべてを詳細な顧客情報の補足付きでまとめている労作である。エロフは王妃マリ＝アントワネット御用達商人で、王妃の名も毎日のように帳簿に現れる。『エロフ夫人の仕訳日記帳』は、国内では文化学園図書館、フランスではフランス国立図書館に所蔵されており、後者は電子図書館サーヴィス・ガリカでも閲覧・全文検索可能である。じつは、私が修士論文に取りかかる頃、初めて手にした一次史料がこの『エロフ夫人の仕訳日記帳』である。当時は恥ずかしながらリーヴル・ジュルナルという語を知らず、図書館で実物を見るまで日記だと思い込んでいた。しかし手にしてみれば会計帳簿で、一体これをどう使えばいいのかと途方に暮れた憶えがある。しかしこのいわば不本意な出会いが、商業という面から服飾の歴史を考えるという着想をもたらした。分析方法を思いつかないままひたすら書き写しているうちに、王妃は毎日のように多額の買い物をしているとか、非貴族顧客はごくわずかだとかいったことに気づき、こういった傾向を数字で示せば分析として成り立つのではないかと閃いた。その手法で修士論文執筆を進めていくうちに、商業から服飾の歴史を考えるという視点にたどり着いたのだった。

そして、これら以上に重要なのが手稿文書である。これについては、パリ市文書館に、商事裁判所関係史料として一六九五〜一七九一年の間に破産した手工業者／小売商の帳簿が大量に所蔵され、史料番号Ｄ５Ｂ６を付けられている。当時、パリで手工業や小売業を営むならほぼ必ず同業組合（ギルド）に所属しなくてはならなかったが、パリの同業組合は中世期から王権に従う宣誓ギルドと呼ばれるタイプの同業組合になっており、シャトレ裁判所を通じて王権に統制されていた。そのため、一手工業者／小売商の動向も国家や市当局に管理されるべきことであり、破産すれば収支状況や店舗・工房内の動産が破産文書として記録され、それまでに付けた帳簿も提出させられたのである。なお、同時期の破産文書も、D4B6（一六九五～一七九二年）に収められている。革命期以降についても、破産文書類はD11U3（一七九二～一八九九年）、D10U3（一八〇八～一九四一年）、D12U3（一八〇〇～一九四一年）として現存する。しかしD5B6は、二〇一〇年以降、保存状態悪化により大部分が閲覧停止となってしまった。パリ市文書館の手稿文書検索はほとんどデジタル対応しておらず、館内のファイルやカードで検索するようになっているが、D5B6についても一覧のファイルは調べられる。ファイルを調べて文書番号を指定すれば、状態を確認の上、許可されることもある。しかし閲覧不可能なものも多く、また可能なものについても監督室内で、手袋着用の上での閲覧になる。私は二〇〇九年以前からこれらの帳簿を扱っているが、帳簿が収められている紙箱を開くと中身があらかた虫食いで消え失せていた、などということは当時からあったから、閲覧停止はやむを得ない措置だろう。とはいえ、これを利用するのが難しくなったことで、今後アンシャン・レジーム期パリの手工業・小売業に関する研究全般に支障が出る怖れがある。

さらに、服飾史上の重要人物の帳簿としては、ナポレオン夫妻御用達商人であったモード商ルイ＝イポリット・ルロワの顧客別仕訳帳の一部がフランス国立図書館手稿文書部（リシュリュ館）に所蔵されており、マイクロフィルム化もされている（原本NAF5931・5932, マイクロフィルムMicroforme20997, 20998）。フランス国立図書館所蔵の手稿文書は、多くが複写・マイクロフィルム化・デジタル化による取り寄せに対応している。私も第Ⅰ部第1章執筆のため、この帳簿をPDF形式で取り寄せた。

電子情報としてリアルタイムに蓄積される現在の帳簿情報を用いれば、未来の服飾史家にとっては商品別の売上を計算するのも一瞬の作業になるだろう。

だが、既製服も定価もない時代だったからこそ、売り手は細かく品物や作業の内容を記した。それがいま、当時の服飾と、服飾をめぐる取引の実際についての、貴重な情報源となっている。

（角田 奈歩）

史料・書誌情報

BnF, NAF 5931 / 5932 (Microforme 20997 / 20998)

AD Paris, D4B6. Juridiction consulaire. Dossiers de faillite (1695-1792)

AD Paris, D5B6. Juridiction consulaire. Registres de compte des commerçants faillis (1695-1791)

AD Paris, D10U3. Tribunal de commerce de la Seine. Registres d'inscription des faillites (1808-1941)

AD Paris, D11U3. Tribunal de commerce de la Seine. Dossiers de faillite (1792-1899)

AD Paris, D12U3. Fichiers des faillites et des règlements transactionnels (1800-1941)

Camille Couderc, *Les Comptes d'un grand couturier parisien du XVe siècle, Extrait du Bulletin de la Société de l'histoire de Paris et de l'Ile-de-France,* tome 38, Nogent-le-Rotrou, Daupley-Gouverneur, 1911

Comte de Reiset (éd.), *Modes et usages au temps de Marie-Antoinette, livre-journal de Madame Éloffe, marchande de modes, couturière lingère ordinaire de la reine et des dames de sa cour,* Paris, Firmin-Didot, 1885

5　戯曲

——種別：フィクション

　はじめてパリを旅行した学生の時に、少し背伸びをして、憧れのコメディー・フランセーズで芝居を観た。フランスなのに、演目はシェイクスピアの「お気に召すまま（仏題 Comme il vous plaira）」だった。芝居の内容はなんとなく知っていたが、まだフランス語を習いたての筆者には、台詞を聞き取ることもできず、ただ舞台を眺めているだけだった。そのような中、強く印象に残ったのが、男装のロザリンドが女性であることを明かす場面であった。男装した女優は帽子をかぶって髪の毛を隠していたが、サッと帽子を脱ぐと、ハラリと金髪のロングヘアが流れ落ち、その髪が落ちてくる一瞬の光景によって、男から女へ戻ったことを鮮やかに示したのであった。芝居というのは、こういう風に、衣裳ひとつで多くを物語ることができるのか、と筆者は深く感じ入り、芝居を史料に服飾研究をするのは面白そうだと、このとき強く思ったのである。

　実際に芝居を手がかりに服飾研究をしていくには、私たちは戯曲を史料として用いることになる。戯曲は、もちろんフィクションである。戯曲だけでなく文学作品をはじめとするフィクションを史料として扱うことに関しては、それが虚構であるがゆえに、史的研究の史料として不適切であると斥ける立場の研究者は、じつは少なくない。たしかに、虚構の世界を現実であると断定することはできないかもしれない。しかし、このように斥けてしまうことは、実り豊かな研究の可能性をはじめから拒否する態度であると筆者は思う。文学作品は虚構ではあるが、同時代の人びとが抱いた心象風景や、精神世界を映し出し、あるいは社会現象を誇張した形であるとしても描き出している。虚構の裏側には、虚構を生み出すための、奥の深い現実世界が広がっている。フィクションという想像世界を構築する心性もまたひとつの現実であり、フィクションを通してこそ、当時の人びとのものの考え方や捉え方、そして事物の象徴性に肉薄することができるのではないか。その意味で、フィクションは、斬って捨ててしまうには、あまりに惜しい、重要な一次史料といえるのである。

たとえば、歴史家ジャック・ル・ゴフは、虚構の世界における服飾の表象分析が、歴史研究に大きな実りをもたらすことを主張した。社会的事実のみを研究するのでなく、想像力の産物である文学作品や芸術作品における表現を分析することによって、服飾の機能や意味はいっそう明らかになると述べた。われわれ研究者が歴史上の服飾の現実に迫るためには、当然、実証研究も重要ではある。しかし、フィクションをも研究対象に含めることによって、人間の心性とのかかわりから服飾のもつ意味の豊かさに私たちは気づかされ、同時代における服飾の象徴性をより具体的に読み解くことができるのである。

まして、戯曲は、文学作品の中でも、とりわけ同時代色が色濃く反映される文学ジャンルであった。悲劇はすこし様子が異なるが、フランスにおける喜劇は、多くの場合、同時代の風俗をカリカチュアのようにして描き出している。同時代の世相を切りとり、社会諷刺として、当時の風俗を戯画化して舞台に載せるものであった。それゆえ、もちろん誇張は見られるものであったとしても、同時代の特徴的な風俗が、端的に描き出されることが多かった。つまり、モードをめぐる同時代人のさまざまな視線は、戯曲によってこそ、もっともよく理解することが可能だったのである。

筆者は十七世紀を代表する喜劇作家モリエールの戯曲を多く扱ってきた。モリエール作品の中でも、『町人貴族』、『ドン・ジュアン』、『才女気取り』、『女房学校』、『亭主学校』には、十七世紀の貴族と、その周辺にいた人びとの、モードをめぐるドタバタ騒ぎが面白おかしく描かれる。これらの描写から、生き生きとした同時代の人びとの、息遣いや思いや感受性の機微にまで、思いを馳せることができる。そのようにして、まさに生きていた服飾を再現することが可能なのではないかと思うのである。

研究者として大事なことは、フィクションである史料をフィクションとして扱う、という配慮なのではないだろうか。この点さえ気を付ければ十分なのではないか。このように史料の性質を見きわめることは、どのような史料を扱う際にも不可欠なことであるし、もしかすると、これから先、服飾史研究の史料として、映画などの映像も入ってくることは当然考えられるが、そのような作品を扱う際にも同様なのではないか、と考えている。

最近はウェブサイト上で戯曲のテクストが公開されており、大変便利である。モリエールに関しては左記のサイトがある。このサイトではすべてのモリエール作品が掲載され、研究文献の書誌や、モリエールの戯曲に付せられた挿絵、映像資料のリストまで載っている。研究書誌では costume の語を入れると、服飾関係文献が検索できる。

http://www.toutmoliere.net/

（内村理奈）

6 商業年鑑

Almanachs du Commerce

――種別：定期刊行物

日本では職業別電話帳をタウンページと呼ぶが、アメリカ、イギリス、カナダ、オーストラリアなど英語圏の多くの国ではイエロー・ページズと呼ばれる。イエロー・ページズはそもそも用紙が黄色かったことに由来する呼び名だが、後には表紙も黄色になった。フランスでも職業別電話帳はパージュ・ジョーヌ、すなわち英語に訳せばイエロー・ページズである。黄色を名に冠さない日本のそれも、表紙が黄色い点はこれらの国と同じである。

いまやこうした紙の電話帳は黄色というイメージ・カラーを引き継ぎつつもインターネット上のサーヴィスに取って代わられつつあるが、近世・近代のフランスにもイエロー・ページズのようなものが存在した。とはいえ、当然まだ電話は普及していないから、掲載されているのは電話番号ではなく住所であり、表紙も黄色くはない。しかし、職業がアルファベット順に並び、主だった製造業者や小売商が掲載されるのは同じである。

こうした職業別住所録の起源は、フランスではルイ十四世期から発行されるようになった国王年鑑にある。国王年鑑には、王家の人びと、官僚、大修道院長、高位軍人、各国駐在大使など、フランス王国の中枢を担う人びとの情報が掲載される。十八世紀後半になると、『ゴータ貴族年鑑』の名で知られる各国王室や貴族の情報を掲載した年鑑が発行されるようになる。こうしたものを真似て、商業に関係する人びと、すなわち手工業者／小売商らの情報を掲載したのが商業年鑑である。

　商業年鑑は、特定の職業だけを扱ったものを含めると、十七世紀頃から発行されるようになった。それらには住所録だけではなく、暦、度量衡、各国通貨、交通、郵便、特許を受けた新製品情報、商務・貿易関係の国家機関や役職者の一覧など、商取引に必要なさまざまな情報も掲載され、年々充実していく。当初はパリや諸都市・諸地方を単独で扱ったものが多く、十八世紀末頃にはフランス全土を扱うものも現れたが、地域を限ったものでも、たいていはフランスおよびヨーロッパの主要都市について各一ページ分程度の商人リストが付されている。とはいえ十八世紀末頃までは商業年鑑の発行は散発的なものだったが、一七九六年、パリに商業年鑑協会が設立され、この時期からパリに関する商業年鑑が毎年発行されるようになる。当初はジャン・ラ＝ティナの名が編者として挙げられていたが、この協会を設立したのはセバスチャン・ボタンという人物である。

　セバスチャン・ボタンは一七六四年、ロレーヌ地方のグリモンヴィエに生まれ、もともとは聖職者だった。フランス革命期に入ると一七九〇年七月十四日の革命記念式典に参加するなど革命賛同派となり、一七九一年に聖職者民事基本法に従って宣誓司祭となり、生地周辺で検事を務めた後、革命暦三年からアルザスやバ＝ラン県の行政関連職を歴任し、革命暦九年にバ＝ラン県の統計年鑑を出版している。この年から一八一五年までノール県事務局長を務め、ノール県の統計書を一八四五年まで毎年出版し続けた。一八一五年にはリール郡代表議員としてナポレオンの百日議会にも加わったが、以降の行政・政治関係の履歴は知られず、年鑑事業に専念したものと思われる。

　その後、一八一八年のラ・ティナ没後は、一八一九年からボタンが没する一八五三年まではボタンが単独でパリ商業年鑑の代表編者となっている。またこの頃から、『体系百科全書』出版で有名なパンクーク社などいくつかの出版社も類似の商業年鑑刊行を始め、後に一部は商業年鑑協会の事業に統合された。一八三九年からはパリ商業年鑑のタイトルも『商業に関するボタン年鑑』とボタンの名を冠するようになる。ボタンの死後はボタン社が設立されたが、一八五六年からは出版社フィルマン＝ディド社を擁するディド一族が事業を受け継ぎ、一八八一年にはディド＝ボタン協会を設立した。この協会が一九〇三年から出版しはじめたのがいわゆる『ボタンの紳士録（ボタン・モンダン）』である。フランスでは「ボタン」という固有名詞が紳士録を指す普通名詞のように使われるほど知られており、ヨーロッパ上流層や社交界について知りたいなら必携とされる。一九二九年にはパリ七区のボーヌ通りが「セバスチャン・ボタン通り」と改称され、ボタンは彼が年鑑で数十年にわたって扱い続けたパリの地にも名を刻むこととなった。

商業年鑑とはそういったものだが、それでは、史料として商業年鑑はどのように利用できるのか。

職業別に手工業者／小売商が掲載されているということは、まず特定の個人の情報がわかる。ある服飾品商の住所が知りたいといったときには第一に参照するべき史料である。ボタンの商業年鑑への住所掲載は有料だったから、すべての製造業者や商人が掲載されているわけではないが、大まかな職業別の人数もわかるだろう。男女の比率、個人と企業の比率なども読み取れるし、十八世紀末以降は毎年発行されているから、それらの推移も見て取れる。もちろん、服飾関係の各職業についても詳しく調べられる。目新しい商品を扱う職業が途中から掲載されるようになり、流行の移り変わりがそこから読み取れることもある。店名が付されている例は多くはないし、囲み広告などはないが、大規模店などは店名と共に、数行程度で取扱商品も含めちょっとした宣伝文句も掲載しているから、扱われている品物もうかがえる。そして、住所が掲載されているということは、各都市のどの街区にどの職種が多かったかもわかるということである。十八世紀以来、パリでは服飾関係業者がサン＝トノレ通り周辺に集まっていたとされ、現在もこの通りはヴァンドーム広場付近を中心に高級ブティックが軒を連ねるファッショナブルな通りだが、イメージで語るだけでなく、そうした分析が数字の裏づけをもって可能になる。

ただし、特に十九世紀以降の商業年鑑は、住所録部分だけでも毎年数百ページを数え、そこに本ののどに掛かりそうな部分まで小さな活字でぎっしりと住所氏名が掲載されているという体裁になるから、統計的分析に必要な全文データ化は容易ではない。一人の研究者が手作業で取り組むなら、一巻分でも少なくとも数年の歳月が必要になるだろう。そこで現在、私は、ＯＣＲ（光学文字読取）技術を用いて、一七九九〜一八〇〇年（革命暦八年）、一八一〇年、一八二〇年、一八三〇年、一八四〇年、一八五〇年の商業年鑑住所録部分のデータ化を進めている。もちろん、古い書物を撮影した画像を読み取るのだから、ＯＣＲだけでは正確にできない。ＯＣＲ処理をした後の手作業での修正は不可欠であり、ときにはこれなら最初から筆写するほうがましではないかというほどのひどい読み取り状態になることも多い。それでもＯＣＲ利用により、作業速度は飛躍的に上がった。

商業年鑑協会が設立される以前のものはタイトルも一定ではないが、十八世紀パリ商業史第一人者のひとりであるコクリの著作に詳しい情報が記載されている。またこの著作は、商業年鑑を実際に利用した研究の好例ともなっている。商業年鑑協会による年鑑の実物は、フランス国立図書館、パリ市立フォルネ図書館に所蔵されているが、どちらでも全巻の閲覧はできない。マイクロフィルムの形でなら、パリ市文書館で全巻分が閲覧可能である。またヨーロッパ諸都市の大学図書館などで数年分を持っているところも多数ある。さらに近年は、デジタル図書館サーヴィスによって閲覧できるものが増えている。フランス国立図書館によるガリカ、ガリカも参加しているEUによる横断的デジタル図書館検索サーヴィスのヨーロピアナ、グーグル社によるグーグル・ブックス、世界の図書館横断検索サーヴィスのワールドキャット，センゲージ社有料データベースGALEなどを通じて、かなりの年数分が閲覧できる。オンライン上で自動的にOCR処理され、内容検索が可能なサーヴィスもある。もちろん正確に読み取れないものも多いが、デジタル化、OCR処理といった史料の扱い方は今後さらに重要性を増すだろう。商業年鑑のような諸分野の研究者が利用できる基礎史料こそ、デジタル化による共有を大いに進めるべきである。

　もちろん、黄色い紙の電話帳を手でめくって調べるほうが、ウェブ上の電話帳で検索するより良い出会いをもたらすこともある。史料でもそれは同じである。モノとしての形を伴う手稿文書や刊行史料と、純粋に情報として扱うことができるデジタル化史料、双方を使いこなす能力が、これからの研究者には求められるだろう。

（角田　奈歩）

ウェブサイト情報

ガリカ http://gallica.bnf.fr/
ヨーロピアナ http://www.europeana.eu/
グーグル・ブックス http://books.google.co.jp/
ワールドキャット http://www.worldcat.org/
センゲージ社GALE http://gale.cengage.jp/

参考文献・ウェブサイト

Natacha Coquery, *Tenir boutique à Paris au XVIIIe siècle : Luxe et demi-luxe*, Paris, Éditions du comité des travaux historiques et scientifiques, 2011, chapitre 3 « Les almanachs du commerce : des ouverages professionnels et publicitaires »

Adolphe Robert et Gaston Cougny, *Dictionnaire des parlementaires français comprenant tous les Membres des Assemblées françaises et tous les Ministres français depuis le 1er mai 1789 jusqu'au 1er mai 1889 avec leurs noms état civil, états de services, actes politiques votes parlementaires, etc.*, tome I, Paris, Bourloton, 1889

Fonds « Firmin-Didot et Didot-Bottin, librairies-imprimeries à Paris », Archives nationales du monde du travail, AnF, http://www.archivesnationales.culture.gouv.fr/camt/fr/egf/donnees_efg/179_AQ/179_AQ_FICHE.html

7 小説・戯曲

Roman, Pièce ── 種別：フィクション

　一八三〇年十月から『ラ・モード』誌に掲載された『優雅な生活論』の中で、フランスの作家オノレ・ド・バルザックは、次のように記している。「服装はまさに人間そのものであって、政治的信条を表し、生き方を表し、いわば人間の象形文字である。そうでなければ、人を表す形式が多々ある中でつねに服装が最も雄弁に人を語るわけがなかろう。」彼の作品において、「もの」としての服飾が詳細にかつ如実に描写されている理由は、この点にあると言われている。十九世紀前半のフランスでは、モノクロの色彩からなる上着（燕尾服）・チョッキ・シャツ・長ズボンを身に着けた男性たちの間でとりわけ見かけの同化が進んだものの、バルザックによれば、パリのどの地区や街の出身であるか、どんな職業をしているかなどは、服装およびその着こなしによって一目瞭然であった。つまり「服装は社会の表現である」からこそ、丹念な服飾描写はフランス近代社会の表象となり、その社会という枠組みで日常生活を営む人びとの心性や精神性を感じ取ることができるものである。フィクション（虚構）という理由だけで見落とされがちな小説や戯曲などの文学作品の世界にも、服飾を媒介にしたリアルな社会・文化が潜み、展開されていると考えられるのではないだろうか。

　たとえば、バルザックが一八三九年に著した小説『ベアトリクス』には、女性の登場人物カミーユ・モーパンが遠出をする際、男性服を着用する場面がある。ブルターニュ地方のル・クロワジッ

クにある岬を訪れるその様子は、以下のように描かれている。「女性の服装により動作が妨げられるのを防ぐため、カミーユは裾に刺繍のあるズボンをはいて、丈の短い上っ張りとビーバーの毛皮の男性用帽子を身に着け、旅行用の杖の代わりに乗馬用の鞭を手にしていた。なぜなら彼女は、常に自分の体力や敏捷さに誇りを持っていたからである。こうしてカミーユは（主人公の）ベアトリクスと比べ、百倍も美しかった。」旅行着や外出着として男性服の機能的な側面が活用され、それによって女性の美しさや女性としての魅力が引き立ち、逆説的に女性性を引き出す装置として男性服が使用されている。ふだんの装いでは目にしたこともない、初めて目にする女性美や官能的な美しさがそこには存在し、一定の条件下では異性装という行為が容認されている印象を受ける。実際、当時の女性たちは道中や旅先での賊徒の危険を回避するため、旅行着として男性服を活用し、性の不可視化をおこなったという社会的な背景が存在している。

またバルザックと同時代に活躍した女性作家ジョルジュ・サンドの作品には、女性の登場人物が異性装をするものがある。もちろん、男装の麗人として知られるサンドの実生活での経験が少なからず作品での服飾描写と連関し、登場人物の服装が物語の中で社会・文化的な装置としての役割を担うようになったと考えることは可能であろう。彼女が執筆した多くの作品の中でも、とくに戯曲『ガブリエル』に注目してみたい。というのも、物語の舞台は一六三〇年代のイタリアに設定されてはいるものの、男性中心の遺産相続をはじめ、家長としての絶大な権限を男性に認める婚姻など、十九世紀フランス社会の家族制度や結婚制度にまつわる問題を女主人公の異性装という行為を通して糾弾している姿勢が読み取れるからである。

サンドが一八三九年に執筆した『ガブリエル』は、祖父と家庭教師の計略により、遺産相続のために男性として育てられた主人公が、従兄弟との恋愛や不幸な結婚生活を経て、殺害されて亡くなるまでの悲劇が描き出されている。幼少期から思春期にかけて男性服を身に着け、男としての教育をほどこされる点はもとより、不幸な結婚生活が異性装を再びおこなう動機となる点など、女主人公ガブリエルと作者サンドの境遇には似通った部分が存在している。

物語のプロローグから第二部までは、祖父と家庭教師の企みがガブリエルに発覚した後、彼女が従兄弟アストルフと再会を果たし、彼と結ばれる場面が軸になっている。当初、ガブリエルは「当世風の狩猟服を身に着け、長髪の巻き毛を乱し、乗馬用の鞭を手にした姿」で現れる。しかし祖父によって強いられたこの青年の恰好は、カーニバルの日にアストルフがガブリエルに女性の扮装をさせたことで変化を見せる。バラの花や葉で頭髪を飾り、ブレスレットやレースの首飾り、手袋、透ける肩掛け、簡素であるが凝った白い絹のドレスを身に着け、彼女は次のように葛藤する。「この恰好は何という苦痛を与えるのか！　すべてが窮屈で、息苦しい。コルセットは拷問のようで、動きづらい！……それにしてもアストルフは、何と厄介な気まぐれを起こしたのだろう！　彼にとっては単なる気まぐれなのだろうけれど、まったくどうかしている。女の服装を嫌っているのに、これを着てみたい気持ちを我慢できないとは！」

ここまでのガブリエルの装いは周囲の男性に指示され、それを彼女が受け入れるという図式で決定されている。それが男の恰好であれ女の恰好であれ、自らの意思にもとづく個人的な行為ではなく、男性による制約の中で暮らす女性の劣等的な立場を表象していると言えよう。

第三部から五部までは、後に「捕虜生活」と称される新婚生活の様子と、ガブリエルが結婚生活からの逃亡を成功させるも、暗殺者によって殺害される場面が中心に描かれる。結婚生活で女物の衣類を着用し続けたガブリエルが、逃亡手段として用いるのは男物のコートと帽子である。家庭の雑事だけに専心し、夫に従属する妻の立場から逃れる生き方を、さらには祖父が待つブラマント家にも戻らない決心をしていることから、一族の長である祖父の抑圧からも逃れようとする生き方を、異性装が表象している。ここでの異性装が、結婚・家族制度に由来する女性の隷属状態を批判する社会的装置の役目を果たしていることは明らかである。

ただし、物語の最後で「趣味の良い、飾り気のない黒い衣服を身に着け、剣を脇にたずさえた男の姿」でガブリエルが登場した際、彼女はこれが「最後の異性装」であると決心している。つまり自らの意思でおこなった異性装は、男性として日常生活を送り、一生を終えることではなく、自身を女性以上の存在として保ち続け、性の役割分担を否認するものであったと考えられる。ガブリエルのアストルフに対する以下の発言からは、その自負がうかがえる。

「……あなたが私を再び女にさせても、私は男であることを全くやめてはいませんでした。女の恰好や女がなすべき仕事を再開したとしても、男として育てられたことで発達し培われたもの、精神的に偉大な天分と冷静な外観とが、私には残っていたのです。私は女性より多くのものを持っており、どんな女性も、私に嫌悪や恨み、憤りの感情を抱かせることはできないといつも思っています。」

結局、サンドは物語の結末で、ガブリエルを消滅させるとともに、家庭教師の提案として、女性以上の存在であるガブリエルは社会から秘密裏に男性の手によって葬り去られるべきことを示している。一見、この作品は性別二元論に深く根差し、男にも女にも、どちらにもなれない悲惨な主人公を描いているように思われる。けれども殺害される以前、真の自由を手に入れ、自身が侮辱されないためには自殺によって身の証を立てる以外に方法はないとガブリエルが思案していることから、自らの死をもって既存の枠組みである性別二元論に疑問を投げかけようとしている姿勢が感じられる。また主人公が大天使と同じ名前であることも、主人公の性や身体規範は地上（＝現世）では受け入れられないものの、天上（＝来世）では受け入れられる可能性が示唆されていると理解できる。いずれにせよ、ガブリエルの異性装を通して「女性以上の存在」を定義するならば、高い教育を受け、豊かな知識を兼ね備えたうえで、ジェンダー規範を越境する人物像であると言えるのではないだろうか。ここには、性別二元論では括ることができない性や身体、ジェンダー規範の在り方を執筆活動では希求するサンドの姿勢が投影されているとも考えられる。作中での服飾描写を分析するという方法は、作家のジェンダー観を明らかにすることはもちろん、当時の女性たちが置かれていた状況を究明するにも有効な手段であろう。（新實五穂）

文献情報

オノレ・ド・バルザック『風俗研究』山田登世子訳、藤原書店、一九九二年

オノレ・ド・バルザック『バルザック全集』15巻、市原豊太訳、創元社、一九六〇年

George Sand, *Gabriel*, *Œuvres complètes*, t.19, Genève, Slatkine, 1980.

Françoise Massardier-Kenney, *Gender in the fiction of George Sand*, Amsterdam, Rodopi, 2000.

Françoise Ghillebaert, *Disguise in George Sand's Novels*, New York, Peter Lang, 2009.

8 年代記・回想録

La chronique, Les mémoires ―― 種別：手稿文書

英語のchronicleという言葉は、近年の日本では「クロニクル」とカタカナ表記のまま用いられ、より身近になってきた感がある。しばしば歴史物語という意味合いで、映画や小説、ゲームのタイトルなどにも散見するが、本来は過去の事象について年代順に書かれた記録を示す。日本語では「年代記」という訳語があてられ、フランス語ではchroniqueである。また、「編年史」と訳されるannalesも年代を追って記述されたものだが、とくに複数の執筆者がいる場合が多い。それに対してchroniqueは、特定の個人による記録として区別されている。

これらの記録は、歴史学において「歴史叙述」史料として分類される。過去の記憶を後世に残すという使命のもとに作成されるため、文字通り、歴史を構築する上で大きな貢献を果たしてきた。たとえ記述が「史実」に反する内容であった場合でも、記録者の生きた時代の思考様式や歴史認識、世界観を示す文書として、歴史家たちにとっては欠かせない史料とされる。

旧約聖書の歴代誌や、古代ローマのエンニウスやタキトゥスによる年代記に見るように、この種の書物の歴史は古い。しかし、年代記編纂がもっとも盛んにおこなわれたのは中世であった。修道院や教会、国家や都市当局など、中世社会のさまざまな共同体によって作成されている。いずれも特定の時期・時代におけるできごとが時系列に沿って綴られる形式は同じだが、それぞれに多

様な目的と性質を持っていて、なかには、事件のみならず日々の生活や風俗に関する内容を含むものも少なくない。十四〜十五世紀には同時代史も多く書かれ、記録者は、できごとの目撃者や当事者、参加者としての目線で、当時の様子をありありと伝えてくれるだろう。そして年代記作家の記述にも個性があり、要点のみを淡々と描写していく者もいれば、なかには出来事の情景描写にも饒舌な年代記作家もいる。後者の場合、服飾文化についても具体的な情報を提供してくれることが多い。本項では、とりわけその傾向が顕著である中世後期の年代記について例を挙げてみたい。

そのひとつに挙げられるのが、一三三五〜一四〇〇年までのできごとを綴ったジャン・フロワサールの『年代記』である。十四世紀のフランスを代表する年代記作家フロワサールは、百年戦争下のイングランドやフランスなど各地の宮廷を渡り歩き、一部には他作品から写した記述が含まれるものの、実際に目にしたという事柄について写実的に描写している。フロワサールの『年代記』は、多くの写本が制作されて各地の宮廷に普及し、現存作品だけでも一〇〇点以上にのぼる。豪華で色鮮やかな細密画が挿入されている写本も多く、そこに写本制作当時の風俗が綿密に描き込まれている点もまた、服飾史研究において重要な史料とされる所以である。

たとえば一三八五年にフランス国王シャルル六世に嫁いだイザボー・ド・バヴィエールは、一三八九年に初めてパリを訪れたが、フロワサールはその入市式の描写に多くのページを割いている。記述によると、入市に参列した一二〇〇人ものパリ市民が緑と赤の色をまとっていたと語られており、これはシャルル六世の色を意味していた。シャルル六世治世下では緑、赤、白は「王の色」とされていて、市民はこのなかから選んだ色を身につけることで、国王と王妃の歓迎の意を示したのである。一四七〇年代頃に制作された大英図書館所蔵の写本（Harley 4379）では、この場面が挿絵に描かれており、十四世紀のフロワサールの記述どおりに、緑と赤の二色の衣服を着た市民に迎えられて、パリの市門に進む王妃の姿がある。一方、記述では王妃の衣服に関する説明はないが、挿絵では毛皮で裏打ちされ、青地に金の百合の紋が散らされた王家の紋章衣をまとう王妃が描かれている。

フロワサールのほかにも十四〜十五世紀の年代記では、国王や諸侯による都市入市式についての記録を多数見つけることができる。とりわけフランス国王については、歴史家ベルナール・グネとフランソワーズ・ルオーが複数の年代記から入市式の記述を集めて編纂した『一三二八〜一五一五年のフランス国王入市式』に詳しい。それによれば、入市儀礼では権力者と都市との関係性が可視化され、その手段として、前述のパリ市での入市式のように、衣服の色が用いられる事例が多いことが示されている。これについては、本書の第5章「祝祭に演じる」においても言及しているので参照されたい。

また、複数の宮廷付き年代記作家を擁していた十四〜十五世紀のブルゴーニュ家の記録も、服飾文化に関する豊富な情報を与えてくれるだろう。同家では当主の輝かしい事績を称賛し、その栄光を後世に伝えるため、年代記の編纂事業に力を注いでいた。代表的な年代記作家には、ジョルジュ・シャトランやオリヴィエ・ド・ラ・マルシュ、アンゲラン・ド・モンストルレ、ジャック・ドゥ・クレルク、ジャン・ルフェーヴル・ド・サン＝レミなどが挙げられ、ブルゴーニュ宮廷の華やかな衣生活が今に伝えられているのは、彼らの著作によるところが大きい。なお、なかには『回想録』mémoiresと呼ばれる著作もある。一般的に回想録は、年代記と比べてより私的な内容となる傾向が強いとされているが、ブルゴーニュ宮廷においては年代記と同等の記録と捉えられている。

シモン・ノッカールから『エノー年代記』を献呈されるブルゴーニュ公フィリップ・ル・ボン
ロヒール・ファン・デル・ウェイデン画 1446-1448年
ブリュッセル，ベルギー王立図書館，9242番写本，1葉
Rogier Van der Weyden, *Chroniques de Hainaut*
1446-1448, Bruxelles, Bibliothèque royale de Belgique, ms. 9242, fol.1

　ブルゴーニュ宮廷の年代記から服飾描写の一例を挙げてみよう。三代目当主のフィリップ・ル・ボンは、黒衣を好んで着用していたことで知られているが、そのことをくり返し証言しているのは、当時、修史官という専門の職務に就いていたジョルジュ・シャトランであった。シャトランは『年代記』において、政敵の暗殺に倒れた父ジャン・サン・プールの喪に服すため、フィリップ・ル・ボンは黒衣をまとい続けたのだと強調している。またある時には、フィリップ・ル・ボンと息子シャルルとの間で確執が続き、あたかもその悲しみを表現するかのように、フィリップの漆黒の帽子には、涙のごとく散らされた真珠が光っていたというエピソードを語っている。これ

については、徳井淑子著『涙と眼の文化史―中世ヨーロッパの標章と恋愛思想』において詳しく紹介されているので参照されたい。シャトランの記述に加えて、黒衣のフィリップ・ル・ボンのイメージを広く印象づけさせたのは、年代記やその他の著作の写本挿絵に描かれた彼の肖像で、やはりそこには全身を黒で飾る姿を多数見つけられるだろう。前頁の図に示すように、写本に描かれる肖像の多くが、著者による注文主フィリップ・ル・ボンへの献呈の場面である。献呈の図は一般的に書物の冒頭に挿入され、注文主の威光を示す重要な挿絵であるため、その姿がいかに描かれるか大きな問題であった。

他方でこの黒衣については、シャトランのくり返しの描写や挿絵のイメージが広まったために、あたかもフィリップ・ル・ボンその人が、黒の流行の創始者であるかのようにしばしば語られる節がある。これに対して、フランスの歴史家ミシェル・パストゥローやフランソワーズ・ピポニエは、宮廷モードとしての黒の流行はすでに十四世紀後半に始まっていることを指摘しており、フィリップ・ル・ボンだけが黒を着たかのようなシャトランの言い回しをそのまま受取るべきではないとするのが、現在の服飾史の定説になっている。

この例のように、年代記から服飾の現象を読み解くときには、描写には著者や注文主の思惑が色濃く反映されているという点に注意しなければならない。それらは、誇張を含む内容や実際のできごとに反する内容である可能性もあるため、まずは記述の背景や意図について考察する必要があるだろう。「史実」から逸脱しているとするならば、そこにこそ、著者や注文主が強調したい本音がひそんでいる場合がある。このように、記述をそのまま受け取ることで誤った見解を引き起こす危険性もあるとはいえ、衣生活や服飾への言及が豊富な年代記は、服飾史研究にとってその他の史料にはない魅力がある。いまだ、服飾の史料という視点から分析がなされていない年代記や回想録は多く、今後の研究の進展が期待される。

（原口　碧）

文献情報

Bernard Guenée et Françoise Lehoux, *Les entrées royales françaises de 1328 à 1515*, Paris, Éditions du C.N.R.S., 1968.

Georges Chastellain, *Œuvres*, éd. Joseph Kervyn de Lettenhove, Bruxelles, Heussner, 1863-1866; réimpr. Genève, Slatkine, 1971, 8 vols.

Enguerran de Monstrelet, *Chronique*, éd. Louis Douët d'Arcq, Paris, Renouard pour la Société de l'histoire de France, 1857-1862; réimpr. New York, 1966, 6 vols.

Jacques du Clercq, *Mémoires sur le Règne de Philippe le Bon*, éd. J.A.C. Buchon, 1861.

Jean Froissart, Œuvres de Froissart. *Chroniques*, éd. Kervyn de Lettenhove Joseph, Bruxelles : Victor Devaux et Cie, 1867-1877, 28 vols.

Jean Le Fèvre de Saint-Rémy, *Chronique*, éd. François Morand, Paris, Renouard, 1876-1881, 2 vols.

Michel Pastoureau, *Bleu : Histoire d'une couleur*, Paris, Seuil, 2000（邦訳：『青の歴史』松村恵理・松村剛訳、筑摩書房、二〇〇五年）

Michel Pastoureau, *Noir : Histoire d'une couleur*, Paris, Seuil, 2008.

Olivier de La Marche, *Mémoires*, éd. Henri Beaune et Jules d'Arbaumont, Paris, H. Loones, H. Laurens, 1883-1888, 4 vols.

徳井淑子『涙と眼の文化史—中世ヨーロッパの標章と恋愛思想』東信堂、二〇一二年

徳井淑子『服飾の中世』勁草書房、一九九五年

9 ファッション雑誌

Magazines de mode ——種別：定期刊行物

いまどんな服が流行っているか知りたいとき、私たちはなにを見るだろうか。街に出て道行く人びとの服装を観察する、店先に並ぶマネキンの装いを眺める、TVや映画に登場する有名人の衣装をチェックする。しかし、なによりも手軽にたくさんの、そして好みに合った情報を得たいなら、ファッション雑誌を開くのではないか。

ではファッション雑誌とはなんだろうか。いま書店に並ぶそれには、色とりどりの活字で煽り文句が並び、流行の衣服を着てポーズを取るファッション・モデルの写真が満載され、その下にはびっしりとメーカーや価格や販売店舗についての情報が記されている。女性向けファッション雑誌なら、世代別、ファッション傾向別、ライフ・ステージ別に、たくさんの選択肢がある。男性向けはずっと少ないが、それでもいくつかの中から好みに合うものを探すことができるだろう。

しかし、かつてのファッション雑誌には、写真はなかった。ファッション・モデルのポーズもなければメーカーや価格の情報もなかった。なぜなら、それらすべてが存在しなかったからである。写真もない、モデルもいない、アパレル・メーカーもない、定価もなかった十八世紀パリに、ファッション雑誌は誕生した。

服飾に関する書物の出版は十六世紀にさかのぼる。それらの中には、特定の地域・時代の衣装を描いたコスチューム・プレートと呼ばれる版画や、同時代の流行を描写したファッション・

プレートと呼ばれる版画を伴うものもあった。最もよく知られているものが十八世紀にフランスで出版された『ギャルリ・デ・モード』である。これは一七七八年から一七八七年まで、各巻六枚のファッション・プレートを掲載して出版されたものだが、刊行は不定期で、厳密には雑誌とは呼べない。だが、原本は散逸してしまい全体像は不明のままとはいえ、四〇〇以上の図版が含まれ、一部は複製に頼らざるを得ないが、図像資料としては一級の価値がある。また、文学など他のテーマを主題とする雑誌、『メルキュール・ガラン』誌などもたびたび服飾に言及し、ときにはファッション・プレートも伴った。

しかし、最新ファッションの伝達のためには、当時は主に人形が用いられていた。こうした人形は成人女性の体型を模して作られ、下着に至るまで流行の服装を身に着け、各国宮廷に送られてファッションの伝達機能を担った。これが等身大になればマネキン人形である。十八世紀には、本書第Ⅰ部第1章で見たように、一部の服飾品店にマネキン人形が飾られた。このマネキン人形が二〇世紀にどういう変貌を遂げるかは、第Ⅰ部第2章で見た通りである。

さらに、ファッションを主題とする定期刊行物の出版は十八世紀初めから始まったが、フランス革命前夜の一七八五年十一月十五日、『カビネ・デ・モード』誌がパリで創刊された。これがフランス初のファッション・プレートを伴うファッション雑誌である。『カビネ・デ・モード』誌編者はジャン＝アントワーヌ・ルブラン＝トサ・ドゥ・ピエールラットで、月二回発行、一年間の定期購読で二一リーヴル。彩色されたファッション・プレート三枚に、各プレートの説明が服飾品ごとに一行から数行ずつ、一部は別項を設けて詳しく解説され、合計八ページ分の文章が付く。ときには服飾品ではなく、調度品などのファッショ

『メルキュール・ガラン』誌1678年10月号掲載ファッション・プレート「冬の装い，1678年」
Mercure galant, Lyon, Thomas Amaulry, octobre 1678.
（文化学園図書館・文化学園大学図書館貴重書デジタルアーカイブ）

ン情報が掲載されることもある。説明は主に素材や色に関するもので、演劇などから題材を取った場合は内容が記されていたり、音楽の話題なら楽譜が掲載されていたりすることもある。しかしまだファッショナブルな既製服は存在しないから、どこでいくらで買える、という情報はない。読者は記事を参考にして自分で仕立を注文する。同誌は、現在の各国版『ヴォーグ』誌や『エル』誌などと同様、リエージュ、ヴァイマル、ミラノ、ヴェネツィアなどで各地方版が出版されたが、各地の読者も、地元の仕立屋にパリの最新流行を真似た服飾品を作らせたことだろう。

　こうして成立したファッション雑誌は、ファッションを視覚的に示す人形と、文字で付随する情報を伝える書誌、双方の利点を兼ね備えた。人形よりも安くたくさん作ることができ、運びやすく、視覚的に服飾品の形状や色を伝えるのみならず、文章でそれに伴うさまざまな話題を補う。加えて、定期的に発行され、新しい情報が常に補完される。

　フランス革命期の一時休止を経て、十八世紀末以降は次々とファッション雑誌が創刊される。十九世紀に入ると、工業化がファッション雑誌にも恩恵をもたらす。印刷技術の発展と共に、鉄道敷設によって輸送コストが下がり、販売網が広がったのである。既製服店や百貨店などの新しい服飾品小売業態が登場する頃になると、掲載された服飾品を制作した製造業者の情報も記されるようになった。交通網の拡大によってこうした業者は遠方からの顧客も見こめるようになり、ファッション関係の品物や店舗の広告も掲載されはじめる。アメリカでは型紙付きファッション雑誌も発行される。世紀後半には、『ハーパーズ・バザー』誌（一八六七年創刊）、『ヴォーグ』誌（一八九三年創刊）など、現在も続く雑誌が創刊された。

　十九世紀中、ファッション雑誌に掲載される図版はイラストが中心であったが、一八七九年の写真印刷発明を受け、二〇世紀に入る頃から、しだいに写真も掲載されるようになる。とはいえ、当初の写真は技術的に発展途上にあったため、一九三〇年代に入るまでは、イラスト優勢の時代が続いた。また、フランスでは一九一二年に、型抜きした金属版を使い、刷毛やスプレーで色を重ねていく「ポショワール」と呼ばれる版画技法で全ページが刷られた高級誌『ガゼット・デュ・ボン・トン』が創刊された。それを契機に、ポショワール刷りのファッション雑誌の創刊が相次ぎ、一九一〇年代から二〇年代にかけ、ファッション・イラストレーションの黄金期が築かれた。同じ頃、パリ・オートクチュール組合（サンディカ）が結成され、ファッション雑誌は、パリ・モードの最新の動向をフランス国内外に報じた。ここで、パリ・オートクチュールを頂点とし、その創作をファッション雑誌というメディアが認定し伝達するというファッションのトリクル・ダウン構造が成ったのである。

こうした過去のファッション雑誌は、現在のファッション雑誌と同様に、私たちに多くの情報をもたらす。形、色、素材などの衣服そのものの情報だけではない。説明文は各時代のジェンダー・イメージや、望ましいライフ・スタイルを映し出す。また、ファッション雑誌は読み物ページも充実しており、小説やエッセー、料理のレシピ、インテリア記事、最新の展覧会・演劇紹介など、その時代の空気を生き生きと私たちに伝えてくれる。また、一流メゾンの広告は、前衛芸術家を起用して制作されることも少なくなく、ファッションとアートの結びつきを示す有用な資料となることもある。

『フェミナ』誌1925年8月号表紙
Femina, août 1925

十八〜十九世紀のファッション雑誌は、『カビネ・デ・モード』誌などいくつかを文化学園図書館・文化学園大学図書館貴重書デジタルアーカイブで閲覧できる。モノクロでなら、フランス国立図書館の電子図書館ガリカやグーグル社によるグーグル・ブックスでも複数が閲覧・検索可能である。またファッション・プレートのみの復刻として、二〇世紀初頭に出版されたG・シェファーによる『衣装の歴史』全五巻もある。その他、雑誌社自らが無料で過去のアーカイブをウェブ上で公開している例もあり、フランスのジャルー社のサイトでは、『ラール・エ・ラ・モード』誌（一八八三年創刊）や『ロフィシエル』誌（一九二一年創刊）などの閲覧が可能である。

いまや、ごく普通の人びとも、フェイスブックやツイッター、写真共有に特化したインスタグラムなどのソーシャル・ネットワーキング・サーヴィスで、またときにはユーチューブなどの動画投稿サイトで、日々の買い物やコーディネートを全世界に公表するようになった。ブログという私的な媒体から出発したファッション・ブロガーたちは、一部はファッション・ウィークに招待されるまでになり、ファッションの制度に取り込まれている。インターネットが発達し、即時的・全世界的な情報通信が当たり前になった現在、ファッション雑誌の売り上げも厳しい状況に追い込まれつつある。後世の人びとが二一世紀初頭のファッションを考えるとき、より現実に近い史料として参照するのは、こうしたインターネット上に蓄積された情報になるかも知れない。しかし、ファッションとは、単に多くの人びとが実際に所持しているものだけを指し示すわけではない。そうなりたいもの、そうなるべきもの、それゆえに広まるもの、それがファッションである。だからこそ、ときに読者には入手できないような高価な品、手の届かないような憧れのライフ・スタイルを提示するファッション雑誌が、現在に至るまでファッション・メディアとして重要な機能を担い続け、各時代のモードとコードを写す鏡であり続けているのである。

（角田 奈歩・朝倉 三枝）

書誌・ウェブサイト情報

Galerie des modes et costumes français 1778-1787 : dessinés d'après nature, Paris, chez Esnauts et Rapilly, 1778-1787

Cabinet des modes, ou Les modes nouvelles, Paris, Buisson, 1785-1786

Gaston Scheffer, éd., *Documents pour l'histoire du costume : de Louis XV à Louis XVIII*, Paris, Goupil & Cie, 1911

Alain Weil, *La mode parisienne: la Gazette du bon ton 1912-1925*, Paris, Bibliothèque de l'image, 2000

鹿島茂『モダン・パリの装い―十九世紀から二〇世紀初頭のファッション・プレート』求龍堂、

二〇一三年
ガリカ http://gallica.bnf.fr/
グーグル・ブックス http://books.google.co.jp/
ジャルー社アーカイヴズ http://patrimoine.editionsjalou.com/
文化学園図書館・文化学園大学図書館貴重書デジタルアーカイブ http://digital.bunka.ac.jp/kichosho/

10 ファッション写真

――種別：視覚的素材

発明家たちの熾烈な競争の果て、ヨーロッパで写真術が実用化されたのは一八三〇年代のことであった。初めて写真を目にしたフランスの画家ポール・ドラローシュは、その再現性の高い描写力に驚嘆し、「絵画は死んだ」と叫んだ。だが、誕生当初の写真は技術的に未発達であったため、画家たちが懸念したように、すぐに絵画に取って代わるということはなかった。したがって、十九世紀を通して印刷物のビジュアルとして広く使われたのは、写真ではなくイラストであった。

ファッション誌に関して言えば、銅版や石版に手彩色で色づけをしたファッション・プレートと呼ばれる服飾版画が、流行の伝達手段として重要な役割を担っていた。しかし、イラストが重宝される一方で、十九世紀にはファッション写真の原型ともいうべきものも登場していた。それが、十九世紀半ば以降、ヨーロッパで大流行した肖像写真である。フランスでは第二帝政期にコストを抑えたカルト・ド・ヴィジット（名刺判写真）が考案されると、王侯貴族や俳優など、著名人のポートレート写真が大量に出回るようになる。そうした写真では、芝居風の書き割りが好んで使われたが、幻想的な風景が背景に置かれることで、モデルは非現実的な印象を強めることとなり、それゆえ、いっそう魅力的な存在として人びとの目に映ることとなった。また、セレブリティたちがまとった華麗なドレスの多くは、パリの一流メゾンで仕立てられていたため、肖像写真は最新スタイルを広める役割も引き受けた。

ファッション写真がひとつのジャンルとして形を取りはじめるのは、写真の印刷技術が向上し、ファッションの大衆化が本格的に始まる一九一〇年代以降のことである。とはいえ、一九一〇年代から二〇年代にかけては、ポショワールの技法で手彩色をした服飾版画が大流行し、ファッション誌における写真の使用はまだ限定的なものにとどまった。そうした中、ファッション写真発展の土壌を育んだのが、『ハーパース・バザー』誌や『ヴォーグ』誌などといったアメリカのファッション誌であった。そして一九一四年に、アドルフ・ド・メイヤーが『ヴォーグ』誌専属のカメラマンに迎えられ、ファッション写真の時代が幕を開ける。ド・メイヤーの写真は、薄明りにモデルがうっすらと浮かび上がる、どこかノスタルジックな作風に特徴があったが、それは十九世紀末から欧米の写真家たちの間で流行していたピクトリアリスム（絵画主義）の流れを汲むものであった。ソフトフォーカスの効果を最大限に活かしながら、ド・メイヤーは印象派の絵画のようなやわらかな画面を作り出し、通俗的な肖像写真とは一線を画す、芸術性の高いファッション写真を実現した。

一九二二年にド・メイヤーが『ヴォーグ』誌を去ると、その後任にエドワード・スタイケンが就いた。初期にはピクトリアリスム風の作品を手がけていたスタイケンであるが、やがて輪郭線をはっきりと写すシャープな作風へと転じ、戦後、花開いたモダニズムの美学にもとづき、モデルをストレートにとらえた写真で一時代を築いた。なお、スタイケンは複雑な照明機材を駆使して、ドラマティックな演出のファッション写真を生み出すが、その手法はジェームズ・アベーやジョージ・ホイニンゲン＝ヒューン、ホルスト・P・ホルストなど、後続の写真家たちに引き継がれ、一九二〇年代から三〇年代にかけ、スタジオ撮影の基本形が完成した。

その一方で、一九三〇年代には、マーティン・ムンカッチが、スポーツ記者の経験を活かし、戸外で自由に駆け回るモデルの姿をカメラに収め、動的な表現をファッション写真にもたらした。さらに両大戦間期は、ファッションとアートがそれまでになく接近し、マン・レイがレイヨグラフやソラリゼーションなどの技法を用いた実験的な作品を撮影したり、セシル・ビートンやアンドレ・ダースト、アーウィン・ブルーメンフェルドらが、シュルレアリスムの手法で幻想的なイメージを作り出した。

第二次世界大戦が勃発すると、パリのファッション産業は、事実上、停止状態に陥るが、一九四五年に戦争が終わると、ただちにオートクチュールのコレクションが再開され、一九四七年にはクリスチャン・ディオールがデビューする。そして迎えた一九五〇年代、パリではバレンシアガやジバンシー、バルマン等々、才能豊かなデザイナーが次々に登場し、オートクチュールの黄金期が築かれた。そうした華やいだ時代に、ファッション写真に新境地をもたらしたのが、アーヴィング・ペンとリチャード・アヴェドン、二人の写真家であった。ペンは、白やグレーなど、シンプルな背景にモデルを効果的に配置し、静謐で気品に満ちた写真で一世を風靡した。対するアヴェドンは、躍動感あふれるダイナミックな構成の写真を手がけ、時代の寵児となった。なお、この時代にはカラー写真も一般化し、ファッション写真の可能性はさらに広がった。

一九六〇年代初頭にロンドンの街角で誕生したミニの流行が、大人をも巻き込んだ社会現象に発展すると、自由奔放な若者が流行の担い手になる。そうした時代の空気をすくいとるかのように、ディヴィッド・ベイリーやウィリアム・クラインらが、あふれでる若さやエネルギーを感じさせるスタイリッシュな写真で新境地を拓いた。そして、続く一九七〇年代に挑発的な表現でファッション写真に衝撃を与えたのが、ヘルムート・ニュートンである。彼は、それまでタブーとされていたエロティシズムや暴力、退廃をテーマに取り上げ、従来の明るくクリーンなイメージのファッション写真にゆさぶりをかけた。一方、一九七〇年代後半には、デボラ・ターバヴィルやサラ・ムーンなどといった女性写真家たちが、不安定な女性の内面を映し出すかの繊細で幻想的な写真で注目を集めた。

一九八〇年代、九〇年代には、ピーター・リンドバーグ、ブルース・ウェーバー、マリオ・テスティーノ、スティーブン・マイゼル、ニック・ナイトなど、現在も活躍をする写真家たちが登場する。さらに二〇〇〇年代に入ると、デジタルカメラが急速に普及し、イメージの加工や修正が自在におこなえるようになり、ファッション写真の表現の幅は一挙に広がった。また近年では、ビッグメゾンのためにミニフィルムを手がける写真家も少なくなく、ファッション写真の定義そのものが大きく変わりつつある。ともかくも独自の表現世界を持った写真家たちによって、ファッション写真の歴史は今日まで途切れることなく紡がれてきた。

以上、駆け足ではあるが、ファッション写真の歴史をおおまかにたどった。誕生してまだ一世紀あまりという意味では、比較的に新しい表現媒体とも言えるが、服飾史研究の資料として用いた時、私たちはそこに何を読み取ることができるだろう。

まず何より、写真の持つ記録性という特性に注目するならば、撮影された時代の流行を克明に映し出すドキュメンタリーとしてファッション写真を見ることができるだろう。たとえ写真の鑑賞者が実体験としてその時代を知らずとも、一枚の写真を通して、当時、流行していたジャケットのシルエットやスカートの膨らみ、さらにはメイクや髪型について知ることができる。

また、ファッション写真は、最先端のアートを取り込むことも少なくない。したがって、モデルが絵

イヴ・サンローランのスモーキング
写真：ヘルムート・ニュートン 『ヴォーグ』誌（仏版）1975年9月号
http://orangeintense.blogspot.jp/2010/04/helmut-newton-yves-saint-laurent-1975.html
出典：*Yves Saint Laurent, cat.exp*. Editions de la Martinière, 2010, p. 147.

画作品に入り込んでしまったかのようなビートンの幻想的な写真にシュルレアリスの手法を見たり、ペンの写真のモデルが着ている幾何学模様のドレスにオプ・アートの影響を読み取ることもできる。

あるいはまた、ファッション写真を手がかりに、その時代、その社会に固有の女性観や男性観を分析することも可能であろう。たとえば、ニュートンの代表作の一つに、イヴ・サンローランのスモーキングをまとい、たたずむモデルをとらえた写真がある。過激な性表現で物議をかもした彼の作品にしては、おとなしく感じるかもしれない。しかし、写真が撮影された一九七五年のフランスでは、カジュアルウェアとして定着していたパンツスタイルも、まだ女性がフォーマルな場で着る装いとしては一般的ではなかった。したがって、男性の正装であるスモーキングをみごとに着こなしたモデルは、当時の人びとの目には私たちが考える以上に大胆かつ、それまでにない新しいエレガンスを実現したものとして映っていたのである。このように、一枚のファッション写真から、私たちはさまざまなものを読み取ることができる。

ただし、ここで留意すべきは、ファッション写真はその時代を確かに記録するが、事実をありのままには写していない、ということである。どんなにさりげない一瞬をとらえているように見えたとしても、それはカメラマンをはじめ、ファッションデザイナーやモデル、雑誌の編集者やアートディレクター、現場のスタイリスト、ヘアメイクアーティスト等々が総動員で作り上げた夢の世界、すなわち虚構の世界なのである。そして、このきわめて表層的でとらえどころのない虚構性こそ、ファッション写真をファッション写真たらしめているものとも言える。

ファションが時代を映す鏡であるならば、それをとらえた写真、すなわちファッション写真も、時代を切り取り映し出す鏡と言えるだろう。そしてその鏡には、私たちもまだ気づいていない心の奥底に眠る欲望が映し出されているのである。

（朝倉三枝）

文献情報

定期刊行物　*Harper's BAZAAR* (1867-), *Vogue* (1892-)

Nathalie Herschdorfer, *Papier glacé : un siècle de photographie de mode chez Condé Nast*, Paris, Thames & Hudson, 2012.

『世界写真全集　ファッション・フォトグラフィ』（第九巻）集英社、一九八三年

『ヴォーグ・ブック・オブ・ファッション・フォトグラフィー』東京プレスセンター、一九九一年

『十九世紀～二〇世紀モード写真展 VANITÉS【虚栄】』図録、朝日新聞社、一九九四年

多木浩二「モードの社会」『写真論集成』岩波書店、二〇〇三年、三九八～四八八頁

森友令子「ファッション写真小史」『モードと身体』角川学芸出版、二〇〇三年、三三二～三三七頁

あとがき

本書は、お茶の水女子大学服飾史研究室の徳井淑子先生のもとで学んだものが、先生のご退職を記念して企画した書物である。服飾史研究の初学者に向けた教養書というべき書ではあるが、先生の考えておられた新たな服飾史研究に挑んだ筆者らの研究成果を、最大限に盛り込んだ専門書でもある。序章で先生が述べておられるように、西洋服飾史は長らく、衣服の形態の変遷をたどる歴史として描かれてきた。そのような傾向は今でもなくなってはいない。しかし、フランスのアナール学派が示唆したように、服飾史は感性の歴史、あるいは心性史として展開することによって、時代精神を切り取るダイナミックな研究へと成長することができる。徳井先生は、このような視野で服飾史研究の幅を大きく広げた、この分野のパイオニアである。先生がご退職され、こうして、ささやかながら記念の論集を公刊できることを、筆者一同、うれしく思っている。

第1章を執筆した角田は、服飾史を早くから志しつつも、歴史学を学んだ後、博士後期課程から当研究室に入った。現在も、歴史学、特に商業史的な観点と分析手法にもとづいて衣とファッションをめぐる歴史を考えている。第1章でも、近代的ファッション産業の成立過程を業者の帳簿をもとに分析することで、衣を作る者と着る者とはどのように関わるのか、ファッションは誰が生み出すものなのかを問うている。

第2章を執筆した朝倉は、主に十九世紀末から二〇世紀初頭のフランスを中心に、絵画や文学、建築、舞踊、映画、写真など、諸芸術とファッションとの関係性や、博覧会や都市改造を背景とするモード都市パリの生成について研究を進めている。第2章では、今日、多くの人が共有する「モードの都パリ」という都市イメージがどのように形成されたのか、私たちの日常に身近なマネキン人形という切り口から読み解くことを試みた。

第3章を執筆した新實は、これまで人が服を身につける意味をジェンダーの視点から考察し続けてきた。服飾の歴史では、デザイナーおよびデザインに目が向けられやすい一方で、服装が有する性の標識性は当たり前すぎておろそかにされやすい傾向にあると思われる。ゆえに第3章では、服飾に関する法令を分析し、異性装という行為を通して近代フランス社会の性規範やジェンダー観の一端を明らかにした。

第4章を執筆した内村は、十七世紀から十九世紀にかけての社交界を中心とする服飾文化を主に身体論の視点で研究してきた。当時大量に出版された礼儀作法書を中心にエチケットとモードの関連を長く扱ってきたが、この時期はモード雑誌が多く刊行され始めた時期とも重なっており、これらの調査も大変重要であると考えている。しかし、実際には、日本にまだ紹介されていないモード雑誌もパリのフランス国立図書館には多く見受けられ、これらからはさらに新な史的発見も得られるのではないかと考えているところである。

第5章を執筆した原口は、中世ヨーロッパ社会の心性について学ぶなかで、衣服に意味や象徴を与えるという中世特有の服飾文化に注目し、服飾史の学問の道に進んだ。現在は、中世末期フランスの祝祭・儀礼について、服飾や色彩の表象分析から政治的・文化的意味を問う研究をおこなっている。なかでも、第5章で取り上げた異国趣味という視点は、近年取り組んでいるテーマであり、祝祭表象や所有品の実態への調査を通して、当時の人びとが異文化をどのように捉え、既存のモードに影響させたのかを考察している。

このように、本書では服飾を通して読み解く歴史研究の、いくつかの視点を提示したつもりである。歴史研究は、もしかすると、もう新しい発見を掘り起こすことなどできないかのように思われることもあるかもしれないが、服飾を通して読み解く歴史には、未知の世界があまりに多く残されている。その果てしない魅力に、少しでも読者の方がたが気づいてくださり、この分野の研究に関心を持ってくださったら、と思う。そのような私たちの思いをこめて、タイトルを『フランス・モード史への招待』とした。

最後に、この企画について当初から関心を持ってくださり、力になってくださった遠藤千穂さんにお礼を申し上げる。そして、私たちの思いを汲んでくださって、刊行を快く引き受けてくださった悠書館の長岡正博さんには、心から感謝を申し上げる。

二〇一六年二月

朝倉三枝
内村理奈
角田奈歩
新實五穂
原口　碧

人名索引

ア行
アヴリヨン嬢 Mademoiselle Avrillon 38, 42, 43, xxvi
アメデ8世（・ド・サヴォワ）［サヴォワ公］ Amédée VIII de Savoie 183, 212
アンジュー公→ルネ（・ダンジュー）も参照 184, 204, 207, 209, 214, 233, xli
アンジュー公→ルネ（・ダンジュー），ルイ（・ダンジュー）も参照 213
アンヌ（・ド・リュジニャン）［キプロス王ヤヌスの娘，ルイ・ド・サヴォワの妻］ Anne de Lusignan 183, 212
アンリ・ダルトワ Henri d'Artois 42
イザベル（・ド・ロレーヌ）［アンジュー公ルネ妃］ Isabelle de Lorraine 214
イマン，ピエール Iman, Pierre 77, 87, 89, 91, 92
ヴァレフスカ伯夫人マリア Maria Walewska 49
ヴァロー＝ベルカセム，ナジャ Vallaud-Belkacem, Najat 111, 112, 124, 135
ヴィオネ，マドレーヌ Vionne, Madeleine 86
ヴィオレ＝ル＝デュク，ウジェーヌ Viollet-le-Duc, Eugène 14
ヴィニョー，アンドレ Vigneau, André 91, 93, 97, 98
ヴェブレン，ソースティン Veblen, Thorstein 5, 160
ウォルト，シャルル＝フレデリック Worth, Charles Frederick 22, 32, 33, 35-37, 39, 45, 65, 66, 69, 102, xx, xxix, xxx
ウジェニー・ドゥ・ボアルネ Eugène de Beauharnais 48
ウジェニー（・ドゥ・モンティジョ）［ナポレオン3世妃］ Eugénie de Montijo 36, 75
エッフェル，ギュスターヴ Eiffel, Gustave 33
エリアス，ノルベルト Elias, Norbert 140
エリザ・ボナパルト Élisa Bonaparte 48
エリザヴェータ・アレクセイエヴナ［ロシア皇妃］ Elisaveta Alexeievna 48
エロフ夫人 Madame Éloffe 45, 46, 50-52, 55-57, 64, 67, 241, 242, xxvi
オスマン，ジョルジュ＝ウジェニー Haussmann, Georges-Eugène 33, 80, 81, 83, 85
オルタンス・ドゥ・ボアルネ Hortense de Beauharnais 47
オルレアン公夫人 Duchesse d'Orléans →マリ＝アメリ・ドゥ・ブルボン＝シシルも参照 48

カ行
カスティリオーネ，バルダッサーレ Castiglione, Baldassare 149
カタリーナ・フォン・ヴュルテンベルク Katharina von Württemberg →カトリーヌ・ドゥ・ヴュルタンベール
カトリーヌ・ドゥ・ヴュルタンベール Catherine de Wurtemberg 48
カルティエ，アルフレッド Cartier, Alfred 33
カロリーヌ・ボナパルト Caroline Bonaparte 47, 48, 56, xxvii
カロリーネ・シャルロッテ・アウグステ・フォン・

バイエルン Caroline Charlotte Auguste von Bayern 口絵1, 63
カロリーネ・フォン・バーデン［バイエルン王妃］Karoline von Baden 48
キシュラ, ジュール Quicherat, Jules 13, 20, 27
ギヨ［フィリップ・ル・ボンの義兄弟］Guyot, bâtard de Bourgogne 210
グラッサー, エラスムス［彫刻家］Grasser, Erasmus 201
クルタン, アントワーヌ・ド de Courtin, Antoine 150, 156, 157, 175
ゲーテ, ヨハン・ヴォルフガング・フォン Goethe, Johann Wolfgang von 238
ゴダール・ド・ドンヴィル, ルイーズ Godard de Donville, Louise 148
コニャック, エルネスト Cognacq, Ernest 35

サ行

サヴォワ公→アメデ8世も参照 183, 212
サン＝レミ, ジャン・ルフェーヴル・ド［年代記作家］Saint-Remy, Jean Le Fèvre de 183, 191, 261
サン＝ローラン, イヴ Saint-Laurent, Yves 23
サンド, ジョルジュ Sand, George 255-258
シャトラン, ジョルジュ［年代記作家］Chastellain, Georges 261-263
ジャリュゾ, ジュール Jaluzot, Jules 35
シャルル6世［フランス国王］Charles VI 190, 260
シャルル10世［フランス国王］Charles X 42, 49, xxvi
シャルル（・ドルレアン）［オルレアン公］Charles d'Orléans 203
シャルル＝フェルディナン・ダルトワ Charles-Ferdinand d'Artois, Duc de Berry 48
シャルル（「ル・テメレール」）［ヴァロワ朝ブルゴーニュ家4代目当主, ブルゴーニュ公］Charles le Téméraire, duc de Bourgogne 195, 215
シャロレ伯 comte de Charolais →フィリップ・ル・ボンも参照 193, 194
ジャン（「サン・プール」）［ヴァロワ朝ブルゴーニュ家2代目当主, ブルゴーニュ公］Jean sans Peur, duc de Bourgogne 194, 211, 212, 214, 262
ジャンヌ・ド・ラヴァル［アンジュー公ルネ妃］Jeanne de Laval 194
ジャンリス夫人 Genlis, Madame de 154
ショシャール, アルフレッド Chauchard, Alfred 35, 69
ジョゼフィーヌ・ドゥ・ボアルネ［フランス皇妃］Joséphine de Beauharnais 口絵1, 38, 47, 48, 67, xxii, xxvi
スキャパレリ, エルザ Schiaparelli, Elsa 23
スタッフ夫人 la Baronne Staffe 163-167, 171-173
スレイマン1世［オスマン帝国スルタン］I. Süleyman 219
ソレル, シャルル Sorel, Charles 151, 156, 175

タ行

ダヴィッド, ジャック＝ルイ David, Jacques-Louis 36
ディドロ, ドゥニ Diderot, Denis 154
テイラー, ルー Taylor, Lou 3, 15
デジレ・クラリ［スウェーデン王妃］Désirée Clary 48
デッカー, ルドルフ Dekker, Rudolf M. 114-116, 133
ドゥーセ, ジャック Doucet, Jacques 33

ドラクロワ, ウジェーヌ Delacroix, Eugène 10
ドローネー, ソニア Delaunay, Sonia 23
トワジー, ジェオフロワ・ド［ブルゴーニュの騎士］Thoisy, Geoffroy de 210

ナ行

ナポレオン1世［フランス皇帝］Napoléon Ier 口絵1, 33, 36, 38, 44, 46-49, 56, 67-69, 224, 243, xxiii, xxvi
ナポレオン3世［フランス皇帝］Napoléon III 32, 36, 75
ヌヴェール伯 comte de Nevers →ジャン（「サン・プール」）も参照 209

ハ行

パカン, ジャンヌ Paquin, Jeanne 95
パストゥロー, ミシェル Pastoureau, Michel 26
パターソン, エリザベス Patterson, Elizabeth 48
バティルド・ドルレアン［ブルボン公（コンデ公）夫人］Bathilde d'Orléans, Duchesse de Bourbon, Princesse de Condé 48
バヤズィット1世［オスマン帝国スルタン］I. Bayezid 212
バール, クリスティーヌ Bard, Christine 117, 118, 135, xxxiv, xxxv, xxxvi
バルザック, オノレ・ド Balzac, Honoré de 8, 10, 254, 255
バルト, ロラン Barthes, Roland 16-18
ピポニエ, フランソワーズ Piponnier, Françoise 17
ファレ, ニコラ Faret, Nicolas 22, 149, 150, 156, 175
ファン・ドゥ・ポル, ロッテ van de Pol, Lotte C. 114-116, 133
フィリップ（「ル・アルディ」）［ヴァロワ朝ブルゴーニュ家初代当主, ブルゴーニュ公］Philippe le Hardi, duc de Bourgogne 212
フィリップ（「ル・ボン」）［ヴァロワ朝ブルゴーニュ家3代目当主, ブルゴーニュ公］Philippe le Bon, duc de Bourgogne 口絵5, 184, 186, 192, 194-197, 199, 209, 210, 212, 213, 236, 262, 263, xli
ブシコ, アリスティッド Boucicaut, Aristide 33-35, 56, 69
フランクラン, アルフレッド Franklin, Alfred 27
フランソワ1世［フランス国王］François Ier 182, 219
フランツ1世［オーストリア皇帝］Franz I 口絵1, 63
フリードリヒ3世［神聖ローマ皇帝, ハプスブルク家当主］Friedrich III. 216, 218, 219
ブルゴーニュ公→フィリップ・ル・ボンも参照 193, 194, 204, 209-212, 214, 216, 233, xli
プルースト, マルセル Proust, Marcel 9
ブルボン公夫人 Duchesse de Bourbon →バティルド・ドルレアンも参照 48
ブローデル, フェルナン Braudel, Fernand 17, 18, 21, 23, 26, 28
ブローニュ, ユ・ド［フィリップ・ル・ボンの部屋付き侍従, 画家］Boulogne, Hue de 197, 200, 211
フロワサール, ジャン［年代記作家］Froissart, Jean 190, 260, 261
ベリー公 Duc de Berry→シャルル＝フェルディナン・ダルトワも参照 48
ベルタン, ジャンヌ＝マリ［ローズ］

Bertin, Marie-Jeanne, dit Rose 36, 37, 39,43, 46, 51, 67, 68, xxii, xxv, xxvi, xxvii
ペロー, フィリップ Perrot, Philippe 18, 19
ボタン, セバスチャン Bottin, Sébastien 249, 250
ボードレール, シャルル Baudelaire, Charles 6-8
ボーベルク, オットー＝グスタフ Bobergh, Otto-Gustav 35
ボラール, ジャン＝ジョゼフ Bolard, Jean-Joseph 68
ボラール, ジャン＝バティスト Bolard, Jean-Baptiste 68
ポリーヌ・ボナパルト Pauline Bonaparte 48
ポワレ, ポール Poiret, Paul 23, 69, 86, 92, 95, 108
ポンパドゥール侯夫人ジャンヌ＝アントワネット・ポワソン Jeanne-Antoinette Poisson, Marquise de Pompadour 227

マ行

マクシミリアン1世［神聖ローマ皇帝, ハプスブルク家当主］Maximilian I. 215-219, xli
マティアス（・コルヴィヌス）/（マーチャーシュ1世）［ハンガリー王］ Matthias Corvinus (Corvinus, Matthias) 218
マリ＝アメリ・ドゥ・ブルボン＝シシル［オルレアン公夫人］Marie-Amélie de Bourbon-Siciles, Duchesse d'Orléans 48
マリ＝アントワネット・ドゥ・ロレーヌ・ドートリッシュ［ルイ16世王妃］ Marie-Antoinette de Lorraine d'Autriche 28, 36, 37, 43, 46, 48,67, 242, xxvi
マリ＝ジュリ・クラリ Marie-Julie Clary 48
マリ＝テレーズ・ドゥ・フランス［フランス王女, アングレーム公夫人］ Marie-Thérèse de France, Duchesse d'Angoulême 48, 67
マリー（・ド・ブルゴーニュ）［シャルル・ル・テメレールの娘］ Marie de Bourgogne 215-217
マリ＝ルイーズ・ドートリッシュ［ナポレオン1世皇妃］ Marie-Louise d'Autriche 41, 48, 67, xxvii
マリア・レオポルディーネ・ヨーゼファ・カロリーネ・フォン・エスターライヒ［オーストリア皇女, ブラジル皇妃］ Maria Leopoldine Josepha Caroline von Österreich 48
マルグリット（・ド・サヴォワ）［ルイ・ド・サヴォワの姉, アンジュー公ルイ妃］ Marguerite de Savoie 213
マルグリット（・ド・ヨーク）/（マーガレット・オブ・ヨーク）［イングランド王エドワード4世の妹, シャルル・ル・テメレール妃］ Marguerite d'York 195
ミシュレ, ジュール Michelet, Jules 11, 19
メッケネム, イスラエル・ファン［版画家］ Meckenem, Israhel van 201, 203
モリエール Molière 150, 157, 247
モリネ, ジャン［年代記作家］ Molinet, Jean 216, 218
モンタンドン, アラン Montandon, Alain 143, 144
モンテスキュー Montesquieu, Charles-Louis de 154

ヤ行

ヤヌス・ド・リュジニャン［キプロス王］ Janus de Lusignan 212
ユーグ（・ド・リュジニャン）［アンヌ・ド・リュ

ジニャンの叔父, キプロス枢機卿]
Hugues de Lusignan 213

ラ行

ラ・サル, ジャン・バティスト・ド
La Salle, Jean-Baptiste de 156
ラ・ブリュイエール, ジャン・ド
La Bruyère, Jean de 152
ラ・ブロキエール, ベルトランドン・ド
[ブルゴーニュの騎士]
La Broquière, Bertrandon de 209
ラ・マルシュ, オリヴィエ・ド[年代記作家]
La Marche, Olivier de 195, 261
ラヴィーニュ, アレクシス
Lavigne, Alexis 74-76
ラクロワ, ポール Lacroix, Paul 14
ラデツキー, ヨハン・ヨーゼフ・ヴェンツェル・フォン
Radetzky, Johann Joseph Wenzel 49
ランバン, ジャンヌ Lanvin, Jeanne
95, 96, 99, 100, 102, 104
ランボ夫人 Madame Raimbault
38, 39, 66, xxiv, xxix
ルイ11世 [フランス国王] Louis XI 215
ルイ14世 [フランス国王] Louis XIV 68
ルイ15世 [フランス国王] Louis XV 227
ルイ(・ダンジュー) [ヴァロワ朝アンジュー家3代目当主, アンジュー公, ルネ・ダンジューの兄] Louis d' Anjou 213
ルイ(・ド・サヴォワ)[ジュネーヴ公, アメデ8世の次男] Louis de Savoie 212
ルネ(・ダンジュー)[ヴァロワ朝アンジュー家4代目当主, アンジュー公, バル公, ロレーヌ公, プロヴァンス伯, ナポリ王]
René d'Anjou
184, 192, 194, 205, 213, 215, 235
ルブラン=トサ・ドゥ・ピエールラット, ジャン=アントワーヌ
Lebrun-Tossa dePierrelatte, Jean-Antoine
口絵7, 266
ルベ, ジャン・ド [ブルゴーニュの騎士]
Roubaix, Jean de 210
ルロワ, エステル Leroy, Estelle
36, 42, 49, xxiv, xxvii, xxx
ルロワ, ルイ=イポリット
Leroy, Louis-Hippolyte 口絵1, 32,
36-47, 49-55, 57, 64-70,
224, 243, xxii, xxiii, xxiv,
xxvi, xxvii, xxviii, xxix, xxx
ロシュ, ダニエル Roche, Daniel 18, 20, 21

ワ行

ワヴランの画家[画家]Maître de Wavrin
口絵6, 199

地名・事項索引

サ行

タ行

ナ行

ハ行

マ行

参考文献

●西洋服飾史・フランス史・ヨーロッパ史に関するリファレンス

近藤和彦編『西洋世界の歴史』山川出版社, 1999年
佐藤彰一・中野隆生編『フランス史研究入門』山川出版社, 2011年
柴田三千雄・樺山紘一・福井憲彦編『世界歴史大系 フランス史1―先史～15世紀』山川出版社, 1995年
柴田三千雄・樺山紘一・福井憲彦編『世界歴史大系 フランス史2―16世紀～19世紀なかば』山川出版社, 1996年
柴田三千雄・樺山紘一・福井憲彦編『世界歴史大系 フランス史3―19世紀なかば～現在』山川出版社, 1995年
甚野尚志・堀越宏一編著『中世ヨーロッパを生きる』東京大学出版会, 2004年
杉本淑彦・竹中幸史編著『教養のフランス近現代史』ミネルヴァ書房, 2015年
徳井淑子『図説ヨーロッパ服飾史』河出書房新社, 2010年
深井晃子監修『カラー版世界服飾史』増補版, 美術出版社, 2010年
福井憲彦編『新版世界各国史 フランス史』山川出版社, 2001年
堀越宏一・甚野尚志編著『15のテーマで学ぶ中世ヨーロッパ史』ミネルヴァ書房, 2013年
G. デュビィ, M. ペロー監修『女の歴史』全5巻, 杉村和子・志賀亮一監訳, 藤原書店, 1994-2001年
R. L. ピセツキー『モードのイタリア史』池田孝江監修, 平凡社, 1987年
フランソワ・ブーシェ『西欧服装史』石山彰監修, 文化出版局, 1973年
M. G. ムッツァレッリ『イタリア・モード小史』伊藤亜紀・山崎彩・田口かおり・河田淳訳, 知泉書館, 2014年
ゲルトルート・レーネルト『絵とたどるモードの歴史』黒川祐子訳, 中央公論美術出版, 2011年
Madeleine Ambrière, *Dictionnaire du XIXe siècle européen*, Paris, Presses Universitaires de France, 2007
Gabriel Audisio et Isabelle Rambaud, *Lire le français d'hier : Manuel de paléographie moderne (XVe-XVIIIe siècle)*, 4e édition, Paris, Armand Colin, 2008
Lucien Bély, éd., *Dictionnaire de l'Ancien Régime*, 3e édition, Paris, Presses Universitaires de France, 2010
Michel Delon, éd., *Dictionnaire européen des Lumières*, Paris, Presses

Universitaires de France, 2007
Raymond Gaudriault, *La gravure de mode féminine en France*, Edition de L'Amateur, Paris, 1983
Claude Gauvard, Alain de Libera, et Michel Zink, *Dictionnaire du Moyen Age*, 2e édition, Paris, Presses Universitaires de France, 2004
Albert Soboul, éd., *Dictionnaire historique de la Révolution française*, Paris, Presses Universitaires de France, 2005
Eugène Viollet-Le-Duc, *Le Dictionnaire raisonné du mobilier français*, 6vols, Paris, Gründ et Maguet, 1858-1875

●西洋服飾史・フランス史・ヨーロッパ史のためのウェブサイト

京都服飾文化研究財団（KCI）デジタル・アーカイブス
http://www.kci.or.jp/archives/digital_archives/
島根県立石見美術館コレクションデータベース
http://www.v-museum.pref.shimane.jp/special/gran/
杉野学園衣裳博物館コレクション
http://www.costumemuseum.jp/collection/index.html
杉野学園衣裳博物館データベース
http://www.costumemuseum.jp/museumdb/
文化学園図書館・文化学園大学図書館貴重書デジタルアーカイブ
http://digital.bunka.ac.jp/kichosho/
文化学園服飾博物館所蔵品データベース
http://museum.bunka.ac.jp/database/
Europeana
http://www.europeana.eu/
Gallica
http://gallica.bnf.fr/
Palais Galliera (Musée de la mode de la Ville de Paris)
http://www.palaisgalliera.paris.fr/fr/collections/les-collections
The ARTFL Project
http://artfl-project.uchicago.edu/
The Metropolitan Museum Art

http://www.metmuseum.org/collection
Victoria and Albert Museum
http://collections.vam.ac.uk/

●フランス服飾史・服飾文化論・ヨーロッパ文化史に関する専門書

朝倉三枝『ソニア・ドローネー　服飾芸術の誕生』ブリュッケ, 2010年
石井達朗『異装のセクシャリティ—人は性をこえられるか』新宿書房, 1991年
石井達朗『男装論』青弓社, 1994年
内村理奈『モードの身体史—近世フランスの服飾にみる清潔・ふるまい・逸脱の文化』悠書館, 2013年
鹿島茂『デパートを発明した夫婦』講談社, 1991年
鹿島茂『明日は舞踏会』作品社, 1997年
北山晴一『おしゃれの社会史』朝日選書, 1991年
草光俊雄・眞嶋史叙監修『欲望と消費の系譜』NTT出版, 2014年
佐伯順子『「女装と男装」の文化史』講談社, 2009年
角田奈歩『パリの服飾品小売とモード商 1760-1830』悠書館, 2013年
徳井淑子『服飾の中世』勁草書房, 1995年
徳井淑子『色で読む中世ヨーロッパ』講談社, 2006年
徳井淑子『涙と眼の文化史—中世ヨーロッパの標章と恋愛思想』東信堂, 2012年
中田耕治『冒険する女の世紀—男装の女性史』新書館, 1983年
新實五穂『社会表象としての服飾—近代フランスの異性装』東信堂, 2010年
深井晃子『ジャポニスム イン ファッション』平凡社, 1994年
深井晃子『ファッションの世紀—共振するファッションとアート』平凡社, 2005年
深沢克己『商人と更紗—近世フランス＝レヴァント貿易史研究』東京大学出版会, 2007年
ジョルジュ・ヴィガレロ『清潔になる〈私〉—身体管理の文化誌』見市雅俊監訳, 同文舘, 1994年

ソースティン・ヴェブレン『有閑階級の理論』増補新訂版，高哲男訳，講談社, 2015年

ノルベルト・エリアス『文明化の過程（上）ヨーロッパ上流階層の風俗の変遷』改装版，赤井慧爾・中村元保・吉田正勝訳，法政大学出版局，2010年

ノルベルト・エリアス『文明化の過程（下）社会の変遷／文明化の理論のための見取図』改装版，波田節夫・溝辺敬一・羽田洋・藤平浩之訳，法政大学出版局, 2010年

ジョアン・エントウィスル『ファッションと身体』鈴木信雄訳，日本経済評論社, 2005年

スティーブン・オーゲル『性を装う』岩崎宗治・橋本恵訳，名古屋大学出版，1999年

シシル『色彩の紋章』伊藤亜紀・徳井淑子訳・解説, 悠書館, 2009年

ヴェルナー・ゾンバルト『恋愛と贅沢と資本主義』金森誠也訳，講談社，2000年

ルドルフ・M・デッカー，ロッテ・C・ファン・ドゥ・ポル『兵士になった女性たち—近世ヨーロッパにおける異性装の伝統』大木昌訳，法政大学出版局, 2007年

ジョン・ハーヴェイ『黒服』太田良子訳, 研究社, 1997年

デヴィッド・ハーヴェイ『パリ—モダニティの首都』大城直樹・遠城明雄訳, 青土社, 2006年

ミシェル・パストゥロー『悪魔の布—縞模様の歴史』松村剛・松村恵理訳，白水社, 1993年

ミシェル・パストゥロー『青の歴史』松村恵理・松村剛訳，筑摩書房，2005年

フランソワーズ・ピポニエ他『中世衣生活誌—日常風景から想像世界まで』徳井淑子編訳, 勁草書房, 2000年

フィリップ・ペロー『衣服のアルケオロジー——服装からみた19世紀フランス社会の差異構造』大矢タカヤス訳, 文化出版局, 1985年

ヨハン・ホイジンガ『中世の秋I・II』堀越孝一訳，中央公論新社，中公クラシックス，2001年

ロベール・ミュシャンブレッド『近代人の誕生—フランス民衆社会と習俗の文明化』石井洋二郎訳, 筑摩書房, 1992年

Christine Bard, *Une histoire politique du pantalon*, Paris, Seuil, 2010

Louis Bergeron, éd., *La révolution des aiguilles : Habiller les Français et les Américains, 19e-20e siècles*, Paris, Éditions de l'EHESS, 1996

Christopher Breward, *Fashion*, Oxford [UK], Oxford University Press, 2003

Natacha Coquery, *Tenir boutique à Paris au XVIIIe siècle : Luxe et demi-luxe*, Paris, Éditions du comité des travaux historiques et scientifiques, 2011

Clare Haru Crowston, *Credit, Fashion, Sex: Economics of Regard in Old Regime France*, Durham [NC], Duke University Press, 2013

Madelaine Delpierre, *Se vêtir au XVIIIe siècle*, Paris, Adam Biro, 1996

Louise Godard de Donville, *Signification de la mode sous Louis XIII*, Aix-en-Provence, Edisud, 1978

Caroline Evans, *The Mechanical Smile: Modernism and the First Fashion Show in France and America, 1900-1929*, New Haven [CT], Yale University Press, 2013

Guyonne Leduc, dir., *Travestissement féminin et liberté(s)*, Paris, L'Harmattan, 2006

Rose Fortassier, *Les écrivains français et la mode, de Balzac à nos jours*, Paris, Presses Universitaires de France, 1988

Anna Favrichon, *Toilette et silhouettes féminines chez Marcel Proust*, Lyon, Presses Universitaires de France, 1987

Nancy L. Green, *Ready-to-Wear and Ready-to-Work: A Century of Industry and Immigrants in Paris and New York*, Durham [NC], Duke University Press, 1997

Tag Gronberg, *Designs on Modernity: Exhibiting the City in 1920's Paris*, Manchester [UK], Manchester University Press, 1998

Gloria Groom et Guy Cogeval, dir., *L'Impressionnisme et la Mode*, Paris, Musée d'Orsay/Skira-Flammarion, 2012

Jennifer M. Jones, *Sexing la Mode: Gender, Fashion and Commercial Culture in Old Regime France*, Oxford [UK]/New York, Berg, 2004

Beverly Lemire, *The Force of Fashion in Politics and Society*, New Edition, Farnham, Ashgate, 2010

Beverly Lemire, *Cotton*, London, Bloomsbury Academic, 2011

Nicole Parrot, *Mannequins*, Paris, Editions Colona, 1982

Odile Pascal et Magali Pascal, *Histoire du costume d'Arles*, Arles, Octavo, 1992

Nicole Pellegrin, *Les vêtements de la liberté, Abécédaire des pratiques vestimentaires en France de 1780 à 1800*, Paris, Alinéa, 1989

Françoise Piponnier, *Costume et vie sociale : La cour d'Anjou XIVe-XVe siècles*, Paris/La Haye, Mouton, 1970

Françoise Piponnier et Perrine Mane, *Se vêtir au Moyen Âge*, Paris, Adam Biro, 1995

Michel Pastoureau, *Noir : histoire d'une couleur*, Paris, Seuil, 2008

Jules Quicherat, *Histoire du costume en France*, Paris, Hachette, 1875

Aileen Ribeiro, *Fashion in the French Revolution*, New York, Holmes & Meier, 1988

Giorgio Riello and Peter McNeil, *eds., The Fashion History Reader: Global Perspectives*, London, Routledge, 2010

Giorgio Riello, *Cotton: The Fabric that Made the Modern World*, Cambridge [UK], Cambridge University Press, 2013

Daniel Roche, *Culture des apparences, une histoire du vêtement*, Paris, Fayard, 1989

Valerie Steele, *Paris Fashion: A Cultural History*, 2nd edition, New York/Oxford [UK], Bloomsbury Academic 1998

Lou Taylor, *The Study of Dress History*, Manchester [UK]/New York, Manchester University Press, 2002

Le vêtement : Histoire, archéologie et symbolique vestimentaire au Moyen-Âge, Michel Pastoureau, dir., *Cahiers du Léopard d'Or*, vol. 1, Paris, Le Léopard d'Or, 1989

注

序章

1 Lou Taylor, *The Study of Dress History*, Manchester / New York, Manchester U. P., 2002, pp.1-2.

2 前野みち子・香川由紀子「西欧女性の手仕事モラルと明治日本における受容」『言語文化論集』第XXIX巻，第1号，19-40頁．

3 ピエール・ビュロー「《ズボンをめぐる争い》―ある世俗的主題の文学と図像のヴァリエーション（13-16世紀）」『中世衣生活誌―日常風景から想像世界まで』徳井淑子編訳，勁草書房，2000年，153-155頁．

4 Philippe Perrot, *Le luxe, une richesse entre faste et confort XVIIIe-XIXe siècles*, Paris, Seuil, 1995, p.167；徳井淑子　解題「Ph. ペロー『贅沢，豪奢と快適のあいだの富，18-19世紀』1995年」（『ドレスタディ』vol. 50，2007年，22-26頁）参照．

5 ソースティン・ヴェブレン『有閑階級の理論』高哲男訳，ちくま学芸文庫，1998年，pp.188-211.

6 色を女性的なものとして嫌悪する今日のヨーロッパの色彩感情をクロモフォビアと称して語る次を参照．デイヴィッド・バチェラー『クロモフォビア―色彩をめぐる思索と冒険』田中裕介訳，青土社，2007年．

7 *Elle coud, elle court, la grisette!* Maison de Balzac, Paris Musées, 2011.

8「現代生活の画家」『ボードレール全集 IV』阿部良雄訳，筑摩書房，1987年，137-182頁．

9 フィリップ・ペロー『衣服のアルケオロジー――服装からみた19世紀フランス社会の差異構造』大矢タカヤス訳，文化出版局，1985年，222頁．

10 本節は，拙著『服飾の中世』（勁草書房，1995年）第3部「近代の中世趣味」に拠る．

11 M.–A. Dupui, Les copistes à l'œuvre, *Copier, Créer,* Paris, Réunion des Musées Nationaux, pp.42-51. 1834年に入館証の発行を受けたアーチストは1091人，1844年は635人，1854年は888人，1864年は500人である．これらの数には彫刻家や建築家が含まれるものの，ほとんどを画家が占め，しかも画学生が大半である．

12 バルザックの『ラヴイユーズ』『ピエール・グラッスー』『ラ・ヴァンデッタ』には，画家がコピー画を制作，それがかなりの価格で売れることが示されている．拙論「1830年代フランスのファッション情報メディア―芝居とコピー画の役割」（『日本家政学会誌』55巻6号，2004年，499-506頁）参

照.

13 ゴーチエ『青春の回想—ロマンチスムの歴史』(渡辺一夫訳，冨山房，1977年，39頁）にはシャツの白い襟への嫌悪が示され，同『若きフランスたち—諧謔小説集』(井村実名子訳，国書刊行会，1999年）には，時代の服装をブルジョワ服として嫌う表現がそこかしこにある．『ゴンクールの日記』(斎藤一郎編訳，岩波書店，1995年，104-105頁）には，後年のことだが，ゴーチエの家でフロベールが燕尾服にシャツの襟を高くしてブルジョワの姿をまねて揶揄したという逸話がある．

14 リュシアン・フェーヴル，ポール・ブローデル編『ミシュレとルネサンス—「歴史」の創始者についての講義録』石川美子訳，藤原書店，1996年，49-54頁．

15 Jules Quicherat, *Histoire du costume en France*, Paris, Hachette, 1875.

16 以下，服飾史草創期について，前掲『服飾の中世』第3部，261-169頁を参照．

17 Eugène Viollet-Le-Duc, *Le Dictionnaire raisonné du mobilier français*, 6vols, Paris, 1858-1875.

18 Nodier, Taylor et De Cailleux, *Voyages pittoresques et romantiques dans l'ancienne France*, Paris, Gide fils, 1820-1878.

19 Paolo Mercuri, *Costumes des XIIIe, XIVe et XVe siècles*, 2vols, Paris, Chez Treuttel et Würtz, 1829-1830.

20 Paul Lacroix, *Costumes historiques de la France*, 10vols, Paris, Administration de Librairie, 1852.

21 中世服飾を時代とアイテムごとに詳述した古典的な大著，アンラールの『フランス考古学提要』第3巻「服飾」(Camille Enlart, *Le Manuel d'archéologie français*, t.III, Costume, Paris, A. Picard, 1916)，1965年の初版以来，今日なお定評あり，1996年に増補版も出たブーシェの『ヨーロッパ服飾史』(François Boucher, *Histoire du costume en Occident*, Paris, Flammarion, 1996）もこれらの系譜にある．

22 Adrien Harmand, *Jeanne d'Arc, ses costumes, son armure*, Paris, E. Leroux, 1929.

23 Roland Barthes, « Histoire et sociologie du vêtement : Quelques observations méthodologiques », *Annales, Economies, Sociétés, Civilisations*, 1957, vol. 12, no. 3. pp. 430-441.

24 フェルナン・ブローデル『物質文明・経済・資本主義』I.1「日常性の構造」服装と流行，村上光彦訳，みすず書房，1985年（Fernand Braudel, *Civilisation matérielle, économie et capitalisme : XVe – XVIIIe siècles*, tome I, Paris, Armand Colin, 1967)，420-451頁．雑事を長期的な現実の指標とする主張は，ル・モンド誌1979年12月14日のインタビュー記事での発言であることは，訳者あとがきに拠る．

25 Françoise Piponnier, *Costume et vie sociale : la cour d'Anjou, XIVe- XVe siècles*, Paris/La Haye, Mouton, 1970.

26 Philippe Perrot, *Les dessus et les dessous de la bourgeoisie*, Paris, Fayard, 1981. 邦訳は前掲『衣服のアルケオロジー―服装からみた19世紀フランス社会の差異構造』.

27 Philippe Perrot, *Le Travail des apparences ou les transformations du corps féminin, XVIIIe-XIXe siècle*, Paris, Seuil, 1984.

28 ロベール・ミュシャンブレッド『近代人の誕生―フランス民衆社会と習俗の文明化』石井洋二郎訳，第4章「身体の秩序」，筑摩書房，1992年（Robert Muchembled, *L'invention de l'homme moderne : Sensibilités, mœurs et comportements collectifs sous l'Ancien Régime*, Paris, Fayard, 1988）.

29 Odile Blanc, Historiographie du vêtement : un bilan, *Cahiers du Léopard d'or,* t.1, *Vêtement*, 1989.

30 *Le luxe, Une richesse entre faste et confort, XVIIIe-XIXe siècles*, op.cit..

31 Daniel Roche, *La culture des apparences, Une histoire du vêtement, XVIIe-XVIIIe siècle*, Paris, Fayard, 1989.

32 前掲『ミシュレとルネサンス―「歴史」の創始者についての講義録』.

33 小池三枝・徳井淑子編『衣服論―服飾の歴史と現代』放送大学教育振興会，1990年.

34 石関亮「ファッションにおけるオリジナリティを問う―模倣や引用の観点から」『ドレスタディ』vol.42，2002年，24-30頁.

35 朝倉三枝『ソニア・ドローネー　服飾芸術の誕生』ブリュッケ，2010年.

36 深井晃子『ファッションの世紀―共振するファッションとアート』平凡社，2005年.

37 本書では19世紀初頭のモード商を扱うが，18世紀については以下で検証されている．角田奈歩『パリの服飾品小売とモード商1760-1830』悠書館，2013年.

38 ジャック・ルゴフも服飾を心性に対峙する物質文化として語り，心性のうちに括った場合でも感性を読み解く服飾表象としての理解に不足がある．感性の歴史については，これを構想したフェーヴルの論文7編，心性史研究について示唆に富む指摘をしているデュビイの対談，および今日の感性史を代表するコルバンの論文6編が選ばれ邦訳された次の著作が，方法と対象を論じて示唆多い．L. フェーヴル，G. デュビイ，A. コルバン『感性の歴史』小倉孝誠編，大久保康明・小倉孝誠・坂口哲啓訳，藤原書店，1997年.

39 内村理奈『モードの身体史―近世フランスの服飾にみる清潔・ふるまい・逸脱の文化』悠書館，2013年．ジョルジュ・ヴィガレロ『清潔になる〈私〉―身体管理の文化史』見市雅俊監訳，同文舘出版，1995年（Georges Vigarello, *Le propre et le sale : l'hygiène du corps depuis le Moyen Âge*, Paris, Seuil, 1987）.

40 ミシェル・パストゥロー『悪魔の布—縞模様の歴史』松村剛・松村恵理訳，白水社，1992年（Michel Pastoureau, *L'Étoffe du diable : une histoire des rayures et des tissus rayés*, Paris, Seuil, 1991）；同『ヨーロッパの色彩』石井直志・野崎三郎訳，パピルス，1995年（M. Pastoureau, *Dictionnaire des couleurs de notre temps*, Paris, Bonneton, 1992）；同『紋章の歴史—ヨーロッパの色とかたち』松村剛・松村恵理訳，創元社，1997年（M. Pastoureau, *Figures de l'héraldique*, Paris, Gallimard, 1996）；同『青の歴史』松村恵理・松村剛訳，筑摩書房，2005年（M. Pastoureau, *Bleu : Histoire d'une couleur*, Paris, Seuil, 2002）．イギリス文化圏の考察であるが，ジョン・ハーヴェィ『黒服』太田良子訳，研究社，1997年（John R. Harvey, *Men in Black*, London, Reaktion Books, 1995）は示唆に富む．なお拙著『色で読む中世ヨーロッパ』（講談社，2006年）を参照．

41 拙論「衣服の人類学に向けて」（Alfred Franklin, *La vie privée d'autrefois*［アティーナ・プレス発行］所収，Part1「服飾と「消費文化」」別冊解説，2011年），平野隆文「「文明」と「野蛮」の歴史学—料理・資料・文学・異文化をめぐって」（同，Part 2「料理と食事」別冊解説，2012年），および福井憲彦「もう一つの歴史記述の可能性」（同，Part 5「さまざまな日常」別冊解説，2014年）を参照．

42 内村理奈編著『ファッションビジネスの文化論』北樹出版，2014年，角田奈歩による第9章「ファッション産業の歴史とグローバル化」参照．

43 深井晃子『ジャポニスム イン ファッション—海を渡ったキモノ』平凡社，1994年．

44 原口碧「15世紀フランス王国の宮廷文化における「東方」の表象—ヴァロワ朝ブルゴーニュ家とアンジュー家を中心に—」お茶の水女子大学，博士学位論文，2014年．

第1章　流行を商う

1 フランス語の発音に即せば彼の名はヴォルトと表記するのが最も近く，筆者は今後この表記が広まることを望んでいる．だが本章では，他の章との統一のため，慣例に従ってウォルトと表記する．

2 以上，Amy de la Haye and Valerie D. Mendes, *The House of Worth: Portrait of an Archive*, London, Victoria & Albert Museum, 2014．以下，ウォルトについては同様。Swan & Edgarは，*The Post Office London directory, 1841 : comprising commercial directory, Court directory, Post Office directory, conveyance directory, banking directory, &c. &c. &c*, London, F. Kelly, 1841, p. 569［以下同書は*London*

*directory*と略す］によれば “silkmercers, habrdshrs [haberdashers], linendrapers, hosiers & furriers” を名乗り，クアドラント47，49，51番地と，ピカディリー9，10，11番地に店を構えている．クアドラントはリージェント通りとピカディリーの交差点南西側のカーヴを描く部分を指す．またLewis & Allenbyは*London directory*，p. 467では“silkmercers”を名乗り，リージェント通り195，197番地にある．

3 当時のパリのエリア・街路事情については松井道昭『フランス第二帝政下のパリ都市改造』日本経済評論社，1997年［以下同書は『都市改造』と略す］に詳しい．なお，パリのオペラ座は18世紀末から右岸北西部を転々としている．19世紀初頭までオペラ・コミックの劇場がコメディ・イタリアンなどと競合・合併を重ねていたが，1794年にリシュリュ通りに「国民劇場」が開かれており，これが1821年にル・ペレティエ通りに移転し，その後1862年に現在の位置にオペラ・ガルニエが開かれた（松井『都市改造』195-198頁）．

4 『三越のあゆみ』三越本部総務部，1954年．

5 ただし，日本には鉄道会社が集客のために駅構内や駅周辺を開発して創業した百貨店も数多く存在し，「電鉄系」百貨店と呼ばれる．

6 パリの百貨店の中で，現在もDIYやインテリアに強みを持ち他と毛色の異なる「BHV（Bazar de l'Hôtel de Ville；当初はBazar Napoléon）」の創業者グザヴィエ・ルエルは金細工工出身で，妻は刺繍工である．「ギャルリ・ラファイエット」は1894年創業とやや時代が下るが，創業者テオフィル・バデールは普仏戦争後にフランス国籍を選んだアルザス出身のユダヤ人でリセを出ているなど、他の百貨店創業者と較べるとやや異色の経歴で，既製服業の修行を積んだ後，アルザスの織物商の娘と結婚し，従兄弟と共に店を開いている．以上，百貨店創業者や創業経緯については，Philippe Verheyde, *Les grands magasins parisiens,* Paris, Balland, 2012, pp. 26-37.

7 *Annuaire-Almanach du commerce et de l'industrie, ou Almanach des 500,000 adresses (Didot-Botin)*, Paris, Librairie de Firmin Didot frères, fils et Cie., 1859, p. 463 ter ; p. 774.

8 ただし，小売商の実際の活動には様々な抜け道があった．以下で簡単に経緯に触れた通り，モード商も，もともとは制度の間隙を縫うようにして出現し，無認可のまま王妃まで顧客とするようになり，後から法的認可を得た職業である．これら18世紀パリの小売商の活動全般については，Natacha Coquery, *Tenir boutique à Paris au XVIIIe siècle : Luxe et demi-luxe*, Paris, Éditions du comité des travaux historiques et scientifiques, 2011［以下同書は*Tenir boutique*と略す］に詳しい．

9 サン＝トノレ通りにあったサン＝カンタンというモード商の店舗のマネキン人形について，同時代の文筆家メルシエは次のように描写している．「どうし

ても『サン＝トノレ通りの人形』のことを信じようとしなかったある外国人と知己を得た．この人形は新しい髪型の見本型を伝えるために定期的に北欧に送られる一方で，同じ人形の2番目のものがイタリアの果てにまで行き，そこからトルコの後宮の内部にまで現れる．私は疑り深い男をこの有名な店に連れて行った．そして彼は自分の目でそれを見，触れてもみたが，触れてみてもまだ疑っているようだった．それほどにも彼には実に信じ難いことに見えたのだ！」（Louis-Sébastien Mercier, *Tableau de Paris*, tome II, Neuchatel, 1782, chapitre CLXXIII : « Les Marchandes de Modes »）．このように，マネキン人形を店頭に置くような商品展示と装飾の工夫は，当時としては斬新なことだった．マネキン人形のその後の発展については第2章を参照．

10 Diana de Marly, *The History of Haute Couture, 1850-1950*, New York, Holmes & Meier Publishers, 1980, p. 13など．

11 Hyppolyte Auger, « Notice sur L. H. Leroy : avant et pendant la Révolution », *La mode, revue des modes, galerie de mœurs, album des salons*［以下同誌は*La mode*と略す］, tome I, octobre-novembre-décembre, 11e livraison, Paris, 1829, p. 280.

12 Hyppolyte Auger, « Notice sur L. H. Leroy : avant et pendant la Révolution », *La mode*, tome I, octobre-novembre-décembre, 11e livraison, Paris, 1829, pp. 280-287 ; « Notice sur L. H. Leroy : le Consulat-l'Empire», *La mode*, tome II, 12e livraison, Paris, 1829, pp. 310-321 ; « Notice sur L. H. Leroy : la Restauration », *La mode*, tome I, janvier-février-mars, 7e livraison, Paris, 1830, pp. 145-162 ; « Notice sur L. H. Leroy : dernier article », *La mode*, tome II, 13e livraison, Paris, 1830, pp. 348-355.

13 アンシャン・レジーム期パリの職業名の表記については，同業組合制度に定められた職能にもとづき，手工業者は「工」，小売商は「商」，兼業は「工／商」，技術職は「師」を付して統一することを筆者は提唱している．詳しくは拙著『パリの服飾品小売とモード商 1760-1830』悠書館，2013年，第3章を参照［以下同書は『パリの服飾品小売』と略す］．

14 オジェによれば，ルロワはフランソワズとの正式な結婚前にボノとの間に一人娘アデールをもうけている．アデールはオルフェラン嬢という女性のもとで育てられていたが，皇妃ジョゼフィーヌの計らいにより，パリ植物園陳列室会計係の息子で鉱物学者のアンリ・リュカという人物と結婚したという（Auger, « Notice sur L. H. Leroy : le Consulat - l'Empire », p. 316）．またアデールは，おそらくルロワの遺産目録AnF, MC/ET/CXVII/1138に登場するジャン＝アンドレ＝アンリ・リュカの未亡人アデライド＝フランソワズ・ボノである．遺産目録によれば，ルロワ死去の頃，この娘はショッセ＝ダンタン通り41番地の家で同居していたようである．

15 この間のルロワの活動について，オジェはベルタンがルロワに会いたがっていたなどとしきりにベルタンを引き合いに出しつつ評しているが，信憑性は

疑わしい（Auger, « Notice sur L. H. Leroy : avant et pendant la Révolution », pp. 282-284）．オジェは他にもこの類のいささか眉に唾したくなるようなルロワ礼賛を書き連ねている．

16 ルロワの遺産目録AnF, MC / ET / CXVII / 1138 に妻フランソワズの情報がある．この人物はボノとは別人のようである．また Fiona Ffoulkes, “Quality Always Distinguishes Itself : L. H. LeRoy and the luxury clothing industry in early nineteenth century Paris”, Berg, Maxine and Clifford, Helen, eds., *Consumers and Luxury: Consumer Culture in Europe 1650-1850*, Manchester [UK] / New York, Manchester University Press, 2010, pp. 187［以下同論文は“Quality”と略す］では結婚の日付が1796年5月と換算されているが，計算間違いだろう．

17 P. Capelle, *Nouvelle encyclopédie poétique : ou, choix de poésies dans tous les genres*, deuxième édition, tome XI, Paris, Aimé Payen, 1830, p. 156.

18 Mademoiselle Avrillon, *Mémoires de Mademoiselle Avrillion : première femme de chambre de l'impératrice, sur la vie privée de Joséphine, sa famille et sa cour; ornés d'un très-beau portrait de l'impératrice et de fac-simile de lettres de l'empereur*, Paris, chez Ladovocat, 1833, tome I, pp. 115-116［以下同書は*Mémoires*と略す］．なお，前述の通り，ルロワはこのときナポレオンの衣装も製作している．

19 *Journal de Paris*, 18 Germinal An XII (1er Avril 1804).

20 Avrillon, *Mémoires*, tome II, pp. 324-326.

21 Avrillon, *Mémoires*, tome II, pp. 327-328.

22 Avrillon, *Mémoires*, tome II, pp. 326-327.

23 Hyppolyte Auger (Paul Cottin, éd.), *Mémoires d'Auger (1810-1859)*, Paris, Bureaux de la Revue rétrospective, 1891, p. 172［以下同書は*Mémoires*と略す］.

24 Duverneuil et Jean de la Tynna, *Almanach du commerce de Paris, pour l'an XI*, Paris, chez les auteurs / Valade / Capelle, 1802, p. 157. 1802年当時は革命期の地名変更によりラ・ロワ通り．また番地は314.

25 Duverneuil et de la Tynna, Jean, *Almanach du commerce de Paris, pour l'an VIII de la République Française*, Paris, chez les auteurs / Valade / Capelle, 1799-1800, p. 199［以下同書は*Almanach*と略す］; Duverneuil et Jean de la Tynna, *Almanach du commerce de Paris, pour l'an IX de la République Française*, Paris, chez les auteurs / Valade / Capelle, 1800-1801, p. 213 ; Auger, « Notice sur L. H. Leroy : le Consulat - l'Empire », p. 315. なお，1798-1799年の商業年鑑にはこの住所のルロワ氏は掲載されていない．また，オジェはこの通りを「プチ＝シャン通り」と書いているが，その通り，おおむね現在のプチ＝シャン通りに相当する．

26 B. マルシャン『パリの肖像 19-20世紀』羽貝正美訳, 日本経済評論社，2010年，35-37頁．

27 Auger, « Notice sur L. H. Leroy : le Consulat - l'Empire », p. 316.

28 Avrillon, *Mémoires*, p. 325.

29 Duverneuil et Jean de la Tynna, *Almanach du commerce de Paris, des départemens de l'Empire Français, et des principales villes de l'Europe, Année 1806*, Paris, chez les auteurs / Valade / Capelle, 1806, p. 204. なお，1806年はモード商（女性服仕立工との注記付き），1807〜1808年は古着商・男性服仕立工（ポシェ氏妻，女性服仕立工との注記付き），1809〜1812年は女性服仕立工（ポシェ氏妻との注記付き）の項目にランボ夫人の名が掲載されている．おそらくこれがルロワと協働していたランボ夫人だが，古着商・男性服仕立工の項目を選んだのがやや不可解である．夫ポシェ氏が古着商か男性服仕立工だったのかも知れない．

30 BnF, NAF 5931 / 5932. これは原本で，今回はそのマイクロフィルム，BnF Microforme 20997 / 20998がPDF化されたものを利用する．

31 3巻以前は散逸．

32 Auger, « Notice sur L. H. Leroy : dernier article », p. 351.

33 以上，売買契約書：AnF, MC/RE/CXVIII/18 ; 遺産目録：AnF, MC/ET/CXVII/1138. なお，現在に至るまで，一般にフランスでは団地などの大規模なものでなければ集合住宅でも各戸の室番号はなく，住所には番地までしか示さないことが多い．そのため，住所が同じなら同じ建物内ということになるが，その建物内でどのように店舗と住居が配置されていたか，明確に分離されていたかなどは不明である．また，帳簿上は店員と家内使用人が必ずしも区別されていない形跡もある．詳しくは3節を参照．

34 Sébastian Bottin, *Almanach du commerce de Paris, des départemens de la France, et des principales villes du monde, contenant, pour Paris seulement, 40,000 adresses. XXVe année, Année 1822*, Paris, Bureau de l'almanach du commerce, 1822, p. 466.

35 北河大次郎「近代都市パリのまちなみ」，杉本淑彦・竹中幸史編著『教養のフランス近現代史』ミネルヴァ書房，2015年，141頁．

36 エステルの店は後にアルジェ通り13番地，サン＝トノレ通り332番地，ヴァンヌフ・ジュイエ通り5番地などに移転している．ただし，これらの通りはすべてかなり近接しているので，店舗の所在地は変わらず，住所表示が変更になっただけかも知れない．また，後には女性服仕立工（クチュリエール）を名乗るようになっている．そして1841年に引退したらしい．*Almanach du commerçans de Paris, et des départemens, contenant les adresses précises de MM. Les fabricans, négocians, marchands, commissionnaires en marchandises, de roulage, etc., et de toutes les personnes attachées au commerce,* Paris, Bureau de l'Almanach des commerçans, 1835, p. 348 ; *Almanach-Bottin du commerce de Paris, des départemens de la France et des principales villes du monde*, Paris, Bureau de l'almanach du commerce, 1840, p. 100 ; *Almanach général des commerçans de Paris*

et des départemens : contenant plus de 100,000 adresses vérifiées à domicile, Paris, Bureau de l'Almanach des commerçans, 1841, p. 508. 1840年には宣伝文句として「メゾン・ルロワの唯一の後継者，ドレスと流行品」との説明を付している．

37 以上，オジェにもとづく部分については，Auger, « Notice sur L. H. Leroy : dernier article », pp. 351-355.

38 Avrillon, *Mémoires*, tome II, pp. 326-327.

39 Auger, *Mémoires*, p. 173.

40 Avrillon, *Mémoires*, tome II, pp. 328-329.

41 Philippe Perrot, *Les dessus et les dessous de la bourgeoisie,* Paris, Fayard, 1981［以下同書は*Les dessus*と略す］; Daniel Roche, *La culture des apparences : Une histoire du vêtement XVIIe-XVIIIe siècle*, Paris, Seuil, 1998.

42 Jennifer Jones, "*Coquettes and Grisettes :* Women Buying and Selling in Ancien Régime Paris", Victoria de Grazia and Ellen Furlough, eds., *The Sex of Things : Gender and Consumption in Historical Perspective*, Berkeley [CA], University of California Press, 1996, pp. 25-53. なお，消費革命論はイギリス産業革命に先んじる消費拡大の問題として論じられてきたことから，18世紀イギリスについては広く認められたものとなってきているが，フランス史では必ずしも定説にはなっておらず，フランスに18世紀消費革命を認めない研究者もいる．近世〜近代フランスについて消費革命を認めているのも英米の研究者が多い．たとえば，後述するコクリは，18世紀パリの特性は「消費革命あるいは消費社会ではない」としている．Coquery, *Tenir boutique*, p. 24.

43 Claire Haru Crowston, *Credit, Fashion, Sex: Economics of Regard in Old Regime France*, Durham [NC], Duke University Press, 2013［以下同書は*Credit*と略す］; また同書に先んじて，Claire Haru Crowston, "The Queen and her 'Minister of Fashion': Gender, Credit and Politics in Pre-Revolutionary France", *Gender & History*, Vol. 14, No. 1, 2002, pp. 92-116. お針子など女性服飾関係業従事者についての著書はClaire Haru Crowston, *Fabricating Women: The Seamstresses of Old Regime France, 1675-1791*, Durham [NC], Duke University Press, 2001.

44 Michelle Sapori, *Rose Bertin : Ministre des modes de Marie-Antoinette*, Paris, Éditions de l'institut français de la mode / Éditions de Regard, 2003［以下同書は*Rose Bertin*と略す］. また同じくサポリの *Rose Bertin : couturière de Marie-Antoinette*, Paris, Perrin, 2010 は伝記風読みものの形でベルタンの活躍を描いており，ミシェル・サポリ『ローズ・ベルタン：マリー＝アントワネットのモード大臣』(北浦春香訳, 白水社, 2012年) として邦訳されているが，この訳書は「同業組合 arts et métiers」を「芸術・職人」としたり，「城外区 faubourgs」を「郊外」としたりなど，歴史的用語について許容し難い誤訳を数多く含んでいる．

45 角田『パリの服飾品小売』．本論文中で詳しい説明を省いた18世紀のモード商の活動内容などについては同書を参照されたい．

46 Henri Bouchot, *La Toilette à la cour de Napoléon, chiffons et politique de grandes dames 1810-1815, d'après des documents inédits*, Paris, Librairie illustrée, 1895［以下同書は*La Toilette*と略す］.

47 Ffoulkes, "Quality". なお，同論文ではモード商が milliner と英訳されているが，現代英語としての milliner は女性用帽子専門職である．そのため，19世紀後半頃から女性用帽子専門職を指すフランス語として使われるようになった modiste と対応している語とは見なせる．しかし，19世紀初頭の modiste という語はまだ marchand de modes の言い換えにすぎない．よって，現代英語 milliner は19世紀初頭の modiste＝marchand de modes には対応しない．このような語を marchand de modes の訳語として選ぶ点で，19世紀の服飾関係業全般への見通しが欠けていると言わざるを得ない．Marchands de modesとmodisteという語，そしてその英訳については，角田『パリの服飾品小売』第1章第1節と，注76〜77を参照．

48 19世紀後半の商業年鑑にもモード商は項を立てて掲載されている．またAD Paris, D10U3 ; D13U3の破産文書からも19世紀末までモード商の存在が確認できる．

49 Coquery, *Tenir boutique*. コクリの博士論文はNatacha Coquery, *L'Hôtel aristocratique : Le Marché du luxe à Paris au XVIIIe siècle,* Paris, Publication de la Sorbonne, 1998. 他著書や論文集多数．

50 王妃マリ＝アントワネットがベルタンに注文した商品・作業の総額は1787年60225リーヴル，1788年61992リーヴルである（Crowston, "The Queen", p. 83）．エロフについては，1787年22516リーヴル，1788年16157リーヴルで，ベルタンの3分の1〜4分の1程度と，王妃との取引のみを取っても比肩するとは言えない。ただしこれはベルタンが圧倒的だったのであり，エロフもこれに次ぐ規模であったとは言える．

51 身元同定には Bouchot, *La toilette* を参考にした．

52 ルロワはナポレオンやシャルル10世の戴冠式の衣装を製作しているが，ルロワが作る男性用衣服はこういった儀礼用だけだったようである．自身の衣服も外注している．BnF NAF 5931 (vol. 4), f. 234.

53 ルロワはジョゼフィーヌの肺炎による死没直前にマルメゾンの居館を訪ね，体調悪化の早さを心配し，ペンテコステの休日を取っていたアヴリヨン嬢宅まで状況を伝えに行っている．しかしその報せを聞いたアヴリヨン嬢は，馬車でマルメゾンに急行する道すがら，ジョゼフィーヌの死を知人に聞かされることになった．このようにジョゼフィーヌとは1814年のその死まで親しく取引を続けていた（Avrillon, *Mémoires*, pp. 409-412）．

54 ただし，Monsieur Ragerkey, Général と記録されているため，確実とは言えない。しかしまさにラデツキーがパリに滞在していた時期の記録であり，またあえて Général と付記されている点から，これをラデツキーと見る推測にも蓋然性はあると思われる．
55 エステルについてはBnF NAF 5932 (vol. 5), f. 67. 1820年9月20日から，給与年額400フランで働きはじめている．
56 ただしここで外国人と分類しているのは添え書きや素性からそう同定できた者だけで，他にも外国人が含まれている可能性はある．
57 ベルタンの外国人顧客については Sapori, *Rose Bertin*, pp. 97-109 に詳しい。ただしここでは顧客に占める外国人の割合などは示されていない．
58 アンシャン・レジーム期のモード商による掛け売りに関しては，これを主題とする Crowston, *Credit* を参照．
59 ルロワ自身が仕入れや商売に関係した買い物をしたり作業を依頼したりした場合の支払いは手形払いが多い．ある程度まとまった額ならほぼ必ず手形のようである．
60 BnF NAF 5931 (vol. 4), f. 53. この金片が具体的にどのようなもので，どのような用途のための貸し出しだったかは不明．
61 ナポレオン実妹カロリーヌの場合は3ヵ月で7500フランという固定予算があったようで，3ヵ月ごとに支払いがされて帳付けが〆てあり，贈り物など例外的な買い物は別勘定とされている．この仕組みで回収はより確実にはなっただろうが，これは回収の工夫というより，カロリーヌの浪費を防ぐという顧客側の都合だったかも知れない．こういった取引をしている相手は他にいない．
62 さらにブナールは破産直前に集中して回収をおこなった形跡があり，これらにより彼らの場合はほぼ150パーセント以上の高率となっている．この回収額はおそらく利子をかなり含んでおり，むしろ100パーセントを優に超すこの数値は，経営としては不健全さを感じさせる．また，レヴェックも105パーセントという値を出しているが，これは帳簿掲載時期より前からの未払い分の繰り越し決済を含むためである．
63 モロの破産については Crowston, *Credit*, p. 193 も参照．
64 登場回数の数え方については，同じ種類の商品や作業（たとえばリボン，マント，フィシュ，シュミーズ製作，帽子加工といった括り）が同日同一顧客の買い物の記録に複数回現れた場合も1回とする．たとえばリボンを色や幅によって区別する例と，（区別）しない例があるなど，同じ種類の商品を帳簿上別の行に書くかどうかは書き手や場合によって異なるため，これをその都度数えるのは全体を総合して考えるには不適切だからである．
65 BnF NAF 5931 (vol. 4), f. 239. 1814年9月1日，皇妃マリ＝ルイーズの注文で「籠を新品のようにクリーニングする」という作業である．なんの籠かはわから

ない．

66 ルダンゴト，スペンサー，ジュイーヴはすべてコート類．ルダンゴトとスペンサーは18世紀から続くアングロマニを反映したイギリス風のものである．

67 マンティーユは頭から垂らすヴェール様のレース装飾で，バルブはこれに付随する左右に垂らす装飾品．サボ袖は袖口が広がった型の袖．マンティーユはスペイン語 マンティーリャ mantillaが語源であり，スペインでは現在も祝祭などで用いられる服飾品である．なお，当時は袖はドレス本体とは別に作るのが一般的で，製造・販売もドレスとは別にされていることも多い．

68 以上，BnF NAF 5931 (vol. 4), ff. 461-462.

69 途中で昇給した例もあり，経験や技能に応じた額のようである．支払いは月１度，ほぼ決まった日に定額を現金で渡しているが，求めに応じてか，ふだんとは異なる日に少額渡している例も多い．品物を売った場合などは差し引いている．

70 ロンドンでは，18世紀にすでに男性服仕立工（テイラー）の仕立賃が定額となっていた例がある．また素材販売から作業受注までの統合という点でも，ときに彼ら男性服仕立工が「仕立商 merchant taylor [*sic*.]」と名乗っていた通り，ロンドンが先んじている．ただし女性服について男性服仕立ほど明確な料金体系が18世紀に存在した形跡は乏しい．とはいえ，18世紀の段階でギルド制度がほぼ消滅していたロンドンのほうがパリより規制が少なく，より合理的な衣服製造・小売が可能であり，既製服販売もすでに始まっていた．これらロンドンでの衣服製造・小売については，Beverly Lemire, *Dress, Culture and Commerce : The English Clothing Trade before the Factory, 1660-1800*, London, Palgrave Macmillan, 1997 ; John Styles, *The Dress of the People: Everyday Fashion in Eighteenth-Century England*, New Haven [CT], Yale University Press, 2008 ; 道重一郎「18世紀ロンドンの小売商と消費社会：服飾小売商 milliner の活動を中心に」『経営史学』43(1), 2008年, 3-28頁；「18世紀ロンドンの仕立商（上）：セイヤー家文書を中心に」『東洋大学経済論集』39(1), 2013年, 1-15頁；「18世紀ロンドンの仕立商（下）：セイヤー家文書を中心に」『東洋大学経済論集』39(2), 2014年, 63-78頁．

71 Auger, « Notice sur L. H. Leroy : dernier article », p. 352.

72 ただし，ルロワは靴はほとんど扱っていない．

73 共にBnF NAF 5931 (vol. 4), f. 131. 1815年12月27日，パリのジャン＝バティスト・ボネール社に対して「ガーゼ地とブロンド・レース地製ドレスの見本型，各60フラン」を２つ販売している．また1815年10月4日，カウニッツ公夫人に「ブロンド・レース地とチュール地で装飾された白サテン地ドレスの見本型」を46フランで製作・販売している．なお，このカウニッツ公夫人とは女帝マリア＝テレジアと皇帝ヨーゼフ2世の側近として知られ，フランス大使も

務めたカウニッツ伯（のち公）の孫で，各地の大使を歴任したアロイスの夫人と思われる．

74 Perrot, *Les dessus*, p. 93.

75 既製服とウォルトのオート・クチュールについては，ウォルトの息子によるGaston Worth, *La couture et la confection des vêtements des femmes*, Saint-Ouen, Imprimerie Chaix, 1895.

76 アカデミー・フランセーズの辞書第5版（1798年）では男性形 couturier の項目に「ほとんど用いない」と，第6版（1835年）では「古い」と注記がある．これに対し，女性形 couturière の項目にはこういった注記はない．しかし，リトレのフランス語大辞典（1872-77年）では，女性形 couturière の第1義に「昔は，布製品の職人．今日では，ドレスの職人．女性の衣服が製造される工房を率いる者」とあるのに加え，男性形 couturier の第3義として「婦人のための仕立工（タイユール）」という説明が掲載されるようになっている．*Dictionnaire de l'Académie française,* 5e édition, Paris, Smits, 1798, « couturier » ; « couturière » ; *Dictionnaire de l'Académie française,* 6e édition, Paris, P. Dupont, 1835, « couturier » ; « couturière » ; Émile Littré, *Dictionnaire de la langue française*, Paris, Hachette, 1872-77, « couturier » ; « couturière ». 以上，フランス語貴重文献米仏研究プロジェクトARTFL : The Project for American and French Research on the Treasury of the French Language」のウェブサイト（http://artfl-project.uchicago.edu/：2015年8月24日確認）内に設置された「昔の辞書（Dictionnaires d'autrefois)」より検索・引用．この時期の商業年鑑でも，couturière の項目はあるが couturier の項目はない．ただし，19世紀前半に couturier という語を男性の仕立工の意で用いている文献も存在する．*Ordonnances des Rois de France de la 3e Race, recueillies par ordre chronologique*, Paris, Imprimerie royale, 1835の人名索引など．とはいえ同書中でも国王宣言の中では couturier という語は用いられていないし，目次（実質は用語集）で couturiers-tailleurs の項目があるのもアンジェとシャルトルについてであり（pp.766-767），パリについての説明は tailleur の項目（p.805）しかない．

77 *Almanach des modes suivi de l'annuaire des modes*, quatrième année, Paris, chez Rosa, 1817, p.199 ; p.204. ファッション年鑑は商業年鑑の一種で，服飾関係に的を絞って情報を掲載した年刊刊行物．ここでルロワはモード商に分類されているが，語としては marchands de modes ではなく modistes が使われている．なお，この年鑑にはランボ夫人も同じく女性服仕立工として掲載されている．ランボ夫人の住所は以前と同じくメナール通り4番地である．

78 この点で，2013年の拙著での推論は一部間違っていたことになる．拙著では19世紀に入ってからのモード商の衰退について「高額商品を扱い，ごく一部の富裕層以外に最終消費者としての顧客を持ち得なかったモード商は，こう

した身分秩序の頂点にある層に依存し，特権システムに組み込まれることを望む姿勢ゆえに，たびたび政体が変わる19世紀初頭の状況には対応できなかったということが考えられる」（角田『パリの服飾品小売』184頁）と述べた．しかし，モード商全般はともかくとしてもルロワは，特権層を顧客の中心としても政体変化には左右されない存在となっていたわけで，この推論に当てはまらない．

79 Auger, « Notice sur L. H. Leroy : avant et pendant la Révolution », p. 281.

80 AnF, Y 9372 à 9396. Avis du procureur du roi sur des contestations entre ouvriers et maîtres des métiers de Paris. Bons de maîtrises et jurandes (1681-1790) に含まれるモード商同業組合加入認可状より．

81 Duverneuil et de la Tynna, *Almanach*, 1799-1800.

82 男性形クチュリエという語の成立経緯についてはさらなる調査が必要だろう．現時点の私見では，ルロワの死後，ウォルト台頭までの間，高級女性用注文服を扱う目立った男性業者がおらず，その間はこの類の職業に従来通り女性用衣服仕立工として女性形クチュリエールが適用されており，それをフランス語の言語感覚が薄いイギリス人ウォルトが単純に（もしくは意図的に）男性形にして名乗ったのではないかと推測する．なお，注36で述べた通り，ルロワの姪エステルも途中でモード商からクチュリエールに商業年鑑での掲載項目を変更している．

83 Bouchot, *La Toilette*, p. 12.

84 ジョフリー・エリス『ナポレオン帝国』杉本淑彦・中村俊訳，岩波書店，2008年, 15頁．

第2章　マネキンは映す

1 « Est-ce une évolution du mannequin ? », *Vendre*, no.1, novembre 1923, p. 49.

2 Tag Gronberg, *Designs on Modernity : Exhibiting the City in 1920's Paris*, Manchester University Press, 1998.

3 Nicole Parrot, *Mannequins*, Paris, Ed. Colona, 1982. なお，日本で出版された出版物としては以下の文献も挙げられる．日本マネキンディスプレイ商工組合編集発行『マネキンのすべて』1996年．

4 10世紀頃から海洋国家ヴェネツィアの永遠なる繁栄を祈願して，始まった祝祭．毎年，復活祭から40日後の昇天祭の折，総督（現在は市長）が，海とヴェネツィアの結婚の印として海に金の指輪が投げ込まれる．

5 Nicole Parrot, *op.cit.*, p. 35.

6 ラヴィーニュの功績については，エスモードの創立170周年を記念して出版された以下の本を参照のこと．Catherine Örmen, *Saga de mode: 170 ans d'innovations*, Paris, Esmode Editions, 2011.

7 *Ibid.*, p.40, 158.

8 Nicole Parrot, *op.cit.*, pp. 42-43.

9 既製服の標準サイズについては、シエジェル・エ・ストックマン社のHPを参照．http://siegel-stockman.com/index.php.

10 ストックマンとシエジェルの合併時期は同社のHPに記された社史にもとづく．URLは注9に同じ．

11 « Réglement de l'Exposition de 1922 », "Sections spéciales", *Catalogue : Salon d'Automne 1922 du 1er novembre au 17 décembre*, Paris, Société du Salon d'automne, p. 413.

12 引用は，タンポラルがル・コルビュジエに都市芸術部門への参加を呼びかけた手紙にもとづく．*Le Corbusier et Pierre Jeanneret, Œuvre Complète de 1910-1929*, Zurich, Nouvelle Edition, Editions Dr. H. Girsberger, 1937, p. 34.

13 ユルバニスムという概念と，そのフランスへの移入については以下を参照．松田達「ユルバニスムをめぐって」『10＋1』no.45，2006年，160-178頁．

14 Raymond Cogniat, « L'urbanisme au salon d'automne », *Comœdia*, 22 août, 1922, p. 1.

15 パリ市は1860年に周辺の11市町村を吸収合併することで，人口増加に拍車がかかることとなる．パリ市の人口の推移の詳細については，たとえば以下を参照．松井道昭『フランス第二帝政下のパリ都市改造』日本経済評論社，1997年，73頁．

16 「個性的な外観」の言葉は，建築家のシャルル・ガルニエが都市改造によって生まれた住宅を批判した以下の言葉にもとづく．「わずかな例外を除き，一様に建てられ，一様に通貫し，一様に配置された19世紀の住宅は，次第に個性的な外観を失いつつある」．Charles Garnier, A. Ammann, *L'habitation humaine*, Paris, Hachette, 1892, pp. 811-812, paru dans *Identification d'une ville : architectures de Paris, cat.exp.*, éd. par Eric Lapierre, Paris, Pavillon de l'Alsenal / Picard Editeur, 2002, p. 54

17 コンクールの詳細については，以下を参照．松本裕「"ポスト・オスマン"期のパリ都市空間形成―レオミュール通りにおける都市組織の変遷をめぐって」『都市文化の成熟』東京大学出版会, 2006年，315-316頁．

18 *Exposition internationale des arts décoratifs et industriels modernes, Paris 1925, rapport général*, Paris, Librarie Larousse, 1927-1930, vol.XI, p. 41.

19 たとえば，19世紀の百貨店のウィンドーディスプレイについては下記を参照．鹿島茂『デパートを発明した夫婦』講談社，1991年．

20 René Herbst, « Etalage», c. 1927, paru dans Guillemette Delaporte, *René Herbst :*

pionnier du movement moderne, Paris, Flammarion, 2002, p. 72.

21 Tag Gronberg, *op.cit.*, p. 63. この時代のブティックと都市の関係については，以下の論考も示唆に富む．千葉真知子「アール・デコと商業建築・商業展示」『アール・デコ展図録』読売新聞社他，2005年，146-149頁.

22 Guillaume Janneau, « Le visage de la rue moderne », *Bulletin de la vie artistique*, 15 novembre 1925, p. 497.

23 Guillaume Janneau, « Introduction à l'Exposition des arts décoratifs : considérations sur l'esprit moderne », *Art et décoration*, janvier-juin 1925, p. 174.

24 *Catalogue : Salon d'automne 1924 du 1er novembre au 14 décembre*, Paris, Société du Salon d'automne, pp. 365-368.

25 Robert Rey, « Le XVIIe Salon d'Automne », *L'Architecture,* vol. XXXVII, no. 23, p. 323.

26 Guillaume Janneau, « Le visage de la rue moderne », *op.cit.*, p. 498.

27 *Les cires de Pierre Imans*, ca. 1912, Paris, Draeger, s.p.

28 Guillaume Janneau, « Mannequins modernes », *Le bulletin de la vie artistique*, 1er janvier 1925, p. 9.

29 Gaston de Pawlowski, « Le salon d'automne », *Le journal*, 2 novembre 1924, s.p.

30 Guillaume Janneau, « Mannequins modernes », *op.cit.*, pp. 10-11.

31 Guillaume Janneau, « Le visage de la rue moderne », *op.cit.*, p. 498.

32 デザイン画に関しては以下を参照. « Est-ce une évolution du mannequin ? », *op.cit.*, p. 49. また，ヴィニョーと芸術家たちの共同作業については以下を参照. Louis Chéronnet, « Mannequins d'aujourd'hui », *L'art vivant*, 1er avril 1927, pp. 276-277.

33 アール・デコ展の公式報告書においても，他国への影響，そして国家の収支バランスという点からオートクチュールを重視する言及がみられる．以下を参照. *Exposition internationale des arts décoratifs et industriels modernes, Paris, 1925, rapport général*, Paris, Librarie Larousse, 1927-1930, vol.IX, pp.9, 21.

34 アール・デコ展の衣服部門における現代性の問題については，以下の拙稿を参照．拙稿「"現代の様式"－1925年アール・デコ博覧会ファッション展示にみるモダニティの諸相」『ドレスタディ』vol. 56, 2009年, 20-26頁.

35 Jean Gaumant, « La présentation de la classe XX », *Le vêtement français à l'Exposition des arts décoratifs et industriels modernes*, Paris, Editions de la Gazette du bon ton, 1925, p. 11.

36 Clarisse, « La mode », *L'art vivant*, 1er août 1925, pp. 49-50.

37 « Siegel a créé une formule nouvelle dans l'art du mannequin », *Vogue*, 1er août 1925, p. 41.

38 « La mode et les modes », *Les modes*, août 1925, no. 255, p. 8.

39 A. Macry, « Aux art décoratifs », *L'art et la mode*, 6 juin 1925, no.23, s.p.

40 « Les jolies habitantes du Pavillon de l'Elégance », *Femina*, juillet 1925, pp.5.

41 « Aux Arts Décoratifs », *Art Goût Beauté*, août 1925, no. 60, pp. 4-5.

42 Lucie Neumeyer, « Le Pavillon de l'Elégance », *L'Illustration*, 8 août 1925, no. 4301, p. 25.

43「ローブ・ド・スティル」とは，フランス語で「古風な様式のドレス」を意味する．ヴェルサイユで華麗な宮廷モードが咲き誇った18世紀のスタイルにヒントを得て生まれたドレスで，スカートが大きく広がったシルエットに特徴がある．ランバンは1910年代半ばから，このドレスを手がけた．詳細は以下参照．拙稿「ジャンヌ・ランバン―二十世紀モードの静かなる革命者」『fashionista』no. 001，2010年，99-101頁．

44 Lucie Neumeyer, *op.cit.*, p. 25.

45 « La mode au Pavillon de l'Elégance s'affirme très féminine », *Vogue*, 1er août 1925, p. 39.

46 Victor Margueritte, *La garçonne*, Paris, Flammarion, 1922.

47 *Paris arts décoratfis 1925 : guide de l'Exposition*, Paris, Hachette, 1925, p. 258.

48 Th. Corby, « Un groupe de fourreurs parisiens au Pont Alexandre III », *L'Illustration*, 31 octobre 1925, p. 35.

49 なお，この時，8つのメゾン中，唯一，ソニア・ドローネーのメゾンのみ，マネキンではなく，実際にモデルを使った写真を掲載していた．詳細については以下を参照されたい．拙著『ソニア・ドローネー　服飾芸術の誕生』ブリュッケ，2010年，238-239頁．

50 Ministère du commerce et de l'industrie des postes et des télégraphes, *Exposition internationale des arts décoratifs et industriels modernes : catalogue général officiel*, vol. XI, Paris, Imprimerie de Vaugirard, 1925, p. 41.

第3章　性は規制される

1 「ズボンをめぐる争い」をテーマにした通俗版画からは，ズボンが男性の権威（家長権）を表象してきた歴史を容易に確認することができる．徳井淑子編訳『中世衣生活誌―日常風景から想像世界まで』勁草書房，2000年，143-179頁；拙著『社会表象としての服飾―近代フランスにおける異性装の研究』東信堂，2010年，168-174頁．

2 Abrogation de l'interdiction du port du pantalon pour les femmes, 14ème legislature, Réponse du Ministère des droits des femmes, publiée dans le JO Sénat du 31/01/2013,

p. 339. (http://www.senat.fr/questions/base/2012/qSEQ120700692.html)

3 『聖書（改訳）』日本聖書協会，1955年，277頁；『〈旧約聖書III〉民数記 申命記』山我哲雄・鈴木佳秀訳，岩波書店，2001年，349頁.

4 詳しくは，拙著『社会表象としての服飾』の序論「女性の異性装に関する史的研究」を参照のこと.

5 Peter Ackroyd, *Dressing Up*, London, Thames and Hudson, 1979.

6 *Ibid*., p. 74.

7 *Ibid*., p. 77.

8 Rudolf M. Dekker, Lotte C. van de Pol, *The Tradition of Female Transvestism in Early Modern Europe*, London, Macmillan Press, New York, St. Martin's Press, 1989（ルドルフ・M・デッカー，ロッテ・C・ファン・ドゥ・ポル『兵士になった女性たち―近世ヨーロッパにおける異性装の伝統』大木昌訳，法政大学出版局，2007年）．フランスの女性たちがおこなった異性装に関しては，オランダやイギリスの事例と似通っており，革命や暴動のため，1798年から1814年の間に事例が集中していることを指摘している.

9 石井達朗『異装のセクシャリティ―人は性をこえられるか』新宿書房，1991年，68頁.

10 ジュディス・バトラー『ジェンダー・トラブル―フェミニズムとアイデンティティの攪乱』竹村和子訳，青土社，1999年.

11 Majorie Garber, *Vested Interests Cross-Dressing & Cultural Anxiety*, New York, Routledge, 1992.

12 Vern L. Bullough, Bonnie Bullough, *Cross Dressing, Sex and Gender*, Philadelphia, University of Pennsylvania Press, 1993.

13 Sylvie Steinberg, *La Confusion des Sexes*, Paris, Fayard, 2001. 同書では300人以上の事例が調査されているものの，16世紀は13人，17世紀は35人，フランス革命期を除く18世紀は142人，フランス革命期は117人という内訳から，主に18世紀における異性装の様子を分析している.

14 ピーター・アクロイドは，自身の著作の中で，1830年代にフランスで刊行された二つの小説『モーパン嬢』（テオフィル・ゴーチエ著）と『セラフィタ』（オノレ・ド・バルザック著）を例に挙げ，第三の性や両性具有のテーマが芸術に強い影響を与えたのは，19世紀ならではの特徴であると主張している.

15 Éd. Guyonne Leduc, *Travestissement féminin et liberté(s)*, Paris, L'Harmattan, 2006.

16 Christine Bard, *Une Histoire politique du pantalon*, Paris, Seuil, 2010, pp. 69-89.

17 Christine Bard, "Le dossier D/B 58 aux Archives de la Préfecture de Police de Paris", *Clio. Histoire, femmes et sociétés, Femmes travesties : un « mauvais » genre*, n° 10, 1999, pp. 155-167.

18 Laure-Paul Flobert, *La Femme et le costume masculin*, Lille, Imprimerie Lefebvre-

Ducrocq, 1911, pp. 359-360.

19 *Gazette nationale ou Le Moniteur universel*, n° 54, p. 212, Quartidi, 24 brumaire an 9 de la république française, une et indivisible.

20 “Le dossier D/B 58 aux Archives de la Préfecture de Police de Paris”, *op. cit.*, p. 166.

21 Sous-Série D/B n° 58, Fonds du service des archives de la Préfecture de Police de Paris, Doc.19, 15 juillet 1872（以下，パリ警視庁が所蔵する資料については，資料番号・タイトル・日付を記す）.

22 Doc.8, 19 décembre 1882.

23 Doc.37, Extrait de l’ordonnance concernant les bals et autres réunions publiques, 31 mai 1833.

24 Doc.40, *Bulletin municipal officiel*, n° 27, Interdiction des attractions ou spectacles dits (de travesti), 2 février 1949.

25 Doc. 32, *Bulletin municipal officiel de la ville de Paris*, n° 117, p. 970, 20 juin 1969.

26 Christine Bard, “Le droit au pantalon Du pittoresque au symbolique”, *La Vie des Idées*, 1er mars 2013, pp. 1-6. (http://www.laviedesidees.fr/Le-droit-au-pantalon.html)

27 Doc. 20, *Le Moniteur de syndicats ouvriers*, 27 avril-6 mai 1886.

28 Doc. 22, *Le Temps*, 9 février 1889.

29 Doc. 21, *La Petite république française*, 11 avril 1889 ; Doc. 41, *Le Temps*, 11 avril 1889.

30 Doc. 47, *La Lanterne*, 9 novembre 1890. 1800年11月7日の警察令には，動物画家のローザ・ボヌールやナポレオン3世の愛人マルグリット・ベランジェなど，能力のある著名な女性への優遇措置（特例）があったことが指摘されている．Gretchen van Slyke, “Who wears the pants here? The policing of women’s dress in nineteenth-century England, Germany and France”, *Nineteenth-Century Contexts*, 17:1, 1993, pp. 17-33.

31 Doc. 46, *L’Aurore*, 13 février 1975.

32 Doc. 24, juillet 1846.

33 Doc. 28, Homme habillé en femme, 11 juillet 1848.

34 Ad. de Graitier, *Code d’instruction criminelle et Code pénal (Texte officiel de 1832)*, Paris, Videcoq, 1834, p. 567 ; 中村義孝編訳『ナポレオン刑事法典史料集成』法律文化社，2006年，249頁.

35 J. B. Duvergier, *Code pénal, annoté*. *Édition de 1832*, Paris, Les Éditeurs A. Guyot et Scribe, p. 44.

36 Doc. 35, *Le Parisien*, 4 juillet 1985.

37 フィリップ・ペロー「モードの世界」『路地裏の女性史』片岡幸彦監訳，新評論，1984年，116頁；フィリップ・ペロー『衣服のアルケオロジー——服装から

みた19世紀フランス社会の差異構造』大矢タカヤス訳，文化出版局，1985年，52頁.

38 Rudolf M. Dekker, Lotte C. van de Pol, *op. cit.*, p. 25.

39 *Le Figaro*, 3 février 2013.

40 Christine Bard, "Le droit au pantalon Du pittoresque au symbolique", *op. cit.*, p.5.

第4章　エチケットで身をたてる

1 拙著『モードの身体史—近世フランスの服飾にみる清潔・ふるまい・逸脱の文化』悠書館，2013年参照（以下では『モードの身体史』と略記する）.

2 Alain Montandon (sous la direction d'), *Bibliographie des traités de savoir-vivre en Europe du moyen âge à nos jours, I : France-Angleterre-Allemagne*, Clermont-Ferrand, Association des Publications de la Facultés des Lettres et Sciences Humaines de Clermont-Ferrand, 1995.

3 モリエールの喜劇には，宮廷貴族を模倣する田舎貴族やブルジョアが戯画化して描かれている．その典型的なものが，『町人貴族』*Le Bourgeois gentilhomme*（1670年）である.

4 ノルベルト・エリアス『文明化の過程（上）—ヨーロッパ上流階層の風俗の変遷』赤井慧爾・中村元保・吉田正勝訳，法政大学出版局，1977年.

5 増田都希「18世紀フランスにおける「交際社会」の確立—18世紀フランスの処世術論」一橋大学大学院，博士学位論文，2007年参照.

6 『モードの身体史』，および，Frédéric Rouvillois, *Histoire de la politesse de 1789 à nos jours*, Paris, Flammarion, 2008を参照.

7 Rouvillois, *ibid.*, pp. 19-69.

8 *Ibid.*, pp. 19-69. ロジェ・シャルチエ『読書と読者—アンシャン・レジーム期フランスにおける』長谷川輝夫・宮下志朗訳，みすず書房，1994年.

9 Montandon, *op. cit.* シャルチエ，前掲書.

10 Rouvillois, *op. cit.*, pp. 81-356.

11 アンシャン・レジーム期の喪服のエチケットについては，次の書で詳述した．拙稿「ヨーロッパの葬送儀礼と装い—18世紀フランスから現代カトリックにおける葬礼まで」『葬送儀礼と装いの比較文化史』(増田美子編著，東京堂出版，2015年）131-171頁（以下では「ヨーロッパの葬送儀礼と装い」と略記する）.

12 北山晴一『おしゃれの社会史』朝日新聞社，1991年，331-338頁参照.

13 Montandon, *op. cit.* モンタンドンの書誌を批判的に検討する必要もあるかもし

れないが，現実的にこれが一番網羅的であり，信用がおける．

14 Rouvillois, *op. cit.* 小倉孝誠『身体の文化史：病・官能・感覚』中央公論新社，2006年．

15 Montandon, *op. cit.* , pp. 42-100.

16 *Ibid.* および増田都希，前掲論文．

17 *Ibid.*, pp. 101-140.

18 17世紀のフランスのサロンで，プレシューズと呼ばれる才女たち（貴婦人たち）のサロンが社交界の中心であったことについては，川田靖子『17世紀フランスのサロン―サロン文化を彩る7人の女主人公たち』（大修館書店，1990年）が詳しい．またプレシューズが用いた「洗練された」言葉については，次の辞書にまとめられている．Antoine Beaudeau de Somaize, *Le Dictionnaire des Précieuses*, 2 tomes（1660), Paris, Jannet, 1856.

19『モードの身体史』，および，Louise Godard de Donville, *Signification de la Mode sous Louis XIII*, Aix-en-Provence, Edisud, 1978.

20 拙稿「ギャラントリー－17世紀前期フランスの社交生活と服飾」『服飾美学』第24号，1995年参照（以下では「ギャラントリー」と略記する）．

21 Charles Sorel, *Les lois de la galanterie* (1644), in *Le Trésor des pieces rares ou inédites. -Extrait du Nouveau recueil des pieces les plus agreables de ce temps*, Ludovic Lalanne (réédité par), Paris, A. Aubry, 1855, pp. 17-18.「あまり費用がかからず，にもかかわらず男性を非常に飾り立て，彼は完全にギャラントリーの世界にあると人に知らせるような小物が存在した．［中略］それはたとえば，金色や銀色の美しいリボンを帽子につけたり，時には何か美しい色の絹を混ぜたり，ズボンの先にサテンの美しいリボンを7，8本つけたり，鮮やかなこの上なく輝かしい色のリボンをつけるということである．［中略］そしてこのリボンのあらゆる扱い方が男性のギャラントリーの表現に非常に貢献することを示すために，リボンは他の品々よりも先に選ばれてギャランの名を獲得したのである」（訳文は特にことわっていないものはすべて筆者による）．

22 Furetière, *Dictionnaire universel d'Antoine Furetière* (1690), Paris, SNL-Le, Robert, 1978, non pagination, « mode ».

23『モードの身体史』．

24 Louise Godard de Donville, *op. cit.*, p.171.

25 カスティリオーネ『カスティリオーネ宮廷人』清水純一・岩倉具忠・天野恵訳注，東海大学出版会，1987年，251頁．

26 Nicolas Faret, *L'honnête homme ou l'art de plaire à la cour* (1630), reédité par M. Magendie, Genève, Slatkine Reprints, 1970, p. 92.

27 Antoine de Courtin, *Nouveau traité de la civilité qui se pratique en France parmi les honnêtes gens* (1671), Saint-Étienne, Publications de l'Université de Saint-Étienne,

1998, p.125（以下では*Nouveau traité de la civilité*と略記する）.

28 Molière, *L'École des maris,* in *Œuvres complètes*, I, Paris, Bibliothèque de la Pléiade, Gallimard, 1971, Acte 1er, scène 1er, p.419.「いつだって，みんながやっていることにあわせなきゃ．変わったことをして目立つのはまずいよ．極端に走っちゃダメだ．賢明な人間は，服装にも言葉使いにも，あんまり執着しないで，流行に合わせて自然にふるまうものだよ．いつも流行の最先端を行こうとして，夢中になって流行を追いかけた挙句に，誰かに先を越されて腹を立てる連中の真似をしろといっているわけじゃないさ．だけど，どんな理由があっても，みんなが従っているものをかたくなに拒むのは間違っているよ．自分ひとりが賢いつもりで，みんなと違ったことをするよりは，みんなと同じように頭がおかしいほうに数えられた方がましだからね」(『モリエール全集』第3巻，秋山伸子訳，臨川書店，2000年，9-10頁.）

29 Sorel, *op. cit.*, pp.12-13.

30 La Bruyère, *Les Caractères ou Les Mœurs de ce siècle* (1688) in *Œuvres complètes,* Paris, Bibliothèque de la Pléiade, Gallimard, 1934, p.414.（ラ・ブリュイエール『カラクテール，当世風俗誌（下）』関根秀雄訳，岩波文庫，1953年，「第13章 流行について」11，24頁）．*Ibid.*, p.416. (同書，29頁).

31 La Curne de Sainte-Palaye, *Dictionnaire historique de l'ancien langage François ou Glossaire de la langue François,* New York, Georg Olms Verlag, Hildesheim, 1972.

32 Furetière, *op. cit.,* non pagination.

33 *Le Dictionnaire de l'Académie Française,* 1762.

34 Montesquieu, *Lettres persanes,* (1721), Paris, Garnier, 1963, pp. 205-206.（モンテスキュー『ペルシア人の手紙（下）』大岩誠訳，岩波文庫，1950年，74頁［一部筆者改訳］）.

35 Diderot & D'Alembert, *Encyclopédie, ou Dictionnaire raisonné des sciences, des arts et des métiers,* (Paris, 1751-1780), Stuttgart, Friederich Frommann Verlag, 1966.

36 Mme de Genlis, *Adèle et Théodore ou Lettres sur l'Éducation contenant tous les principes relatifs aux trois différents plans d'éducation des Princes et des jeunes personnes de l'un et l'autre sexe,* (1782), Rennes, Presses Universitaires de Rennes, 2006, p.73.

37 『モードの身体史』参照.

38 まず，ニコラ・ファレ（1596？-1646）の，宮廷における理想的な男性像であるオネットムについて論じた作法書，『オネットム，すなわち宮廷で気に入られる術』（1630年）である（N. Faret, *op. cit.*)．この作品はフランスの最初の宮廷作法書と言える記念碑的な作品である．カスティリオーネの『宮廷人』に触発されて，フランス宮廷の作法を著したものである．この作法書はその後の作法書に多大な影響を与えており，外国語（たとえばスペイン語）にも翻

訳された．17世紀のわずかの間に多くの版を重ねたが，モンタンドンの書誌ではそのうちの10版が確認されている．17世紀の人気作家シャルル・ソレル（1582-1646）の『ギャラントリーの法則』（1640年）は（C. Sorel, *op.cit.*），当時の社交界の中心をなした女性たちのサロンにおける理想的な男性像としてのギャラントムの姿や風俗を解説した作法書である．モードの指南書でもある．この作法書は他と比べると多くの版を重ねたわけではないが，服装規範がモードと緊密であったことをもっともよく表している作法書である．アントワーヌ・ド・クルタン（1622-1685）は当時の数ある作法書を代表させるにふさわしいふたつの著作を著した．どちらも模倣作品を多く誕生させ，影響力を持った著作である．まず，『フランスにおいて宮廷人の間で行なわれている新礼儀作法論』（1671年）は，宮廷に出仕する青年向けに実践的な礼儀作法を説いている（A. de Courtin, *Nouveau traité de la civilité.*）．1671年に発行されて以来18世紀後半に至るまで少なくとも35回は再版されて読み親しまれた．著者自らがその緒言の中で，本書は実践編であるから，礼儀作法に対するさらに深い理解を得るためには，道徳論を展開している『キリスト教徒の作法論』を併読することが望ましいと言っている（*Ibid.*, p.46, «Avertissement»）．もうひとつは，『現行の作法に従い，体系的かつ正確な方法を新たに記した礼儀作法論』(1681年)である（Antoine de Courtin, *Traité de la civilité, nouvellement dressé d'une manière exacte & méthodique & suivant les règles de l'usage vivant,* Lyon, 1681）．この作品もフランス革命までの間に少なくとも30版は重ねた．これは，子供たちに善良なキリスト教信者としての具体的な心構えと作法を説くカテキスム形式の書物である．さらに，モルヴァン・ド・ベルガルドが，完全に同じ内容の同じ書名の作品を出版している（Morvan de Bellegardeの著したクルタンの模倣作品は *Traité de la civilité, nouvellement dressé d'une manière exacte & méthodique & suivant les règles de l'usage vivant,* Lyon, 1681である）．さらに，『キリスト教信者の礼節と礼儀に関する法則』（1703年）は，聖職者で，貧しい青年の教育に力を注いだ教育者でもあったジャン・バティスト・ド・ラ・サル（1651-1719）による作法書である（Jean-Baptiste de La Salle, *Les Règles de la bienséance et la civilité chrétienne,* (1703), in *La bienséance la civilité et la politesse enseignées aux enfants,* textes réunis et présentés par Jean-Pierre Seguin, Paris-Bruxelles, Jean Michel Place Le Cri, 1992.）．キリスト教的な道徳観の上に立って，敬虔で慎ましい生活態度を身につけさせるための指南書であった．少年をはじめ，広く世間一般を啓蒙しようとしたものである．18世紀中にも非常に多くの版を重ねたが，モンタンドンによれば，1875年までに180版の版を重ねた．

39『モードの身体史』で詳述している．

40 Antoine de Courtin, *Nouveau traité de la civilité,* p.106.

41 『モードの身体史』
42 徳井淑子「ボードレールのダンディスム」『服飾美学』第5号，1976年，60-70頁．ジョン・ハーヴェイ『黒服』太田良子訳，研究社，1997年．中野香織『ダンディズムの系譜―男が憧れた男たち』新潮社，2009年．
43 クラヴァットの結び方に関する作法書は次の通り．1827年に初版が出され，1831年までの間に8刷を重ねた．Emile Marc Hilaire Saint-Hilaire, *L'Art de mettre sa cravate de toutes les manières connues et usitées, enseigné…en 16 leçons, précédé de l'histoire de la cravate,* Paris, Librairie universel, 1827.
44 ヴェブレン『有閑階級の理論』小原敬士訳，岩波書店，2010年．
45 フィリップ・ペロー『衣服のアルケオロジー――服装からみた19世紀フランス社会の差異構造』大矢タカヤス訳，文化出版局，1985年．
46 *Ordre chronologique des Deuils de Cour, qui contient un précis de la vie et des ouvrages des Auteur qui sont morts dans le cours de l'année 1765, suivi d'une Observation sur les Deuils,* Paris, De l'Imprimerie de Moreau, 1766,
47 Baronne Staffe, *Usages du monde, Règles du savoir-vivre dans la société moderne*(1889), Paris, Tallandier, 2007, pp.183-194.
48 *Ibid.*, p.57.
49 徳井淑子『涙と眼の文化史―中世ヨーロッパの標章と恋愛思想』東信堂, 2012年.
50 Staffe, *op. cit.*, p. 58.
51 *Ibid.*, p. 61.
52 *Ibid.*, p. 63.
53 *Ibid.*, p. 70.
54 *Ibid.*, p. 72.
55 *Ibid.*, p. 81.
56 *Ibid.*, p. 78.
57 Horace, Raisson, *Code civil, manuel complet de la politesse, du ton, des manières de la bonne compagnie, contenant les lois, règles, applications, et exemples de l'art de se presenter et de se conduire dans le monde,* Paris, Roret, 1828
58 「ヨーロッパの葬送儀礼と装い」, 146 - 149頁.
59 Staffe, *op.cit.*, pp. 277-278.
60 「ヨーロッパの葬送儀礼と装い」, 131 - 155頁.
61 Staffe, *op.cit.*, p. 278.
62 *Ibid.*, p. 280.
63 「ギャラントリー」参照.
64 Pierre Larousse, *Grand dictionnaire universel du XIXe Siècle* (Paris, 1868-1879), Genère-Paris, Slatkine Reprints, 1982, « mode » の項目参照.
65 *L'Express des modes. Journal illustré des dames et des demoiselles* (Paris, Bureau

de la société journaux de modes réunis, 1865), あるいは, *Le Bon Ton, journal de Modes, Littérature, Beaux-Arts, Théâtre, etc*., (Paris, Bureau de la société journaux de modes réunis, 1854) などのモード雑誌を参照.

第5章　祝祭に演じる

1 Jean Le Fèvre de Saint-Rémy, *Chronique,* éd. Morand François, Paris, Renouard, 1876-1881, v. 2, pp. 287-297.

2 ブルゴーニュ公とアンジュー公の衣生活については，それぞれ以下の研究が有用．Sophie Jolivet, *Pour soi vêtir honnêtement à la cour de monseigneur le duc : costume et dispositif vestimentaire à la cour de Philippe le Bon, de 1430 à 1455*, thèse pour le doctorat soutenue à l'Université de Bourgogne, 2003, 2 tomes ; Françoise Piponnier, *Costume et vie sociale, la cour d'Anjou, XIV-XVème siècle*, (collection civilisations et sociétés), n° 21, Paris / La Haye, Mouton, 1970.

3 アンジュー公の会計帳簿では，「モーレスク」moresqueと呼ばれている．

4 『ブルゴーニュ公フィリップ・ル・ボンの愛の庭』ヴェルサイユ宮殿所蔵，16世紀制作の模写．ほぼ同じ構図のもう一枚の模写（17世紀制作）が存在し，ディジョン市立美術館に収められている．Sophie Jugie, « Une fête champêtre à la cour de Bourgogne », *Bulletin des Musées de Dijon,* 1997, pp. 59-69.

5 Piponnier, *Costume et vie sociale,* pp. 231-235.

6 『中世衣生活誌—日常風景から想像世界まで』徳井淑子編訳，勁草書房，2000年，134-136頁．

7 ヨハン・ホイジンガ『中世の秋 I・II』堀越孝一訳，中央公論新社（中公クラシックス），2001年．

8 Odile Blanc, « Les stratégies de la parure dans le divertissement chevaleresque (XVe siècle) », *Communications,* 46, pp. 49-65.

9 徳井淑子『服飾の中世』勁草書房，1995年．特に「中世の色彩感情—国王の色と都市の色」66-79頁を参照．

10 ホイジンガ『中世の秋』．特に「騎士団と騎士誓約」I : 192-220頁，「戦争と政治における騎士道理想の意義」I : 221-259頁，「生活のなかの芸術」II: 198-259頁，「美の感覚」II: 260-279頁を参照．

11 服飾史にかかわる研究では，アナール学派の潮流において服飾の社会史的研究の可能性を示したF. ピポニエの研究 Piponnier, *Costume et vie sociale*，また紋章の色と図柄の調査，文学・造形史料の膨大なデータから，中世社会における色彩の象徴体系を構築したM. パストゥローの研究 Michel Pastoureau, *Figures*

et couleurs. Etudes sur la symbolique et la sensibilité médiévales, Paris, Le Léopard d'or, 1986；ミシェル・パストゥロー『悪魔の布―縞模様の歴史』松村剛・松村恵理訳，白水社，1993年がある．

12 服飾にかかわるものでは，ブルゴーニュ家とアンジュー家についてそれぞれ比較的近年の研究を以下に挙げたい．Marie-Thérèse Caron « La noblesse en représentation dans les années 1430 ; vêtements de cour, vêtements de joute et livrées », *Publications du Centre européen d'études bourguignonnes,* 37, 1997, pp. 157-172 ; Christian de Mérindol, *Les fêtes de chevalerie à la cour du roi René ; emblématique, art et histoire : les joutes de Nancy, le pas de Saumur et le pas de Tarascon,* Paris, Editions du CTHS, 1993.

13 拙稿『15世紀フランス王国の宮廷文化における「東方」の表象 ―ヴァロワ朝ブルゴーニュ家・アンジュー家を中心に』お茶の水女子大学，博士学位論文，2014年.

14 Jean Froissart, *Chroniques de Froissart, Œuvres,* éd. Kervyn de Lettenhove, Bruxelles, Victor Devaux et Cie, 1867-1877, 28 vols, v. 15, pp. 84-91.

15 Le Fèvre de Saint-Rémy, *Chronique,* t. 2, p. 297.

16 Danielle Quéruel, « Des gestes à la danse: l'exemple de la « morisque » à la fin du Moyen Âge », *Sénéfiance*, no. 41, CUERMA, Université de Provence, 1998, pp. 501-517.

17 Frédéric Godefroy, *Lexique de l'ancien français,* Paris, Champion, 1901, p. 381.

18 この祝宴についての詳細な分析は以下を参考されたい．拙稿「「雉の饗宴」にみる色彩の象徴―ブルゴーニュ宮廷における美徳の色と悪徳の色」『人間文化創成科学論叢』第12巻，2009年，91-99頁.

19 Olivier de La Marche, *Mémoires,* éd. Henri Beaune et Jules d'Arbaumont, Paris, H. Loones, H. Laurens, 1883-1888, v. 2, pp. 378-379.

20 Gustave Arnaud d'Agnel, *Les comptes du roi René, publiés d'après les originaux inédits conservés aux archives des Bouches-du-Rhône*, Paris, Picard, 1908-1910, v. 2, pp. 44-45.

21 15世紀にはイスラム教徒に対して，さまざまな呼称が用いられている．あらゆる地のイスラム教徒を示す広い呼称が「サラセン人」Sarrasin であった．一方，アナトリアやバルカン半島で勢力を拡大していたオスマン朝支配下の民に対しては，「トルコ人」Turc と呼んでいる．しかし，これらの呼称は厳密に使い分けられていたのではなく，当時の記録のなかではしばしば混同も見られる.

22 Quéruel, « Des gestes à la danse », pp. 501-502 ; Jelle Koopmans « L'amour qui lie et la vanité du monde : danse, théâtre, et iconographie », *Festgabe fur Anthonius H. Touber zum 65. Geburtstag*, Amsterdam-Atlanta, 1995, pp. 285-295.

23 Catherine Ingrassia, « La moresque, danse du XVe siècle », *Théâtre et Spectacles Hier et Aujourd'hui, Moyen-Age et Renaissance*, Actes du 115e congrés national des sociétés savantes, Avignon, Editions du CTHS, 1990, pp. 131-143.

24 Le comte Léon de Laborde, *Les Ducs de Bourgogne : études sur les lettres, les arts et l'industrie pendant le XVe siècle, et plus particulièrement dans les Pays-Bas et le duché de Bourgogne*, Paris, Plon frères, 1849-1852, v. 1, pp. 35-36.

25 Laborde, *Les Ducs de Bourgogne*, v. 1, pp. 248, 254.

26 Laborde, *Les Ducs de Bourgogne*, v. 1, pp. 373-374.

27 Albert Lecoy de La Marche, *Le roi René, sa vie, son administration, ses travaux artistiques et littéraires : d'après les documents inédits des archives de France et d'Italie*, Paris, Firmin-Didot frères, 1875, v. 2, p. 367.

28 Arnaud d'Agnel, *Les comptes du roi René*, v. 2, p. 50.

29 Ingrassia, « La moresque », p. 131.

30 Arnaud d'Agnel, *Les comptes du roi René*, v. 2, p. 45.

31 中世の打楽器．通常は片手で笛を奏でながら，肩から下げた小型の太鼓タンブランをもう一方の片手のバチで演奏する．

32 La Marche, *Mémoires*, v. 3, p. 154.

33 La Marche, *Mémoires*, v. 3, p. 198.

34 「ブラジル木」は赤色の染料として用いられる．しかし，ここでは赤に染められた装飾を意味するか，もしくはブラジル木の樹皮を飾りつけたのか判断しかねる．

35 Laborde, *Les Ducs de Bourgogne*, v. 1, pp. 252-253.

36 Arnaud d'Agnel, *Les comptes du roi René*, v. 2, p. 45.

37 Arnaud d'Agnel, *Les comptes du roi René*, v. 2, pp. 45-47. さらに同年，ルネの甥であるカラブリア公のためにモーリスク用の「5枚の大きなオオカミの毛皮」の購入があった．Lecoy de La Marche, *Le roi René, sa vie*, t. 2, p. 387.

38 フランス国立図書館，版画室所蔵．

39 ミュンヘン市立博物館所蔵．

40 Ingrassia, « La moresque » ; Koopmans, « L'amour qui lie ».

41 カーニバルについての主要な研究は，フリオ・カロ・バロッハ『カーニバル―その歴史的・文化的考察』法政大学出版局，1987年；蔵持不三也『祝祭の構図―ブリューゲル・カルナヴァル・民衆文化』ありな書房，1984年．

42 Ingrassia, « La moresque » ; Koopmans, « L'amour qui lie ».

43 Charles d'Orléans, *Poésies*, éd. Pierre Champion, Paris, H. Champion, Rondeau 260, pp. 439-440.

44 La Marche, *Mémoires*, v. 3, pp. 154, 198.

45 Quéruel, « Des gestes à la danse », p. 510.

46 樺山紘一『異境の発見』東京大学出版会，1995年，95-126頁．
47 ユルギス・バルトルシャイティス『幻想の中世—ゴシック美術における古代と異国趣味』西野嘉章訳，平凡社（平凡社ライブラリー），1998年，14，153頁．
48 Arnaud d'Agnel, *Les comptes du roi René*, v. 2, pp. 364, 366, 372, 376, 379; Albert Lecoy de La Marche, *Extraits des comptes et mémoriaux du roi René pour servir à l'histoire des arts au XV*e *siècle*, Paris : Picard, 1873, pp. 243, 244, 257, 260.
49 Piponnier, *Costume et vie sociale*, 1970, p. 381; Jolivet, *Pour soi vêtir*, t. 2, p. 11.
50 カモカ camocas とはインドを発祥とし，ダマスク織のように紋様が織り出され光沢のある絹織物であった．インドのほか中国，中東で広く生産され，ヨーロッパでは14世紀以来言及されるようになる．Victor Gay, Henri Stein, *Glossaire archéologique du Moyen Âge et de la Renaissance*, Paris, Société bibliographique, 1887, v. 1, pp. 265-266.
51 彌永信美『幻想の東洋—オリエンタリズムの系譜』青土社，1987年，31-32頁．
52 Froissart, *Chroniques*, v. 15, pp. 216-320.
53 Bertrandon de La Broquière, *Voyage d'Orient. Espion en Turquie*, introduction et notes de Jacques Paviot, mis en français moderne par Hélène Basso, Toulouse, Anacharsis (Famagouste), 2010, pp. 221-222.
54 La Marche, *Mémoires*, v. 2, p. 362.
55 Jacques Paviot, *Les Ducs de Bourgogne, la croisade et l'Orient (fin XIV*e *siècle-XV*e *siècle)*, (Cultures et civilisations médiévales), Paris, Presses de l'Université de Paris-Sorbonne, 2003, pp. 239-256.
56 Richard Vaughan, *Philip the Good. The Apogee of Burgundy*, London, Longmans, 1970, p. 268.
57 Paviot, *Les Ducs de Bourgogne*, pp. 241-242.
58 *Le Roi René dans tous ses États*, dir. Jean-Michel Matz, Elisabeth Verry, Paris, Éditions du Patrimoine, 2009, pp. 29-30.
59 Jolivet, *Pour soi vêtir*, t. 1, pp. 178-179.
60 Laborde, *Les Ducs de Bourgogne*, v. 1, p. 350.
61 1356年の金印勅書によって，七選帝侯にローマ王を選出する権利が定められた．マクシミリアンの選出のように現皇帝が存命中であっても，不慮の自体にそなえて次期皇帝となる後継者をあらかじめ選出する例は，当時はまだ多くはなかったが，後に定式化された．Jean Bérenger, *Histoire de l'Empire des Habsbourg(1273-1918)*, Paris, Fayard, 1990, p. 69; 江村洋『中世最後の騎士—皇帝マクシミリアン一世伝』中央公論社，1987年，91頁．
62 Jean Molinet, *Chroniques*, éd. G. Doutrepont et O. Jodogne, Bruxelles, Palais des Académies, 1935-1937, v. 3, pp. 76-78.

63 古ブルゴーニュ公領の紋章は「金と青の斜め縞に赤の縁どり」である.
64 オーストリア大公領の紋章は「赤地に銀の横帯」で，白は紋章用語では銀に相当する.
65 江村『中世最後の騎士』87-96頁.

徳井 淑子（とくいよしこ）

1949年生。お茶の水女子大学名誉教授。お茶の水女子大学大学院人間文化研究科博士課程単位取得満期退学。博士（学術）。著書『涙と眼の文化史』（2012年、東信堂）、『図説ヨーロッパ服飾史』（2010年、河出書房新社）、『色彩の紋章』（訳・解説、2009年、悠書館）、『色で読む中世ヨーロッパ』（2006年、講談社）など。

朝倉 三枝（あさくら みえ）

1975年生。神戸大学大学院国際文化学研究科准教授。お茶の水女子大学大学院人間文化研究科博士後期課程修了。博士（人文科学）。著書に『ソニア・ドローネー　服飾芸術の誕生』（2010年、ブリュッケ）。

内村 理奈（うちむら りな）

1968年生。日本女子大学家政学部被服学科准教授。お茶の水女子大学大学院博士課程人間文化研究科単位取得満期退学。博士（人文科学）。著書『ヨーロッパ服飾物語』（2016年、北樹出版）、『モードの身体史　近世フランスの服飾にみる清潔・ふるまい・逸脱の文化』（2013年、悠書館）など。

角田 奈歩（つのだ なお）

1980年生。日本学術振興会特別研究員。東京大学大学院人文社会系研究科修士課程修了、パリ第1大学経済史専攻Master2課程修了。お茶の水女子大学大学院人間文化研究科博士後期課程修了。博士（人文科学）。著書『パリの服飾品小売とモード商　1760-1830』（2013年、悠書館）など。

新實 五穂（にいみ いほ）

1977年生。お茶の水女子大学基幹研究院人文科学系助教。お茶の水女子大学大学院人間文化研究科博士後期課程修了。博士（人文科学）。著書に『社会表象としての服　近代フランスにおける異性装の研究』（2010年、東信堂）など。

原口 碧（はらぐち みどり）

1982年生。お茶の水女子大学基幹研究院研究員。 お茶の水女子大学大学院人間文化創成科学研究科博士後期課程修了。博士（人文科学）。博士論文『15世紀フランス王国の宮廷文化における「東方」の表象―ヴァロワ朝ブルゴーニュ家とアンジュー家を中心に―』（2014年、お茶の水女子大学）。

フランス・モード史への招待

2016年4月12日　初版発行

著者
徳井 淑子
朝倉 三枝
内村 理奈
角田 奈歩
新實 五穂
原口　碧

装丁
尾崎 美千子
発行者
長岡 正博
発行所
悠書館
〒113-0033 東京都文京区本郷2-35-21-302
TEL. 03-3812-6504
FAX. 03-3812-7504
http://www.yushokan.co.jp/

印　刷
㈱理想社
製　本
㈱新広社

ISBN978-4-86582-010-2

定価はカバーに表示してあります